国际投资法中
可持续发展原则的
融入、发展与展望

管小维　著

Integration, Development, and Prospects of
Sustainable Development Principles in
International Investment Law

法律出版社
LAW PRESS · CHINA
北京

图书在版编目（CIP）数据

国际投资法中可持续发展原则的融入、发展与展望 / 管小维著. -- 北京：法律出版社，2025. -- ISBN 978-7-5197-9926-7

Ⅰ. D996.4

中国国家版本馆 CIP 数据核字第 2025AP2608 号

国际投资法中可持续发展原则的融入、发展与展望
GUOJI TOUZIFA ZHONG KECHIXU FAZHAN YUANZE DE RONGRU, FAZHAN YU ZHANWANG

管小维 著

责任编辑 朱颖超
装帧设计 李 瞻

出版发行 法律出版社
编辑统筹 司法实务出版分社
责任校对 王晓萍
责任印制 胡晓雅
经　　销 新华书店

开本 A5
印张 9.25　　**字数** 245 千
版本 2025 年 4 月第 1 版
印次 2025 年 4 月第 1 次印刷
印刷 唐山玺诚印务有限公司

地址：北京市丰台区莲花池西里 7 号（100073）
网址：www.lawpress.com.cn
投稿邮箱：info@lawpress.com.cn
举报盗版邮箱：jbwq@lawpress.com.cn
销售电话：010-83938349
客服电话：010-83938350
咨询电话：010-63939796

书号：ISBN 978-7-5197-9926-7　　**定价**：58.00 元

凡购买本社图书，如有印装错误，我社负责退换。电话：010-83938349

前　　言

自1987年《我们共同的未来》报告中正式界定“可持续发展”概念以来,这一理念在不同领域逐步延伸,其发展对国际投资领域产生了持续且巨大的影响。《世界投资报告2012》提出的“可持续发展的投资政策框架”标志着全球范围内对国际投资政策新路径的共识,国际投资法已然发生了治理模式的转向,新阶段的国际投资条约更加注重平衡投资者与东道国之间的利益,从单一维度的经济利益关注转变为可持续发展子目标多维度的关注。

国际投资治理的可持续发展转向,是国际投资内外因素共同变化引起的。国际投资法治内部:新自由主义导向的传统国际投资法制危机四伏,对投资利益的偏重导致东道国国家规制权受限。国际投资法治外部:国际投资带来生产要素的大规模流动,社会、环境、法治三要素的互动持续增强。进一步分析,国际投资治理的可持续发展转向将带来缔约和仲裁实践的变革。

国际投资可持续发展转向的进展,体现在实体和程序两个层面。总体上看,各国在投资条约改革方面已经积累了相关实践,出现了部分以可持续发展为导向的国际投资条约。实体规则层面,间接征收的认定标准、公平公正待遇含义、环境劳工保护标准等内容既是转向的落脚点,也是可持续发展目标的争议点。程序规则层面,透明度规则、法庭之友制度能够服务于可持续发展目标。囿于可持续发展型投资协定尚不能覆盖全部协定体系的现实,在构建新一代投资协定的同时,仲裁庭可通过比例原则和系统整合解释方法解决投资实践中面临的可持续发展问题。

作为重要的投资输入国和输出国，我国对国际投资中可持续发展的融入有着强烈愿望。主要原因有：第一，当今所处的时代背景，面对全球共同利益，每个国家都无法独善其身；第二，中国国内的发展进入高质量发展阶段，更高质量、更有效率、更加公平和更可持续的经济成为下一阶段的发展目标；第三，“双循环”经济意味着我国的国内市场与国际市场互动增强，需要对国际投资转向予以密切关切。作为负责任大国，我国是国际投资可持续发展进程的参与者而非旁观者，将可持续发展原则融入缔约活动中，特别是以“一带一路”建设为契机，推行符合我国实际情况的可持续发展规则。

在国际投资可持续发展转向进程中，我国的特定需求不应被忽视：一是正视资本输入国与资本输出国的双重身份，做到利益平衡；二是与国际投资相关的我国国内法仍存缺口，因此需要对国家警察权采取合理保护；三是有效处理国内法治与国际法治的关系，做到协调互动。在顺应国际投资可持续发展转向的背景下，我国需采取措施积极构建可持续发展型投资条约。为此，我国可采取增加可持续发展条款、为投资者设置条约义务以及合理设置母国措施条款等方式来实现可持续发展型投资。

目　录

引　言

一、研究背景和研究意义

可持续发展原则是人类在对发展与自然关系反思基础上对未来发展模式作出的选择;它提出了平衡发展的要求,国际投资对这种新发展趋势已经作出了回应和互动。因此,要准确把握国际投资的未来趋势,必然不能回避该领域对可持续发展原则的阐释和适用。而当前国际投资领域是如何适用可持续发展原则的,采用何种方式、呈现何种特点,这些已作出的回应将对未来国际投资条约的制定和实践带来怎样的影响? 从更宏观角度来考察,国际投资仲裁机构适用可持续发展原则裁决国际投资争端的动力从何而来? 又受到了何种制约? 未来将会呈现何种趋势? 对上述问题的解答,需要从国际投资条约的文本现状和仲裁机构对涉及可持续发展议题的裁决中寻求答案。

(一)研究背景

国际投资活动对可持续发展进程发挥着不可替代的作用,可持续发展需要全球经济进行结构性的变革,这一变革需要通过新型能源、运输、生产制造、资源开采等方面的投资来实现。申言之,实现可持续发展意味着国际投资领域的新转向,最终要促进有利于可持续发展、平衡公共利益与经济发展的投资。

这一新转向在亚洲基础设施投资银行(以下简称亚投行)和世界银行的政策动态上得以体现。成立于2015年年末的亚投行,在成立之初就开宗明义地强调了“促进亚洲经济可持续发展”这一目的,并发布了《环境与社会框架政策》(Environmental and Social Framework),用以支持亚投行客户实现环境和社会可持续发展。这一框架近两年根据实际情况进行了调整。例如,2021 年 5 月,亚投行董事会审议批准的新一版《环境与社会框架政策》修订案显示出了对可持续发展基础设施的重视,修订涉及多处可持续发展的内容,包括应对气候变化、环境和社会文件的提前披露时间、生物多样性保护、对亚投行融资范围进行限制等。原亚投行副行长安周奇先生(Joachim von Amsberg)指出,亚投行的使命之一即"帮助成员在为《巴黎协定》作出贡献和实现可持续发展目标方面不断取得进展"①。无独有偶,世界银行于 2016 年发布了《环境与社会政策框架——为投资项目提供金融支持的环境与社会标准》,内容翔实,主要包含以下几部分:世界银行可持续发展愿景、《针对投资项目融资的环境与社会政策》(IPF)、阐明借款人要求的《环境和社会标准》(ESS)以及规定了世界银行工作人员在实施环境和社会政策方面要求的《IPF 环境和社会指令》。② 亚投行与世界银行出台的框架性文件聚焦的目标清晰一致,即引领各国家和相关利益方更好地实现可持续发展性投资和经济活动,这些具体的规则表象标志着在国际投资领域已经出现了可持续发展原则的融入。

2017 年年底,世界贸易组织(World Trade Organization,WTO)第十一届部长级会议上发布的联合申明,标志着关于世界贸易组织投资便利化的结构化讨论成为会议的重要议程,国际投资环境有望得到更加透明的规则保障。从 2020 年开始,参与投资便利化促进发展(IFD)的世界贸易组织成员开始制定未来的谈判文本。根据世界贸

---

① 郑青亭:《亚投行政策战略与预算局局长郑权:亚投行的高标准是如何炼成的?》,载新浪财经网,https://finance.sina.com.cn/roll/2021-05-31/doc-ikmxzfmm5635528.shtml。

② Institutional paper, *Environmental and Social Framework*, The World Bank (Dec. 1,2022), https://thedocs.worldbank.org/en/doc/837721522762050108-0290022018/original/ESFFramework.pdf.

易组织的消息,会有密集的会议安排,以期在2023年年中前确定谈判文本。[①] 世界贸易组织投资便利化谈判的进程凸显了对可持续发展议题的重视,如2021年年底,投资便利化联合声明(JSI)的签署方发表了一份声明,明确将实现可持续发展视为首要目标。[②]

综观国际投资治理全局,当前不得不面对的现实是并非所有的投资都有利于可持续发展。既往政策制定者倚重投资增量进行判断的做法对东道国可持续发展带来的不利影响依然存在。从东道国利益出发,牺牲东道国环境、自然资源而对本国经济发展并无贡献的国际投资为一国的可持续发展带来了极大的负面影响。因此,从可持续发展的角度,不应一味强调国际投资数量而忽略其质量。然而,围绕这一目标来吸引投资对于发展中国家来说极具挑战性。梳理既往国际投资历史,似乎一直存在这样的悖论:一些亟须国际投资以促进本国可持续发展的国家,由于自身的经济等各方面原因往往并不能吸引太多此类投资。传统国际投资协定的时代背景是导致失衡的重要原因。新自由主义导向下,传统国际投资法治视投资自由化和投资者利益保护为首要目标;此时期发达国家作为资本输出国占主导地位,导致国际投资保护的片面性。[③] 20世纪80年代后发达国家推行的自由性质的国际投资协定偏向性明显,主要表现为对东道国监管权的弱化,对于公共利益、社会价值的忽视等。[④] 直至20世纪六七

---

① See WTO, *Investment Facilitation Talks Intensify to Conclude Draft Agreement in First Half of* 2023, https://www.wto.org/english/news_e/news23_e/infac_02feb23_e.htm[EB/OL].

② See Rashmi Jose & Andreas Oeschger, *The State of Play for Sustainable Development in the Joint Statement Initiative on Investment Facilitation for Development*, https://www.iisd.org/system/files/2022-04/joint-statement-initiative-investment-facilitation-en.pdf.

③ 参见张庆麟、余海鸥:《论社会责任投资与国际投资法的新发展》,载《武大国际法评论》2015年第1期。

④ 参见刘笋:《国际法的人本化趋势与国际投资法的革新》,载《法学研究》2011年第4期。

十年代发展中国家发起了对传统投资保护模式的抵抗,加之人本化的趋势在晚近国际法愈演愈烈,国际投资领域才发生了立法导向上的转变。① “嵌入式自由主义”的国际投资法范式逐渐成为主流,重视国家警察权、东道国和投资者之间的平衡成为各国的新选择。两大理论特点上区分明显,与之相对应的国际投资法治呈现出不同特点。新自由主义以古典自由主义思想为基础,在经济全球化过程中得到广泛接受,是 20 世纪 70 年代以来对国际经济政策发挥着至关重要作用的理论。在新自由主义理论主导下,国际投资法治忽视了政府监管权,国际投资协定中国民待遇、最惠国待遇、公平公正待遇、征收及补偿标准等内容将这一思想体现得淋漓尽致。而嵌入式自由主义则带有国家干预性质,是约翰·鲁杰对第二次世界大战后国际经济体制特征的准确定位;他指出,战后国际经济体制在具有自由主义多边性质的同时也具有国家干预的成分,这一新理论体现了共享社会目标。②

经历数十年的发展演变,国际投资协定体系已经形成了以双边投资协定、特惠贸易与投资协定为主体的双边、区域和多边投资协定共存的体系。由于国际投资协定产生于特定历史、经济和社会环境下,缔约方的力量角逐对其内容发挥着决定性作用,导致早期的国际投资协定更加偏重投资者利益保护。然而,国际投资协定体系的内容并非一成不变,而是一直处于动态变化中。投资协定体系的整体变化凸显了诸多特点,如投资规则的碎片化、投资规则的自由化趋向、投资规则的高标准以及议题的广泛性。在这些特点中,“可持续发展”议题的纳入是国际投资协定升级转型的重要考量内容。如前所述,国际投资法经历着范式上的根本性转变,这也为国际投资的可持续发展目标实现提供了契机。作为回应,国际投资法治应以平衡

---

① 参见张庆麟、余海鸥:《论社会责任投资与国际投资法的新发展》,载《武大国际法评论》2015 年第 1 期。

② 参见漆彤、余茜:《从新自由主义到嵌入式自由主义——论晚近国际投资法的范式转移》,载《国际关系与国际法学刊》2014 年第 00 期。

性的制度设置来弥补现行国际投资协定体系的固有缺陷。

作为国际投资活动中强有力的工具,国际投资协定对调整东道国与外国投资者之间的关系发挥着关键作用。事实上,晚近国际投资协定在平衡东道国与投资者利益方面已经取得了一些进展,出现了部分包含可持续发展要素的投资协定,如2010年奥地利签订的协定序言中出现了对投资者反腐败方面的要求。囿于平衡型国际投资协定在现行有效总协定中所占比例,协定文本中可持续发展内容的不足仍然是可持续发展转向面临的重要障碍。值得注意的是,随着可持续发展的深入与推进,越来越多国家关注到协定的起草问题,特别是通过多种规定保护东道国警察权。①《世界投资报告2012》提出了"可持续发展的投资政策框架"(Investment Policy Framework for Sustainable Development, IPFSD),倡导各国签订"可持续发展友好型"国际投资协定(sustainable-development-friendly IIAs),其中的"可持续发展"涉及了环境、社会发展、企业社会责任等多重维度;这标志着国际投资政策的可持续发展转型已经明确,并引出了如何平衡东道国与投资者利益的重要时代命题。

(二)研究意义

本研究的选题意义在于挖掘国际投资"可持续发展"转型中面临的问题。全球范围内国际投资法治的"可持续发展"转型已开展多年,既有的理论和实践中,"可持续发展"这一全球性问题的理论演进呈现出何种趋势,现有国际投资条约体系是否及时作出了回应,此为该文选题的第一要义。当前世界发展面临的环境问题、气候变化、社会问题等一系列"可持续性发展"问题需要各主权国家共同推动解决。国际投资领域,学者在全球治理理论下审视"可持续发展"的转型时指出,国际合作、国际多主体参与是其实现的重要依托,国际投资对

① 参见艾素君:《晚近国际投资协定对东道国规制权的保障及中国实践》,载《河北法学》2023年第2期。

国际合作的需求已然形成。如何将理论嵌入国际投资法治,中国在国际投资“可持续发展”转型中的方案选择为本研究选题的第二重要义。

1. 挖掘国际投资“可持续发展”转型中遇到的问题

本研究选题的首要意义在于挖掘国际投资条约和实践中“可持续发展”原则的融入问题,通过对协定文本和仲裁实践的双重考察提出“可持续发展”转向的路径选择,促进国际投资领域“可持续发展”原则的深度融入。传统国际投资法偏重投资者利益保护。现行有效的协定中相当数量的国际投资规则将保护投资者利益放在首要位置,这一做法导致东道国权益极易遭到不同程度的损抑。“可持续发展”转向对国际投资法治提出了利益平衡的要求,新理念的嵌入对国际投资条约及其实践带来了新挑战、提出了新问题。对这些问题的探索与研究对未来国际投资法治具有重要意义。

新自由主义范式下的传统国际投资协定体系无法克服其片面性的先天缺陷,成为国际投资法治长期稳健发展的隐患。晚近对新自由主义国际投资范式的质疑声增多,国际投资仲裁所面临的正当性危机即表现之一。[①] 在国际投资仲裁实践中涉及东道国公共利益的案件审理中,部分仲裁庭片面强调投资者保护,最终在东道国与投资者利益的权衡中选择了后者。在国际投资争端解决中心(ICSID)仲裁案例中,此类案件援引类似或相同法律条文却并未得到一致的裁决结果,此类不一致裁决损害了投资协定条款的可预见性,继而引发国际投资仲裁的信任危机。鉴于此,晚近国际投资法治已然发生了转向,东道国的国家管制权和投资者权益保护之间的平衡成为重要命题,并由此形成了新的国际投资法范式——嵌入式自由主义。这一范式转向被国际投资协定实践所印证;在国际投资协定条款的设计上,出现了越来越多关注国家安全、环境、劳工等内容的条款。这

---

① Susan D. Franck, *The Legitimacy Crisis in Investment Treaty Arbitration: Privatizing Public International Law through Inconsistent Decisions*, Fordham Law Review, Vol. 73:4, p. 1521 - 1626(2005).

些条款设置的目的就是保护东道国的管制权,此类条款设计被越来越多国家所采纳。

从片面强调投资利益的新自由主义范式到东道国与投资者利益平衡的嵌入式自由主义范式,这种范式上的转变虽为必然却并非一蹴而就,需要经历必要过程、克服转变过程中出现的问题。从法律追求的公平正义价值来看,传统国际投资协定在利益分配上不均衡,这样的法律制度并不符合公平正义的内涵要求,发生变动成为必然。与国际投资单向度趋势形成对比的是深受嵌入式自由主义影响的关税及贸易总协定(GATT)体制,发展中国家在多方贸易体制中得以作为集体表达其立场,既规定了保障和例外条款,又削减了贸易壁垒、取消了歧视待遇的原则。在鲜明对比下,各国也开始强调投资者的社会义务和责任,以及国家安全、环境、劳工权等可持续发展问题。

面对国际投资法价值定位的错位,对国际投资法治进行历史回溯有助于寻求解决办法。Sornarajah 指出,属地管辖是一国在其领土界限内享有主权这一习惯国际法原则的历史来源。在国际投资视域下,早期发展中国家为吸引投资在主权上做出了让步,但并未放弃对本国主权的主张。从发展中国家的主权观出发考虑国际投资法的价值归位同样具有重要意义。由于发展中国家要"保证其偏向外资保护的条约不损害本国自然资源的监管"①,因此,合理保护东道国警察权成为保护本国主权、平衡利益的重要手段。

国际投资法治的转向可以在投资协定的内容变化和仲裁实践的调整中找到踪迹。国际投资协定增加了可持续发展的内容。以美国双边投资协定(以下简称 BIT)范本为例,2012 年 BIT 范本相较于 2004 年范本扩大了缔约方的环境和劳工保护义务,在文本措辞中从"应努力确保"(shall strive to ensure)升级为"应当确保"(shall ensure);强调了缔约方的环境规制权;对劳工内容也做了规定。鉴于透

① M. Sornarajah, *Mutation of Neo - Liberalism in International Investment Law*, Trade, Law and Development, Vol. 3:1, p. 204 - 232(2011).

明度条款对投资双方的重要意义,晚近 BIT 范本在此方面更加重视。2012 年美国 BIT 范本增加的透明度条款中要求缔约方就涉及投资的法律、决定的公布及仲裁程序的透明度进行定期磋商。此外,该范本还详细规定了非争端方参加仲裁听证和提交书面意见的权利。与条约法的转型相呼应,国际投资仲裁实践也出现了调整的趋势。仲裁庭在间接征收的认定上,从“纯粹效果检验”“目的/性质检验”发展至“兼顾效果与目标检验”。后者在实践中的应用范围逐渐扩大,对平衡东道国公共利益与保护外国投资者私人财产起到了良好的促进作用,标志着国际投资可持续发展转向在实践中取得了进展。

在这一转变过程中,各国在各阶段的选择并不尽然相同,但从近年来的发展及未来的趋势来看,发达国家和发展中国家似乎是殊途同归。以美国为代表的发达国家最初片面强调投资者利益,中国最初对东道国利益更为侧重,现阶段都在试图平衡二者利益。为了实现国际投资法治的顺利转型,挖掘转型过程中出现的问题与面临的挑战具有极大价值。本研究从国际投资法中重要的实体条款、程序条款出发,以“可持续投资”转向过程中的条约内容和实践调整为核心,剖析这一过程中出现的问题及成因,最终提出对策。国际投资协定文本是“可持续发展”型国际投资治理的制度保障。其一,投资协定文本是国际投资活动的基本行为准则,它既保障了投资活动的合法性也约束了非理性的投资行为;其二,投资协定文本具有稳定性和创新性,能够有效落实制度创新并将创新内容转化为强有力的法律约束力,为缔约国的可持续发展提供依托;其三,国际法层面的“可持续发展”法治能够与国内法治形成良好互动,并为全球治理下的国际投资带来良性循环。国际投资仲裁实践是国际投资法治的重要内容。从中国参与国际投资的现实出发,2011 年的伊佳兰案(the Ekran Berhad Case)是中国面临的国际投资条约仲裁第一案;除此之外,中国尚有其他几例涉仲裁案件。这标志着无论被动还是主动,中国不得不切实参与到国际投资仲裁中。从这一层面上说,对于国际投资仲裁实践的考察既是现实亦是必然。

2. 明确国际投资"可持续发展"转型中的中国定位

国家主席习近平在第七十六届联合国大会上提出了"加快落实联合国2030年可持续发展议程"的倡议,并强调了"发展优先""全球治理"的重要性。① 习近平总书记关于可持续发展的重要论述为世界可持续发展贡献了中国智慧和经验,为百年未有之大变局和疫情叠加背景下的发展指明了方向。国内层面,2030年可持续发展议程将与国家未来发展有机结合,包括"十四五"规划和2035年远景目标等发展战略的深度融合;②国际层面,"一带一路"建设与2030年可持续发展议程之间能够形成积极互动,通过绿色基础设施建设促进沿线国家可持续发展。可持续发展涉及多个层面的全方面发展。而总书记关于可持续发展的论述中强调了三对重要关系,包括人与自然的关系、人与社会的关系以及国家与国家的关系;这与可持续发展存在极高的契合度,为推动可持续发展提供了具有科学价值的理论遵循。尽管我国对2030可持续发展议程一直保持着积极态度,且逐步推进其落实;但是从我国国际投资的实际情况来看,投资面临的可持续发展相关问题依然严峻,特别是"一带一路"共建国家的投资所面临巨大的环境风险。例如,2019年"肯尼亚拉姆燃煤电厂"项目由于环评问题遭民众非议,环境影响评估许可被法庭撤销,继而导致项目搁浅。③ 这一案例体现了在环境影响评价问题上我国投资者存在的巨大风险;除此之外,我国还面临其他诸多风险。这些风险的解决需要我国明确未来定位,推进相关国际法制、国内法制建设。

近年来,随着中国经济的高速增长,海外投资发展迅猛。从中国

---

① 参见《习近平在第七十六届联合国大会一般性辩论上的讲话》,载求是网,http://www.qstheory.cn/yaowen/2021-09/22/c_1127887219.htm。

② 参见中国国际发展知识中心:《开辟崭新的可持续发展之路的科学指引(深入学习贯彻习近平新时代中国特色社会主义思想)——深入学习贯彻习近平总书记关于可持续发展的重要论述》,载人民网,http://paper.people.com.cn/rmrb/html/2021-11/16/nw.D110000renmrb_20211116_1-09.htm。

③ 参见徐刚、司文、陈璐:《"一带一路"海外项目建设回顾与展望》,载《国际研究参考》2019年第5期。

海外直接投资的区域分布来看,发展中国家是中国海外投资的重要区位。然而,中国的海外投资历程却并非一帆风顺,甚至在环境等问题上遭受质疑。中国环境威胁论(China's Environmental Threat Theory)、中国环境新殖民主义(China's Neo-Colonialism Theory)、中国生态倾销论(China's Ecological Dumping)等言论甚嚣尘上。中国海外投资的进程中,部分投资面临一系列法律问题,甚至引发了部分海外投资危机。

2013 年,中石油在乍得的投资引发环境纠纷。乍得政府以违反当地环境法规为由,指责中石油在原油开发过程中故意溢油、没有清理溢油的设备,中止了中石油的一切运营。次年,在中石油拒绝乍得政府高达 12 亿美元罚款的要求后,中石油之前所获取的五个开采许可证被撤销。最终,中石油不得不与乍得政府达成妥协,支付了数亿美元的补偿,并进行了部分股权的转移;与之相应,对方政府放弃对中石油的起诉,并允许乍得—喀麦隆的石油运输管道提供给中石油使用。① 该案中,中石油面对乍得政府以环境为由的规制风险,最终不得不承受经济上的损失。

环境等公共利益问题不仅对我国的海外直接投资造成了经济上的直接损失,同时一定程度上损害了我国的声誉。除了上述提及的数种有争议的言论,某些国际组织的发声也不容忽视。如第一个受中国政府邀请来华开展工作的非政府组织(Non-Governmental Organizations, NGOs)——世界自然基金会(World Wild Fund, WWF),呼吁中国政府重视海外投资带来的环境问题。② 其研究员也曾明确

① 参见黄日涵:《中企海外投资要防过河拆桥》,载中国日报中文网,http://caijing.chinadaily.com.cn/2014-08/22/content_18471505.htm;参见陈知瑜:《乍得暂停中石油开采活动称其违反环境法规》,载环球网 2013 年 8 月 15 日,https://world.huanqiu.com/article/9CaKrnJBNSu。

② 参见祝慧:《世界自然基金会发布报告呼吁重新思考中国在全球经济中的新作用》,载中国经济时报网 2007 年 4 月 26 日,https://lib.cet.com.cn/paper/szb_con/53878.htmll。

指出中国财务资本、社会资本及自然资本之间的严重失衡,生态开发的程度远超过其承受能力。①

由此可见,中国的海外投资进程中与可持续发展相关的风险是不得不面对的问题,同时,由于公共利益问题也是我国国内发展中的重要问题:基于投资输出和输入的双重重要性,国际投资领域的可持续发展问题亟须引起重视。

二、文献综述

本研究选题立足于国际投资领域可持续发展转型中面临的问题及应对,从现有协定文本和仲裁实践入手。区别于既往研究集中于单个具体条款所面临的问题,本研究的内容更加注重国际投资法的体系性,逐一考察协定文本中的重点条款,包括实体条款和程序条款。研究尝试以国际投资机制转型为背景,在国际法理论基础上,深入探究可持续发展原则在投资协定文本中的融入现状、仲裁实践所面临的问题以及中国的应对。

(一)对于国际投资法转型的研究全面细致

受国际金融危机的打击,全球经济经历严重冲击,从 2008 年下半年开始被认为进入了"后危机时代"。学界对于后危机时代国际投资法出现的新需求已有共识,并关注到相应的调整。这些调整既包括实体内容的新发展,也包括对国际投资实践的调整。

实体层面,学者观察到后危机时代投资协定文本的新发展,如环境、劳工等内容的纳入;对投资者—国家争端解决机制条款的放弃或改革。② 以欧盟缔约新范式为例,公平公正待遇、最惠国待遇方面的

① 参见孙祺:《世界自然基金会:改进投资结构能提升社会资本和自然资本》,载第一财经网 2016 年 7 月 10 日,https://www.yicai.com/news/5040490.html。

② 参见韩秀丽:《后危机时代国际投资法的转型——兼谈中国的状况》,载《厦门大学学报(哲学社会科学版)》2012 年第 6 期。

创新显示了对平衡东道国和投资者利益的追求。① 程序层面，仲裁实践中的不一致问题和对公共利益的忽视引发了国际投资仲裁的若干危机，为回应危机，仲裁程序法开始了变革，包括仲裁透明度的提高、法庭之友的引入；美国等西方国家为条约解释一致性进行了一系列努力，包括促成上诉机制的建立、国际投资争端解决中心改革等。②

种种迹象显示，这些新发展摒弃了既往对投资者利益的偏重，更加看重国家与投资者利益的平衡。对于国际投资法转型的缘由，中外学者普遍认可国际治理范式理论，认为 20 世纪 90 年代受新自由理论影响，环境等问题被忽视，投资者利益被置于首要考虑地位是造成国际投资法危机的原因。③随着国际经济的发展，新自由主义主导下的国际投资体制的局限性开始显现并越发清晰。④ 由此引发的反思推动了国际投资治理范式的转变，新的"嵌入式自由主义"逐渐成为主流，新范式更加追求投资者利益与东道国国内监管权之间的平衡，强调东道国在环境、劳工保护等公共利益方面应享有适当监管权。⑤

---

① 参见王彦志：《后危机时代的欧盟国际投资条约政策与实践——演进、创新与启示》，载《厦门大学学报（哲学社会科学版）》2016 年第 6 期。

② 参见刘笋：《国际投资仲裁引发的若干危机及应对之策述评》，载《法学研究》2008 年第 6 期。

③ See M. Sornarajah, *A law for Need or a Law for Greed? Restoring the Lost Law in the International Law of Foreign Investment*, International Environmental Agreements: Politics, Law and Economics, Vol. 6:4, p. 329 – 358(2006).

④ 这一局限性的现实根源在于缔约国力量的非对称性；而发展中国家为了促成条约不得不做出妥协，最终较难实现其利益。同时由于国际投资机制中双边谈判成本较低且更易实现，因此国际投资协定的数量可观，其中包含大量的发展中国家在公共利益问题妥协情形下签订的投资协定。See Jeswald W. Salacuse, *The Emerging Global Regime for Investment*, Harvard International Law Journal, Vol. 51:2, p. 440 – 444(2010)；参见王彦志：《新自由主义国际投资机制初探——以国际机制理论为视角》，载《国际关系与国际法学刊》2011 年第 00 期。

⑤ See Markus Wagner, *Regulatory Space in International Trade Law and International Investment Law University of Pennsylvania*, Journal of International Law, Vol. 36:1, p. 1 – 88(2015).

以时间为坐标,国际投资治理转型为可持续发展目标融入国际投资法提供了契机。[①] 由于二者之间存在内在一致性,嵌入式自由主义对投资管制和投资自由化的认识更加理性,倡导的是更加平衡的发展;因此,新范式对可持续发展目标在国际投资协定中的纳入起到了推动作用。[②]

(二)国际法可持续发展问题的研究

关于"可持续发展"概念的由来存在多个版本,迄今为止最为广泛接受的是世界环境与发展委员(World Commission on Environment and Development,WCED)在《我们共同的未来》中的定义。该报告将"可持续发展"定义为"既满足当代人需要,又不对后代人满足其需要的能力构成危害的发展"。[③] 世界环境与发展委员会在推进世界范围内的可持续发展方面发挥了不容小觑的作用。该委员会提出的可持续发展理念为国际法带来了深远的影响,他们呼吁基于可持续发展概念的政策和法律的整体转型。在《我们共同的未来》定义了可持续发展概念之后,可持续发展在话语和地理范围上均有所突破,获得了广泛的承认和接纳。1992 年巴西召开的联合国环境与发展大会上,可持续发展理念取得共识,形成了《21 世纪议程》等重要文件。[④] 此后,各国开始出现了对这一概念的接受和内化过程,包括采纳可持续发展战略(Sustainable Development Strategy)作为一国的核心发展

---

① 可持续发展在国际投资法中的融入体现在多个方面:后危机时代中国际条约协定的新规定、国际法院和判决中的认可、2012 年联合国贸发会《可持续发展的投资政策框架》的出台等。

② 参见蒋小红:《试论国际投资法的新发展——以国际投资条约如何促进可持续发展为视角》,载《河北法学》2019 年第 3 期。

③ 参见世界环境与发展委员会:《我们共同的未来》,王之佳、柯金良等译,吉林人民出版社 1997 年版,第 52 页。

④ 联合国环境与发展会议:《21 世纪议程》,联合国公约与宣言 1992 年。

战略。①

在普遍认可可持续发展概念的基础上,国际法不同主体对其进行了差异性解读。例如,美国可持续发展委员会主席布泽利(Buzzelli)认为可持续发展是相互促进的环境与经济政策,而国际自然和自然资源保护同盟和国际环境与发展研究所则认为可持续发展是人类、生态系统良好状态的促进和保持。两个定义在认可前述定义的基础上存在差异。② 与此同时,这一概念也引发了国际法学者的一系列思考,思考内容包括可持续发展概念的发展演进、概念的国际法地位、可持续发展与国际法之间的关系及可持续发展的实现等问题。

历经数年发展,国际法领域围绕可持续发展问题形成了可观的法律成果,包括软法、硬法成果,如宣言、公约,或框架公约等内容;搭建了可持续发展的合作平台,出现了与可持续发展相关的国际性职能机构,如联合国下属环境规划署、联合国可持续发展委员会等;提出了相关议程,如2030可持续发展议程。学者在梳理可持续发展相关成果基础上认为未来这一议题仍然面临部分国家不愿在发展和环境领域建立全球范围有约束力的制度和法律安排,因此需要借鉴国际人权、人道主义法的发展经验,为保护全球共同利益共同采取行动,如通过国际法委员会起草可持续发展公约草案,并建立健全相应的法律实现机制。③ 对于可持续发展的实现,存在不同观点,主要分歧在于是否要设立全新的国际组织。支持者认为应借鉴联合国安理

---

① 美国较早开始了可持续发展方面的实践,1993年时任美国总统克林顿签署了12852号行政令,致力于提出全国可持续发展规划建议的“可持续发展委员会”据此成立。See Shannon Henry, *New Council on Sustainable Development Defines Terms*, The Christian Science Monitor (Jul. 9, 1993), https://www. csmonitor. com/1993/0709/08032. html.

② See Shannon Henry, *New Council on Sustainable Development Defines Terms*, The Christian Science Monitor (July. 08, 1993), https://www. csmonitor. com/1993/0709/08032. html.

③ See Qerim Qerimi, *Sustainable Development in International Law: From Origin to Operation City*, University of Hong Kong Law Review, Vol. 5, p. 1 -27(2014).

会,建立一个致力于解决可持续发展问题的“超国家机构”,参照《联合国宪章》第7条,赋予其强制执行权,以解决“搭便车”问题;①或者遵循WTO整合多边贸易协定的路径,将零散的国际机构合并为一个新的国际组织,通过体制的融合达到提高合作效率的目标。② 反对者认为,既有的体制框架能够为合作和目标的实现提供便利,因此主张在现有体制框架上实现可持续发展议题,利用世界卫生组织、国际劳工组织、联合国环境规划署等平台实现可持续发展领域不同国际法主体之间的合作。③

现有研究普遍支持国际法为可持续发展提供了重要保障,④而可持续发展原则同时也对国际法的发展产生了重要影响。可持续发展对国际法的深刻影响首先体现在其丰富了国际法调整对象:可持续发展概念突破传统“代内公平”,将国际法调整范围从传统的国家间关系加以延伸,纵向扩展至当代人与后代人的范围,即“代际公平”。⑤ 除此之外,随着可持续发展在国际法中的演进,可持续发展已经发展成了重要的解释工具。通过诉诸可持续发展原则,法官能够实现对条约规则动态解释合理化,甚至实现某些情形的法官

---

① See Frank Biermann, *The Emerging Debate on the Need for a World Environment Organization: A Commentary*, Global Environmental Politics, Vol. 1:1, p. 45 – 55 (2001).

② See Daniel C. Esty & Maria H. Ivanova, *Global Environmental Governance: Options & Opportunities*, Yale School of the Forestry & Environmental Studies, 2002, p. 164 – 165.

③ See Sebastain Oberthür & Thomas Gehring, *Reforming International Environmental Governance: An Institutionalist Critique of the Proposal for a World Environment Organisation*, International Environmental Agreements: Politics, Law and Economics, Vol. 4:4, p. 359 – 381 (2004).

④ 参见何志鹏、孙璐:《可持续发展的国际法保障》,载《当代法学》2005年第1期。

⑤ 参见石磊:《可持续发展与现代国际法》,载《武汉大学学报(社会科学版)》2002年第4期。

造法。①

(三)国际投资法可持续发展问题的研究

国际投资体系的转型是晚近国际投资的重要议题之一,而可持续发展的融入是转型的重要内容。由于国际投资协定产生于特定历史、经济和社会环境下,同时投资协定缔约方的力量角逐对缔约内容起决定性作用,因此协定体系呈现出动态变化,不同时期的协定体系呈现出差异性特点。晚近,"可持续发展"议题的纳入是国际投资协定"升级"的重要考量内容,同时也是本研究的重点关注对象。联合国贸易和发展会议(UNCTAD)在《世界投资报告 2012》中提出了"可持续发展的投资政策框架"(Investment Policy Framework for Sustainable Development, IPFSD)②,标志着国际投资的重要转型:从"偏重保护外资权益"到"促进东道国可持续发展",从"偏重保护外资"到"平衡当事双方权利义务",保护外资和管制外资从"各行其道"到"一体化"三个方向的转变。③ 这一重要变化引发了学者的关切,催生了一系列的研究成果。尽管研究已有一定数量的积累,但总体来看,体系性研究不足,对协定文本的变化较为关注,缺乏仲裁实践的研究。

1. 协定文本的研究充分集中

对协定文本的研究中,学者的关注点较为集中,研究成果主要体现在对可持续发展要素的研究,如环境保护、公共利益保护、警察权(监管权)等条款,以及投资协定如何保护东道国警察权,实现东道国与投资者利益平衡等内容。

---

① See Virginie Barral, *Sustainable Development in International Law: Nature and Operation of an Evolutive Legal Norm*, European Journal of International Law, Vol. 23:2, p.377 –400(2012).

② UNCTAD, *World Investment Report* 2012, United Nations, 2012.

③ 参见曾华群:《"可持续发展的投资政策框架"与我国的对策》,载《厦门大学学报(哲学社会科学版)》2013 年第 6 期。

包含可持续发展要素的协定条款是学者的重要关注点之一；各主权国家反思既往投资协定，意识到旧一代协定内容带来了负面效应，这些危害将对整个人类群体构成威胁。因此，可持续发展需成为一国缔约的必要考量要素。① 张庆麟认为，可持续发展原则的融入能够发挥协调作用，实现东道国经济利益和非经济利益的共赢。② 晚近缔约实践的可持续发展转向特征越发明显，环境、人权等非传统投资条款在新一代投资协定中出现频次逐渐增多，部分条款甚至成为协定的必备要素。国外学者梳理了几种纳入可持续发展要素的可能路径，包括旧一代协定中的一般例外条款、遵守当地法律的内容，以及新一代投资协定中间接征收中的例外规定、反诉等内容。③

尽管涉及可持续发展的内容明显增多，但是学者对以序言、例外为主要形式的协定条款能够发挥的效果存疑，认为主权国家缔约过程中可以参考环境、劳工和人权条约的内容，甚至可以从经济合作与发展组织的跨国公司指南中寻求启发来确定缔约内容。④

国外研究在考察投资领域可持续发展相关内容时，更加注重将国际投资协定与具体可持续发展目标紧密结合。玛丽·克莱尔·塞格(Marie-Claire Cordonier Seggerde)的专著《为可持续发展制定贸易和投资协定》(*Crafting Trade and Investment Accords for Sustainable Development*)不仅涉及当前国际投资协定中涉及对可持续发展的内容，同时囊括了国际贸易和投资如何促进可持续发展的内容，通过对可持续发展目标的深入研究指出国际投资对实现可持续发展可能的

---

① 参见吴岚：《国际投资法视域下的东道国公共利益规则》，中国法制出版社2014年版，第240页。

② 参见张庆麟：《公共利益视野下的国际投资协定新发展》，中国社会科学出版社2014年版，第210页。

③ See Laura Rees - Evans, *The Protection of the Environment in International Investment Agreements - Recent Developments and Prospects for Reform*, European Investment Law and Arbitration Review, Vol. 5:1, p. 357 - 391(2022).

④ See Tarcisio Gazzini, *Bilateral Investment Treaties and Sustainable Development*, The Journal of World Investment & Trade, Vol:15:5, p. 929 - 963(2014).

贡献。作者提出了国际层面整合可持续发展原则的两条路径：合理解释条约目的、纳入可持续发展内容。①

若以可持续发展目标为标尺审视当前投资协定的立法设计，则需对投资治理进行评估和调整；国外研究认为各国应对投资协定的目标和影响进行全面评估，并采取相应措施使投资协定与21世纪目标更加一致。新协定的设计中可以摒弃部分传统条款，增设新条款。与设计新的投资协定相比，想实现当前协定与可持续发展目标的一致将面临重重挑战。为此，学者提出了国内层面的建议，如将优惠待遇作为满足某些义务或标准的条件。尽管此举会增加东道国政府的负担，但对已生效的大量投资协定进行回顾却是法律连贯性和有效性的必然要求。学者针对投资领域的可持续发展未来提出了更为广阔的视角，即学界不应仅局限于国际投资协定体系的构建，还应考虑如何完善全球投资治理体系以应对可持续发展的挑战。②

国际投资规则可持续发展改革的核心要素是东道国与外国投资者的利益平衡，这一目标的实现需要为东道国预留适当监管空间。晚近投资协定可持续发展转向的重要体现之一是协定平衡范式下的监管权保护，实体规则和程序规则对此均有体现；东道国国家警察权在国际投资协定中的新发展具有明显的溢出效应，将对东道国缔约行为起到指引作用。③ 余劲松认为，实体规则、限制仲裁庭扩大解释及仲裁程序规则的完善是平衡投资者与东道国利益的重要路径。④

---

① See Yulia Levashova, Tineke Lambooy & Ige Dekker, *Crafting Trade and Investment Accords for Sustainable Development*, Eleven International Publishing, 2016, p. 134 – 144.

② See Lise Johnson, Lisa Sachs & Nathan Lobel, *Aligning International Investment Agreements with the Sustainable Development Goals*, Columbia Journal of Transnational Law, Vol. 58, p. 58 – 120(2020).

③ 参见张庆麟、郑彦军：《晚近国际投资协定中东道国规制权的新发展》，载《武大国际法评论》2017年第2期。

④ 参见余劲松：《国际投资条约仲裁中投资者与东道国权益保护平衡问题研究》，载《中国法学》2011年第2期。

通过不同方式加强国家警察权是国际投资可持续发展革新的必然结果,学者认为现有规则仅通过投资定义、间接征收标准、禁止性履行要求的例外条款以及投资者—国家争端解决改革等路径远不能满足可持续发展的需求,而应通过单列监管权条款和引入比例原则来有效实现可持续发展。[①] 对于平衡关系的处理,合理使用比例原则的重要性凸显。比例原则的适用,一方面能够为国家警察权的行使提供问责工具,另一方面能够为仲裁庭的裁决提供正当性。[②]

2. 投资仲裁实践和体系性研究明显不足

与投资协定文本的研究相较,投资仲裁的相关研究明显不足。国外学者较早关注到该问题。切斯特·布朗(Chester Brown)针对可持续发展理念的引入在国际投资仲裁中出现的问题进行了阐述:在仲裁实践中,除了涉及条约的实体条款、条约解释等机制会面临问题,仲裁庭的固有权利(inherent power)如法庭之友也会面临问题。同时,本研究也指出因为国际仲裁庭的灵活性还可能面临其他问题。随着新一代投资协定的陆续出现,这些问题都将成为讨论的焦点。[③] 伊尔泽·杜巴瓦(Ilze Dubava)指出,为实现国际投资领域的可持续发展目标,仲裁员应合理利用一些已有的条约解释方法服务于该目标。[④] 国内学者针对投资仲裁中发展中国家的客观需求,提出了投资者—国家争端解决机制改革建议,包括确保东道国在投资争端解决

---

① 参见钱嘉宁、黄世席:《国际投资法下东道国监管权的改革——基于可持续发展原则的分析》,载《北京理工大学学报(社会科学版)》2018 年第 4 期。

② 参见[美]本尼迪克特·金斯伯里、斯蒂芬·希尔:《作为治理形式的国际投资仲裁:公平与公正待遇、比例原则与新兴的全球行政法》,载《国际经济法学刊》2011 年第 2 期。

③ See Chester Brown, *Bringing Sustainable Development Issues before Investment Treaty Tribunals*, in Markus Gehring and Andrew Newcombe eds., Sustainable Development in World Investment Law, Wolters Kluwer Law & Business, 2011, p. 175 – 188.

④ See Ilze Dubava, *Reconciling International Investment Law and Sustainable Development: Necessity or Luxury*? (Social Science of International Electronic Law, Second Biennial Global Conference, University of Barcelona, June 30, 2010) p. 42.

中的优先地位、慎重选任仲裁员以及提高仲裁程序透明度等。①

对相关专著的考察中可以发现深入的体系性研究是当前该领域面临的重要短板。乔治·E. 维尼亚莱斯(Jorge E. Viñuales)在其著作《国际法中的外国投资与环境》(*Foreign Investment and the Environment in International Law*)(2015 年)中提出随着国际投资法和国际环境法的互动加强,二者的协同作用与冲突问题共存。一方面,国家的环境监管权力将越来越多地受到投资法律的约束;另一方面,环境要素被纳入投资领域将引发一系列法律问题,如管辖权、适用法律、程序问题及损害赔偿等。作者对国际环境法和国际投资法发生的冲突进行了法律和相关案例的分析,认为冲突的解决首先要遵循规范冲突的路径,在环境规则和投资规则之间关系不明确的情形下,则需要在投资规则的范围内考虑环境因素。为达到环境与投资之间更好的协作效果,维尼亚莱斯认为投资法庭应转换思维方式,通过多重路径,如警察权、紧急和必要性条款以及非歧视标准中"类似情形"概念的解读等,为环境监管保留空间。该专著聚焦于国际投资领域内的环境问题,对环境要素进行了较为全面和深入的研究,并提出了解决环境与投资冲突的重要路径,但是其研究内容并未涉及可持续发展其他要素。

池漫郊教授在英文专著《将可持续发展纳入国际投资法:规则不相容、系统整合和治理启示》(*Integrating Sustainable Development in International Investment Law: Normative Incompatibility, System Integration and Governance Implications*)(2017 年)中对可持续发展原则在国际投资法体系的融入情况进行了系统性研究,内容涵盖了国际投资协定基本条款和仲裁实践内容,认为当前投资协定体系无法与可持续发展原则相适应,建议通过重新构建协定条款、加强软法功能的发挥、非国家主体的参与以及革新争端解决机制等多元路径来解

① 参见黄世席:《可持续发展视角下国际投资争端解决机制的革新》,载《当代法学》2016 年第 2 期。

决这一问题。《"可持续发展"导向型国际投资条约研究》是从"可持续发展"视角切入对投资协定文本研究较为体系性的成果，该研究从东道国、投资者、母国三个视角出发分析了国际投资条约中相关条款的进展，提出了实现"可持续发展"的国际规制合作路径。[①] 由于研究成果形成的时间问题，这两项研究成果并未能反映近几年国际投资领域的最新变化，特别是中欧投资协定等内容。总体而言，立足中国、涵盖协定文本与投资仲裁实践的体系性研究还有待深入。

三、研究框架

除引言与结语部分外，本研究由以下几部分组成：

第一章将阐明本书的研究前提，即可持续发展原则已经成为一项重要的国际法原则并在国际司法中得以适用。可持续发展经历了从概念到法律原则的演进过程，国际投资领域也有了相应的发展，国际投资协定文本陆续纳入了环境、劳工保护等涉及公共利益的内容。

第二章、第三章将分别讨论可持续发展原则在实体和程序条款中的发展情况，以协定中的基本条款为研究进路，阐明国际投资法中可持续发展原则的进展，以及仲裁实践的适用情况。此两部分将重点关注协定条款的个性内容，揭示当前协定体系满足可持续发展的需求现状，以及在当前协定体系下投资仲裁庭通过解释论来解决相关问题的效果。

第四章将判断可持续发展转型下，国际投资会面临哪些问题，以及如何解决国际投资面对的问题。在仲裁庭无法通过解释论合理适用可持续发展原则的情况下，需要寻求立法论的解决路径。考虑到当前协定体系现状及立法需经历一定的时间历程，比例原则、系统整合解释路径应被引入。

第五章是对可持续发展转向背景下中国应对的讨论。作为重要

---

① 参见刘明萍：《"可持续发展"导向型国际投资条约研究》，湘潭大学 2020 年博士学位论文，第 38－84 页。

资本输入国和资本输出国,我国在国际投资中的地位愈加重要。新一代投资协定体系的构建中,我国的立场备受关注。特别是"一带一路"沿线的建设,为我国提升治理话语权提供了契机,我国的应对和选择是本研究的重点内容。

四、研究方法

菲韦格所倡导的论题学基于问题导向的立场,提供了问题取向的思考技术,情景思维即这种思考技术应用的关键。论题学的重要功能在于准确定位问题。① 本研究拟研究的是可持续发展原则在国际投资领域融入所面临的问题,具有实践性强的特征,与论题学法学视法学为实践知识具有高度契合性。因此,本研究依据论题学法学的基本思路展开:首先准确定位研究问题,并将问题置于国际投资背景下,继而研究该情境下解决问题的路径,在此基础上提出笔者的建议。

(一)规范分析方法

法律规范分析对于法律问题的研究发挥着不可替代的功用。本研究背景下的规范分析主要是针对国际法协定、国际法原则及文件的语言、概念分析。规范分析的工具具有多样性,如奥斯丁通过对语言、修辞的分析,寻求"法"概念的真实含义,采取了以概念分析为主,辅以语言分析的方法;②凯尔森在"纯粹法学"中主要使用逻辑分析;③哈特在进行法律概念的分析中更加注重语义分析。④

本研究涉及较多的是概念分析、语言分析和逻辑分析。基于研

---

① 参见舒国滢:《寻访法学的问题立场——兼谈"论题学法学"的思考方式》,载《法学研究》2005 年第 3 期。

② See John Austin, *Lectures on Jurisprudence or the Philosophy of Positive Law*, John Murray, 1886.

③ 参见[奥]凯尔森:《法与国家的一般理论》,沈宗灵译,中国大百科全书出版社 1996 年版,第 184 - 185 页。

④ 参见[英]哈特:《法律的概念》,张文显等译,中国大百科全书出版社 1996 年版,第 2 - 3 页。

究问题“可持续发展在国际投资法的融入”,本研究对可持续发展进行了概念分析。这一概念经历了长时间的发展,形成了系列成果,包括国际法规则、法律文件等内容,对这些内容的逻辑和语言分析是研究的重要组成部分。除此之外,在对国际投资协定进行分析的过程中,语言分析、逻辑分析均是不可或缺的工具。

(二)比较分析方法

比较分析方法是法学研究的重要研究方法之一,已经发展成为相对独立的“比较法”学科。Peter de Curz 提出了比较法研究的过程,主要包括:比较对象的确定、收集所需的法律渊源及进行比较研究所需的相关内容、对材料进行梳理、给出问题的可能答案、对法律原则进行批判性分析并得出结论。[①] 比较研究结果的得出离不开对比较对象的精准定位、相关比较资料的选取和梳理。

本研究包含了基于时间线索的比较、以国别为线索的比较。同时,基于世界贸易组织法对国际投资的借鉴意义,本研究还涉及二者之间的比较研究。具体比较内容包括不同时期缔约实践和仲裁实践的比较。如旧一代协定内容与新协定范式的比较;我国与其他国家缔约实践的比较;考虑到投资协定体系的差异性,研究通过欧美范式与其他范式的比较以了解协定体系的全貌。这些内容的比较,是本研究主题不可或缺的内容,有助于了解可持续发展在国际投资领域融入的全貌。

(三)历史分析方法

历史分析方法有助于清晰掌握事物的发展全貌。可持续发展原则是本研究中的重要法律原则,对该原则的准确解读是研究的基础内容,利用历史分析方法对可持续发展这一概念进行梳理是最合理

---

① See Peter De Cruz, *A Modern Approach to Comparative Law*, Kluwer Law and Taxation Publishers, 1993, p. 37 – 39.

的选择。可持续发展原则在国际投资领域中已有一定的发展,对这一部分内容的研究也离不开历史视角的审视。

本研究对可持续发展从概念的出现、法律领域的发展到内容的逐渐丰富的全过程从历史的维度进行梳理,结合不同时期的历史背景对可持续发展的发展及其在国际投资领域中的融入情况进行阐释和分析。通过历史梳理,厘清可持续发展在国际投资领域的发展路径,从而客观判断未来的发展趋势。

(四)案例分析方法

案例分析方法既是重要的理论分析工具,也是法律解释的重要方法。本研究援引国际投资领域的典型仲裁案例,案例源于重要的投资仲裁机构。案例的选择以相关性为首要原则,典型案例能够更加具象地呈现可持续发展原则在仲裁庭中的应用历程及现状。

本研究选取了国际投资领域中与可持续发展原则相关的案例,案例源于牛津国际投资争议仲裁数据库(Investment Claims)、italaw和 investor - state claim 等仲裁案件数据库,重点关注近年发生的案件。通过深入分析仲裁机构对可持续发展相关问题的裁决思路、条约条款解释等内容,深入理解可持续发展原则在投资仲裁实践中的应用现状。

五、研究创新点

创新是论文的生命,本研究议题已有一定数量的文献积累。在既有研究基础上深入挖掘议题、形成具有创新性的成果是本研究的最终目标。从问题的挖掘、论证过程到最终方案的得出,本研究力图体现议题的时代特点及前沿性,通过对相关资料的广泛纳入、深入挖掘,最终得出兼具可靠性和有效性的综合性方案。本研究的创新点在研究视角、论证过程及方案的得出三个方面得以体现。

(一)研究视角的独特性

本研究的相关研究多从单一视角切入,对于环境保护、劳工保护议题或公共健康议题等进行独立探索,且以协定文本的研究尤为常见。关注到整个国际投资法治与可持续发展之间互动关系的研究并不多见。为数不多的体系性研究成果如专著或博士论文中,所选取的视角也与本研究存在巨大差异。例如,池漫郊教授的著作从全球治理的角度切入;刘明萍的博士论文则从协定文本出发,从东道国、投资者及母国不同视角切入。

本研究认为,可持续发展原则在国际投资中的融入是一个动态的过程,这一过程中协定文本与投资仲裁是不可分割的两面。本研究除了对融入的现状进行分析,还关注到融入过程中的动态变化,以便深入挖掘表象背后的成因。从整体来看,本研究体系性特征较为明显;研究内容具有广泛性:既包含既往的经典协定内容和早期经典仲裁案例,也涉及近年来的新型协定文本和较新的仲裁实践。此种视角与既往研究存在明显差异,整体性和体系性特点较为突出。

(二)研究对象的广泛性

可持续发展在国际投资领域的融入不能仅依靠特征明显的可持续发展规则来实现,协定体系中的关键实体规则和程序规则是实现国际投资可持续发展融入的重要依托。在分析论证的过程中,本研究紧紧把握实质性联系、时代性特征两个关键要素选取研究资料,将间接征收条款、公平公正条款、例外条款、公共利益条款、企业社会责任条款以及透明度规则纳入研究范围。研究过程中,这些规则的文本和仲裁实践所呈现出来的特点及变化是理解可持续发展在国际投资领域融入的关键。除此之外,文本和仲裁的新动态也是研究过程中的重要内容。如《中欧全面投资协定》《全面与进步跨太平洋伙伴关系协定》的规定,以及近几年仲裁中出现的新案例;特别是所选取的新案例是了解仲裁新动态的最佳资料。

现有研究中,尽管存在一些对协定文本新动态的研究,但这些研究多以协定文本的特征和具体应对为讨论内容,对于这些新规则背后的历史成因、对相关实践的影响则较少关注。在已关注到实体规则、程序规则的研究中,受限于时间问题,很难体现国际投资法的时代特点。与这些研究相比,本研究所选取的研究资料特征鲜明:既囊括了可持续发展原则融入过程中必不可少的实体规则和程序规则,也将近年来新出现的规则形式和内容纳入研究范围。

(三)解决方案的实效性

现有研究提出的解决路径大多聚焦于文本的更新迭代。例如,可持续发展型投资协定体系的构建,针对单一议题的研究通常提出特定问题的针对性解决方案。其他方面的建议涉及软法功能的发挥、非国家主体的参与、争端解决机制的革新等。这些解决方案在细节上存在差异,但总体上存在对实效性的忽视问题,如争端解决机制的革新、协定体系的构建均需要较长的时间过程。

本研究在充分论证基础上,考虑到解决方案的时效性和有效性,提出综合性的解决办法。此方案是"当前问题解决 + 根本性解决"方案的有机结合,是本研究在推进国际投资法可持续发展原则融入问题上给出的答案。该方案区别于既往研究的关键点在于既关注到了问题的根本解决,也关注到了当下问题解决的紧迫性。

第一章　可持续发展原则的演进与国际投资法的回应

可持续发展经历了从概念到法律化的过程,并与国际投资法发生了密切联系。国际投资活动中,投资者需接受东道国法律管辖,投资活动不可避免地受一国法律政策的影响。① 随着可持续发展原则在各国新缔结条约以及国内法律政策中的逐步体现,这些未预见的风险导致了投资者与东道国争端的发生。可持续发展原则与国际投资法的密切联系主要体现在两个方面:一是国际投资协定体系中相关内容的逐渐增多;二是国际投资仲裁中涉环境、劳工保护等公共利益保护案件的出现。

第一节　从概念到国际法原则:国际法可持续发展的原则化

对于可持续发展原则法律内涵的正确理解是探讨该原则在国际投资领域适用问题的首要前提。"可持续发展"这一概念由来已久,经历不断演进并适用于不同的历史阶段、领域和主题。梳理可持续发展从概念演进至国际法原则的过程可以发现其呈现内涵深化、外延扩张的趋势,与此同时其法律约束力也不断增强。

---

① 参见王贵国:《国际投资法》,法律出版社 2008 年版,第 33 - 35 页。

一、可持续发展概念的确立与发展

可持续发展概念的出现源于国际社会对发展与环境二者关系的关注。1987年世界环境与发展委员会(WCED)(后称为布伦特兰委员会)发布的报告《我们共同的未来》中正式使用了可持续发展概念并进行了系统的阐释,是迄今为止最为广泛接受和影响最大的定义。① 报告将可持续发展定义为"既能满足当代人的需要,又不对后代人满足其需要的能力构成危害的发展"。"它包括两个重要概念:需要的概念,尤其是世界各国人们的基本需要,应将此放在特别优先的地位来考虑;限制的概念,技术状况和社会组织对环境满足眼前和将来需要对能力施加的限制。"②

布伦特兰委员会也委托环境法专家组制定了一系列关于环境保护与可持续发展的法律原则,专家组提议的诸多"原则、权利和义务"均隶属于跨界自然资源和资源保护问题。此阶段,相关原则的制定从国际环境法出发,对可持续发展的社会因素关注甚少。

在此之后,国际社会并未停止对可持续发展概念的探索和努力。由当时176个联合国成员国和50多个政府间国际组织参加的里约会议产生了重要的成果:《里约环境与发展宣言》(The Rio Declaration)和《21世纪议程》(Agenda 21),这两份文件标志着可持续发展成为国际世界首要关注的议题。联合国环境与发展会议将可持续发展定义为"国际环境政策的主导概念"(leading concept)。最初阶段可持续发展的关注层面更多停留于环境问题。《里约环境与发展宣言》中原则4明确了为了实现可持续发展,环境保护应成为发展进程中不可或缺的一部分,不能孤立地对待它。《里约环境与发展宣言》

---

① See Nico Schrijver, *The Evolution of Sustainable Development in International Law: Inception, Meaning and Status*, Martinus Nijhoff Publishers, 2007, p. 238.

② United Nations, Secretary - General & World Commission on Environment and Development, *Report of the World Commission on Environment and Development: Our Common Future*, UN - Document A/42/427(1987).

还关注到国际经济体系与环境问题，认为各国合作构建支持和开放的国际经济体系，在促进国家经济增长和持续发展的同时，能够更好地处理环境退化问题。①

可持续发展概念只关注单一维度的局限性在2002年被突破。2002年召开的可持续发展问题世界首脑会议(World Summit on Sustainable Development, WSSD)形成了重要成果:《约翰内斯堡可持续发展宣言》(Johannesburg Declaration on Sustainable Development)，该宣言拓宽了可持续发展概念的"维度"。宣言内容明确指出可持续发展具有着"多层面"，包括经济、社会和环境层面；相应地，作为实施主体的人类所承担的责任是多重的。②联合国、世界银行、学界在可持续发展基本概念的基础上，以三个方面为基本框架，发展出了可持续发展的相关内容包括目标、评价体系等，以期客观评价和衡量可持续发展水平、促进各国可持续发展。

可持续发展的三个方面迄今为止已经得到广泛接受和适用，是可持续发展不可或缺的支柱内容并成为衡量可持续发展水平的基本框架。在此框架基础上，根据不同领域及评价对象的特点，衍生出了各种可持续发展水平的评价体系；这些评价体系有助于反映特定对象的实际可持续发展水平，从而为实现可持续发展目标提供良好指引。其中，讨论较多的人类可持续发展指数(Human Sustainable Development Index, HSDI)、人类绿色发展指数(Human Green Development Index, HGDI)等，这些评价体系均围绕经济、社会和环境三方面内容展开。③ 学者、不同机构在标准体系上发展出更为精确的测算

---

① United Nations, *The Rio Declaration on Environment and Development*, UN – Document A/CONF. 151/26(Vol. I) (Jun. ,1992).

② United Nations, *The Johannesburg Declaration on Sustainable Development*, UN – Document A/CONF. 199/20(Sept. 4,2002).

③ 人类可持续发展指数和人类绿色发展指数都是在联合国"人类发展指数"(Human Development Index, HDI)基础上的进一步发展，是人类面对气候变化和环境恶化等现实问题之际做出的调整，是更加综合性的统计标准。

办法。这些测算办法所选取的指标有所区别,但都具有同一特点:已逐步将环境、社会与经济发展置于同等重要的位置,体现了可持续发展本身所蕴含的均衡发展特点。

李晓西教授构建的"人类绿色发展指数"中,按照体现经济社会发展和环境保护与发展的标准选取了12个人类绿色发展领域,力求通过代表性元素指标的考察客观反映可持续发展现状。这些指标包括:社会经济可持续发展方面的元素指标,如低于最低食物能量摄取标准的人口比例、不平等调整后收入指数、不平等调整后预期寿命指数等;自然资源和环境方面的元素指标,如人均 CO_2 排放量、PM10、森林面积占土地面积的百分比、受威胁动物占总物种的百分比、一次能源强度等。通过这一评价体系客观测试了123个国家的绿色发展指数值并排序。① 由于环境是可持续发展较早的关注层面,李晓西教授构建的指标将环境可持续评价放在了重要的位置,但是对社会方面的评价指标涉及较少。近年来,学者对评价体系不断发展和完善,特别是随着对可持续发展评价的全面性认识加深,较新的评价体系更好体现了社会、经济以及环境三方面的重要性。例如,学者在人类发展指数基础上修正提出的国家可持续发展指数(National Sustainable Development Index,NSDI),以及后续学者在NSDI基础上进行的修正后的评价体系都较为全面地体现了可持续发展概念的含义及三个方面的要求。②学者在社会方面增加的指标包括教育水平、健康、消除贫困、社会安全等内容。不同评价体系的具体指标有所区别,但对于社会方面的核心要素如教育、健康、清洁饮用水等指标几乎是每个

---

① 参见李晓西、刘一萌、宋涛:《人类绿色发展指数的测算》,载《中国社会科学》2014年第6期。

② See Hui Jin, Xinyi Qian et al., *A Global Assessment of Sustainable Development Based on Modification of the Human Development Index Viathe Entropy Method*, Sustainability, Vol. 12:8, p. 1 – 20 (2020). Jie Sun, Hui Jin et al., *A Global Assessment of Sustainable Development: Integrating Socioeconomic, Resource and Environmental Dimensions*, Frontiers in Energy Research, Vol. 10, p. 1 – 13 (2022).

评价体系的必备要素。联合国提出的可持续发展目标指引、前述NSDI及其修正的评价体系以及其他学者构建的评价体系均能体现出核心元素的一致性。从可持续发展评价体系构建的时间线索来看,可持续发展三个方面的具体内容呈现出逐步完善的过程。从发展方向来看,学者对于可持续发展评价体系的构建并不是无序的,而是力求构建代表性与稳定性兼具的评价体系,防止可持续发展评价体系的巨大变化,如学者选择在已有评价体系上进行修正,而非重新构建新的评价体系。

可持续发展评价体系是实现可持续发展目标的必备工具,评价体系的发展更多地着眼于实现可持续发展目标的实际需求。易言之,可持续发展评价体系评价要素的丰富源自经济、环境和社会在可持续发展原则中重要性的凸显。当前可持续发展概念的意涵将在图1中更为清晰地呈现。

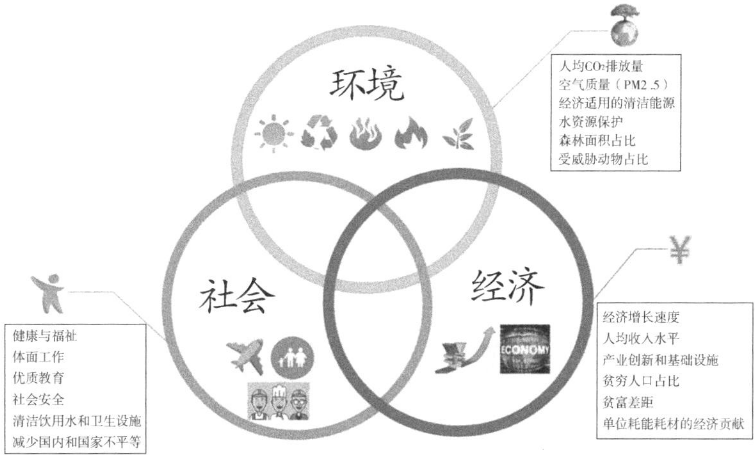

图1　可持续发展核心内容及关系图解

注:该图依据联合国可持续发展目标的内容绘制,由于联合国可持续发展目标内容丰富,本图仅选取了其中较为常见、被援引较多的内容。

从可持续发展概念的演进历程还可以看出历次世界首脑会议都对可持续发展议题发挥了重要作用。里约热内卢的联合国会议为新法律的推出提供了重要的推力,约翰内斯堡召开的可持续发展世界首脑会议较好地整合了可持续发展的相关政策。针对可持续发展问题,世界首脑们指出其将努力推动经济发展、社会发展和环境保护的融合,使之成为可持续发展中相互依存、相互加强的三个支柱。① 消除贫困、改变不可持续的生产和消费模式、保护和管理经济和社会发展的自然资源基础,这些是可持续发展的首要目标,也是可持续发展的基本要求。② 可持续发展概念已然成为涵盖经济发展、社会发展和环境保护的多元概念,可持续发展的一体化成为政策实现的最大挑战,三个领域内差异巨大的标准、政策之间的调整是接下来实现目标的关键。③ 可持续发展概念本身在发展的同时,相应的评价体系也在不断完善,评价体系是实现可持续发展目标的必要工具。通过对评价体系的梳理,可以得出结论:近年来的评价体系趋向于将经济、社会和环境三个方面置于同等重要的位置。这主要体现在对环境、社会两方面评价要素的不断丰富及考量比重的增加。与此同时,随着可持续发展意涵的丰富,人权等问题也与可持续发展发生了密切联系,因此需要防止涉人权问题成为部分国家的打压借口、避免可持续发展概念的滥用。

二、可持续发展法律地位的确立

可持续发展概念发展至今,学界对于其在国际法中的地位尚有争议。有学者认为可持续发展已经成为当代国际法的一部分,也有

---

① See United Nations, *Report of the World Summit on Sustainable Development*, UN – Document A/CONF. 199/20 * (Sep. 4 ,2002).

② See United Nations, *Resolution Adopted by the General Assembly on 16 September 2005* UN – Document A/RES/60/1 (Oct. 24 ,2005).

③ 参见[荷]尼科 · 斯赫雷弗:《可持续发展在国际法中的演进:起源、涵义及地位》,社会科学文献出版社 2010 年版,第 76 页。

学者对此提出反对,认为其法律地位仍具有不确定性,尽管可持续发展概念多次出现在国际议程中,但其相应的有效制度尚未建立。① 笔者认为,根据国际习惯法的定义及两要素的判断标准,可持续发展原则已经成为国际习惯法的重要内容。

《国际法院规约》第 38 条是讨论国际法渊源问题的基础;根据其内容,国家实践和法律确信是习惯国际法的两大构成要素。联合国国际法委员会及国际法院的实践也都表达了对"两要素说"的支持。② 在评价可持续发展的法律地位和约束力时亦应以此为基准。

首先,需要对可持续发展进行"国家实践"要素的考察。国家实践形式多样:既包括一国的实际行为和行动,也包含了部分情形下的不作为。国际法委员会列举的国家实践涉及多种表现形式:条约相关行为、国际组织或政府间会议通过决议时的国家行为、国家立法和行政管理行为等。③ 国际法委员会对国家实践并未提出持续时间的要求,但是要求相关实践要满足普遍性和一致性的要求。考察现行有效的国际条约发现,可持续发展已经成为国际条约法的重要内容之一。在《我们共同的未来》出版后,就出现了条约具体提及可持续发展的趋势,这些条约中不乏对各领域具有里程碑式意义的条约,如

---

① See C. Voigt, *Sustainable Development as a Principle of International Law: Resolving Conflicts between Climate Measures and WTO Law*, Martinus Nijhoff Publishers, 2009, p. 161.

② See United Nations, Official Records Sixty – ninth Session Supplement No. 10, https://documents – dds – ny. un. org/doc/UNDOC/GEN/G14/134/72/PDF/G1413472. pdf? 2017 年印度洋海洋划界案中,国际法院认定了《条约法公约》部分条款为习惯国际法。See Maritime Delimitation in the Indian Ocean (Somalia v. Kenya), Preliminary Objections, Judgment, I. C. J. Reports 2017, paras. 42 – 45;2012 年"或引渡或起诉案"中,国际法院认定了《维也纳条约法公约》第 28 条习惯国际法的法律地位。See Questions relating to the Obligation to Prosecute or Extradite (Belgium v. Senegal), Judgment, I. C. J. Reports 2012, para. 99 – 101.

③ Report of the International Law Commission on the Work of the Seventieth Session, 70th session, April. 30 – Jun. 1 and Jun. 2 – Aug. 10, 2018, U. N. Doc. A/73/10, para. 66.

《联合国生物多样性公约》《联合国气候变化框架公约》《巴黎协定》《马拉喀什建立世界贸易组织协定》等。这些多边环境公约或其他条约通过前言或具体条款内容的形式赋予可持续发展以法律约束力。由于普遍性无法被准确量化,很难精确给出认可可持续发展国家数量达到多少才能够满足普遍性的要求,因此需要适用灵活的标准。从近年来各国条约实践来看,无论是加入包含可持续发展内容多边公约的国家数量,还是在投资协定中提及可持续发展内容的缔约国家的数量,都达到了普遍性的要求。除此之外,各个国家也纷纷将可持续发展融入立法和行政管理行为。联合国 2030 议程包括了对可持续发展后续落实和评估的内容,为可持续发展框架在各国的落实和评估提供了指引。① 以我国为例,2016 年年底,国务院印发了关于《中国落实 2030 年可持续发展议程创新示范区建设方案》的通知,是落实 2030 年可持续发展议程的重要政策。

其次,"法律确信"这一要素的证明形式也具有多样性,国际法委员会列举的形式包括"代表国家发表的公开声明、官方出版物、政府法律意见、外交信函、一国的法院裁决、条约规定以及国际组织或政府间会议决议的相关行为"。② 除了列举的这些形式之外,一国在有反应能力的前提下未在合理时间作出反应的情形也可被认定为法律确信。早期对于可持续发展习惯国际法地位的质疑部分源自对法律确信的挑战。部分学者认为不同于许多习惯国际法,可持续发展原则的形成较大程度地依赖于联合国的促成,其法律形式较多以国际组织决议、宣言、条约、司法裁判文书呈现,而并非由国家实践和其法律意见的形式来呈现,很难被认定满足法律确信的标准。因此,较难

---

① United Nations, *Transforming Our World: The* 2030 *Agenda for Sustainable Development*, UN – Document A/RES/70/1 (Oct. 21, 2015).

② Report of the International Law Commission on the Work of the 17th Session, 70th session, Apr. 30 – Jun. 1 and Jul. 2 – Aug. 10, 2018, U. N. DOC. A/73/10.

赋予其国际习惯法的法律地位。① 但是随着近些年来世界范围内对可持续发展的普遍接受,此种观点已然与实际情况不符。越来越多的国家加入环境公约、气候变化公约,这些公约的加入显示了各国对可持续发展的认可;国际经济领域,贸易协定、投资协定中可持续发展内容的逐年增多,也是对可持续发展习惯国际法地位的现实印证。

国际法院的判决和学界的研究显示国家实践和法律确信两要素关系密切,无法分割。国际法院将这种关系表述为"同一现象的两方面"。② 国际法委员会对两要素证明形式的列举也显示出二者的紧密联系,甚至部分存在相同的形式,导致同一证据可能会同时证明两个要素。在此部分的证明中,本研究已经做出了必要的区分。证明结果显示可持续发展充分满足习惯国际法的要求。

除了本部分依据两要素标准做出的判断外,国际法院法官的观点也为可持续发展的习惯国际法地位提供了佐证。在 Gabcikovo - Nagymaros project (Hungary/Slovakia)一案中,法官维拉曼特(Weeramantry)提出的异议中认为,可持续发展已经被国际社会广泛接受并具有了习惯国际法地位。③

近年来,随着可持续发展概念的发展,其法律地位得到了更大范围和更高程度的认可:除了得到习惯国际法地位的承认外,部分法官(仲裁员)和学者还将可持续发展视为一项国际法原则。在 Iron Rhine(Ijzeren Rijn)铁路仲裁案中,仲裁庭的裁决报告中强调了环境法和涉及发展的法律之间并非相斥,而是存在积极的互动关系,人们

① A. Boyle & D. Freestone, *International Law and Sustainable Development: Past Achivements and Future Challenges*, Oxford University Press, 1999, p. 18 - 19.

② Brigitte Stern, *Custom at the Heart of International Law*, Duke Journal of Comparative & International Law, Vol. 11, p. 89 - 108(2001).

③ International Court of Justice, *Dissenting Opinion of Weeramantry*, *Case concerning Judge Gabcikovo - Nagumaros Prject(Hungary v. Slovakia)* (1997 - 9 - 25), http://www.worldcourts.com/icj/eng/decisions/1997.09.25_gabchkovo.htm.

对于发展带来的环境损害有预防或减损的义务。仲裁庭认为此种义务“已经成为一项国际法原则”①。考虑到在国际法不断发展的背景下,一般法律原则和习惯国际法内涵和外延均有所扩,不难理解二者之间出现的界限模糊情形。特别是一般法律原则的迅速成长,导致与习惯国际法出现了重合的现象。鉴于习惯国际法和国际法原则均是国际法渊源,此处本研究不再做进一步甄别。对可持续发展相关内容的考察可以明确可持续发展已经成为国际法的重要内容之一,这也是本研究重要的现实基础。

通过对可持续发展概念法律地位的论证可以发现,其法律化的过程与概念本身的发展息息相关。可持续发展概念经历了从单一维度到多元维度的演进历程,但是其内涵仍存在不确定性。尽管可持续发展已经存在了布伦特兰定义这一广为接受的定义,其基本要素也在《里约环境与发展宣言》中得以系统阐释;但由于其意涵的丰富性,导致其概念本身仍然处在动态发展变化中,从萌芽阶段的限制自然资源过度开发使用,发展到对当代需求和后代需求之间平衡的关切,且开始融入了人权法的内容。进入 21 世纪,可持续发展原则的维度得以拓宽,落脚在了社会、经济和环境三个维度的平衡。② 在此过程中,可持续发展原则的国际法地位得以逐渐确立,出现了多样的法律形式,包括条约、国际组织或政府间会议的决议、各国家的国内法律等。在国际法院、仲裁庭也得到了承认。概言之,可持续发展已经发展成为国际法的重要内容之一。

① See Arbitration Regarding the Iron Rhine ("Ijzeren Rijn") Railway (Belgium v. Netherlands) (May 24, 2005), available at http://legal. un. org/riaa/cases/vol_XXVII/35_125. pdf. para. 59.

② 参见黄颖:《跨界自然资源国际法规则的新发展——从“可持续发展原则”说起》,载《云南师范大学学报(哲学社会科学版)》2011 年第 3 期。

第二节　从谨慎到平衡：可持续发展原则的国际司法适用

可持续发展原则在国际司法中的适用，体现了国际司法机构对可持续发展的回应和互动，并在各历史时期呈现出不同的适用特征。国际司法机构范围较大。考虑到研究目的，本研究主要讨论的国际司法机构包含了国际投资仲裁庭如国际投资争端解决中心、国际法院以及世界贸易组织争端解决机构。

一、谨慎：可持续发展原则国际司法的早期适用

可持续发展概念进入国际司法视野肇始于白令海峡海豹仲裁案；该案是关于美国禁止加拿大在白令海峡猎取海豹的争议，美国援引其国内法认为其有权禁止加拿大的猎杀行为。尽管最终仲裁庭裁定美国对其领域以外的地区无管辖权，但是仲裁庭在两国的特别要求下对公海海豹规定了保护措施，包括禁猎季节、捕猎方法和工具等方面的具体要求。① 这些措施的制定凸显了海洋资源可持续利用的思想，也为后续海洋生物资源保护国际条约的制定奠定了基础。作为个案裁决，其影响力有限；特别是从该案的实施层面来说，该裁决只对加拿大和美国有约束力，对另外两个国家俄罗斯和日本并不具备约束力。其对资源保护法律发展能够发挥的作用和影响力有限。但该案裁决确实标志着国际司法已经开始受到可持续发展思想的影响并对其作出了回应，显示了可持续发展思想在国际司法中的早期萌芽状态。

---

① See Award between the United States and the United Kingdom relating to the Rights of Jurisdiction of United States in the Bering's Sea and the Preservation of Fur Seals, p. 270 – 271.

自白令海峡海豹案始至可持续发展原则在1997年被国际法院正式承认为国际法原则之间的近100年时间内，可持续发展的内涵在国际司法实践中得到不断发展，与之相关的若干原则得以被创造；可以说这一阶段是国际司法实践对可持续发展原则适用的累积酝酿期。此阶段国际司法机构处理了两件世界贸易领域中的重要案例，这两个重要案例对于国际投资领域的可持续发展原则适用具有重要借鉴意义。

"冷战"为国际社会带来了诸多深刻的变化，包括对人们价值观的改变，为可持续发展提供了助推力。这其中引人瞩目的是1992年联合国环境与发展大会上《里约环境与发展宣言》确立的可持续发展原则内容。尽管这一阶段国际投资领域很难找到与可持续发展直接相关的案例，但是世界贸易领域中的两起重要案例就发生在可持续发展原则确立之后。关税与贸易总协定专家组（世界贸易组织争端解决机构前身）裁决了两起涉环境问题的贸易争端：金枪鱼—海豚1号案和2号案。专家组对这两起金枪鱼—海豚案的处理显示出了在贸易自由问题上的一致性。然而，后一案例金枪鱼—海豚2号案中专家组已经开始对可持续发展有所关注。专家组在结论性意见中指出了可持续发展的目标被关税与贸易总协定缔约方普遍接受的事实，说明专家组开始意识到可持续发展的重要性。[①] 同时，这也标志着国际经济领域对可持续发展已经有所回应。

二、转机：可持续发展原则国际司法的正式确立

随着可持续发展在国际法领域内的迅猛发展，国际司法的接受也成为必然。1997年盖巴契科夫—拉基马洛水坝案的判决标志着国际法院对可持续发展原则的正式承认该案源于匈牙利和斯洛伐克之间在共享的多瑙河上修建拦河坝。针对双方的争议，法院作出如下

---

① 参见罗念：《可持续发展原则的演进研究——以国际司法适用为中心的考察》，载《环境资源法论丛》2015年第00期。

裁决:其一,认定匈牙利无权以环境保护为由中止合作项目;其二,斯洛伐克有权寻求替代解决方案;其三,在未取得争议方之一匈牙利同意的情况下,斯洛伐克无权实施替代解决方案;其四,1977 年条约仍具有法律效力,匈牙利无权终止。针对条约未来的遵守,法院建议维持现状,双方以真诚合作为前提重新评估拦河坝项目的环境影响,在未来多瑙河水资源利用问题上也应以可持续发展作为指导原则。

该案法官援引了可持续发展概念来阐述其观点。判决中指出了过去人们并未意识到自身对自然所造成的干扰和危害。随着科学发展及环境意识的增强,人们开始意识到环境所面临的危害。因此,新的法律规范、文件得以出台。各国不得不考虑和重视这些新出台的规范和标准,“可持续发展概念充分表达了协调经济发展与环境保护的必要性”①。

该案件的判决内容对可持续发展的司法适用具有重要的转折意义。首先,该案确立了“可持续发展”的法律约束力,包括程序和实体两方面的规范意义。国家的决策需要充分考虑可持续发展的要求,特别是程序要求,包括环境影响评价、代内或代际公平、公众参与、发展和环境保护一体化等问题应被纳入政府决策过程中,否则该国的行为就与《里约环境与发展宣言》等国际文件中可持续发展的内容背道而驰。其次,该案仲裁庭采取的方式是巧妙适用可持续发展概念,重点放在了协调处理环境和经济发展二者关系上。国际法院最终提出的方案是保持目前一座拦河坝而非继续修建,从这一安排可以看出法官对环境和发展要求之间的协调关系极为看重,将可持续发展问题纳入了考量。如果仅将法律作为单一考虑要素,由于 1977 年条约依然具有法律效力,则必然推导出依条约内容完成修建第二座拦河坝的结论;法院的最终建议尽管不符合法理逻辑,却是与可持续发

① Gabcikovo – Nagymaro Project (Hungary v. Slovakia), 1997 I. C. J. 37 I. L. M. 162(1998), para. 140.

展目标相一致的结论。①

同时,该案判决并未能一次性解决可持续发展在司法适用中的全部问题,法院的司法实践依然持谨慎的态度。从判决中对可持续发展概念内容的安排上来看,法院在依据条约法、国家责任法等裁决该案4个争议点之后援用了可持续发展的概念,并未将可持续发展概念作为独立裁判的法律依据,而是起到了"辅助规范"的作用。从司法适用层面考察,该案法官依然是抱着谨慎适用的态度。从援引内容上看,此次对可持续发展的司法适用并未明确概念内容,此阶段的"可持续发展"依然是一个地位模糊的国际法概念。

三、平衡:国际司法适用可持续发展原则的进一步发展

自可持续发展原则被国际法院正式承认和适用之后,可持续发展原则的适用得以进一步推进。国际投资领域中的可持续发展原则的适用也有了相应的进展。东道国为实现其国内的可持续发展战略,达到环境保护与经济发展的平衡而出台环境措施,此举极易引发国际争端。此处以讨论较多的莱茵铁路案为例,一窥国际投资领域可持续发展原则的适用情况。

莱茵铁路依据比利时和荷兰《分离条约》(1839年)和《莱茵铁路条约》(1873年)修建而成,是一条连接比利时和德国、途经荷兰的重要铁路线。自建成后该铁路一直持续使用,直至第一次世界大战期间,铁路所有权几经辗转,比利时曾享有过一段时间的所有权,荷兰最后拥有了所有权。1991年后,莱茵铁路荷兰境内的铁路段仍然继续使用,但已经不再连接比利时港口和德国莱茵河流域。20世纪90年代开始,荷兰政府要在莱茵铁路所在的两个省设立自然保护区,决定停止使用莱茵铁路。比利时和荷兰协商重启荷兰境内的历史线路时由成本和金融风险引发该争议。该案仲裁庭显示了对国际环境法

---

① 参见罗念:《可持续发展原则的演进研究——以国际司法适用为中心的考察》,载《环境资源法论丛》2015年第00期。

和一般法律原则的重视。在适用法律过程中，仲裁庭认为应该适用欧盟法和一般国际法原则来解释《分离条约》(1839 年)第 7 条和《莱茵铁路条约》(1873 年)第 4 条，同时强调了国际环境法对案件的适用意义。仲裁庭指出了国际环境法领域中正义存在的客观现实，包括规则、原则和软法具体范围上的争议。但是，这些争议的存在并不能否定环境条约或原则对习惯国际法发展所起的促进作用。讨论具体争议前，仲裁庭指出"环境"是一个范围较大的概念，并进行了列举，"这些新的原则尽管法律地位尚不明确，但都是与保护、管理、预防和可持续发展甚至保护后代人利益相关"。①仲裁庭已经关注到环境措施在国际法和欧盟法中不断融入的趋势，并以《里约环境与发展宣言》原则 4 为例证明了此种判断。仲裁庭认为环境问题的融入是非常重要的议题，并指出环境与发展的关系"不是相互替代"，而是"互相促进、无法分割"，在二者之间出现冲突矛盾时，特别是发展可能带来环境负面效应时，责任主体有"减损"环境损害的义务。这种义务在仲裁庭看来"已经是一项国际法原则"②，仲裁庭以可持续发展原则为依据对该案所涉条约进行解释，对双方的权利和义务加以确认；是可持续发展原则在国际司法适用中的重要实践，特别是仲裁庭对其法律效力的承认值得关注。

随着国际司法实践中对可持续发展原则的重视度提高，仲裁庭逐渐意识到公共利益与经济目标之间平衡的重要性。这一趋势在国际投资仲裁庭中也有所体现。仲裁庭通过考察目的与措施的合理性和比例性来做出裁决，在部分案例中保护了东道国的管制权。

加拿大矿业公司 Eco Oro 诉哥伦比亚案仲裁庭的多数意见认为，"保护帕拉莫系统采取措施带来的影响与措施的成比例性问题与

① BE – NL Award of The Iron Rhine Railway (the Kingdom of Belgium and the Kingdom of the Netherlands), para. 57.

② BE – NL Award of The Iron Rhine Railway (the Kingdom of Belgium and the Kingdom of the Netherlands), para. 58.

预防原则(precaution principle)紧密关联"[①],哥伦比亚政府的行为是为了保护环境而实施的非歧视性措施,考虑到帕拉莫系统的环境意义及采矿活动可能对其带来的危害,仲裁庭认为哥伦比亚采取的措施与其目的是合理且成比例的。该案在征收、非歧视性措施方面的裁决表明了投资仲裁实践开始注重公共利益与经济发展之间的平衡,同时该案仲裁庭在进行判断时也注意到了措施与效果的成比例问题。比例原则在仲裁实践中能够有效帮助仲裁庭权衡措施与目的的合理性,继而作出合理的判断,有利于为东道国管制权设置合理限制。

不同时期的国际司法机构囿于其理念、定位的差异,对于可持续发展原则的适用呈现出特征上的差异;可持续发展原则及其相关要素的不同发展程度是法律适用的背后主导因素。从时间线索上看,随着贸易、投资与环境冲突的加剧,国际经济领域也开始将环境等公共利益问题纳入考量范围,打破了以经济发展为唯一目标的局面。同时可持续发展的一体化诉求也说明了经济发展与公共利益保护并非无法调和的矛盾关系。

近年来,涉可持续发展争议数量激增。以气候变化议题为例,截至2021年5月,全球已提起1841起气候诉讼案例;其中提交美国法院的案例最多,占1387件。这些案件中的大多数是针对政府,由公司、非政府组织或个人提起的。从诉讼特点来看主权国家面临着巨大压力。[②] 在此背景下,国际司法机构,如国际法院、区域和人权机构、国际海洋法庭可能发挥的作用引发了主权国家的关注。2021年

---

① Eco Oro Minerals Corp. v. The Republic of Colombia, ICSID Case No. ARB/16/41, Decision on Juriiction, Liability and Directions on Quantum(September 9, 2021), para. 654.

② Joana Setzer & Catherine Higham, *Global Trends in Climate Change Litigation: 2021 Snapshot*, Grantham Research Institute on Climate Change and the Environment and Centre for Climate Change Economics and Policy, London School of Economics and Political Science, 2021.

9月，瓦努阿图在联合国大会上宣布，计划成立国家联盟，请求国际法院允许国家就气候变化问题发表咨询意见。这一倡议一经提出，便得到了多个团体的支持，支持者认为气候变化对今世后代的权利构成了威胁。① 作为一个负碳排放国家，瓦努阿图是容易受到气候变化影响的国家之一，近年来的严峻形势使其寄希望于国际法院来寻求“气候正义”。② 2022年12月9日，以瓦努阿图为首的多个国家正式向联合国大会提议，请求国际法院允许主权国家就气候变化发表咨询意见。③ 这一最新动向说明可持续发展原则将越来越多进入国际司法视野。考虑到咨询意见具有重要的法律意义，同时国际法院的意见可以为全球范围内的相关诉讼、争议提供有力依据，一旦提议通过，咨询意见将成为维护气候正义的重要法律途径之一。

联合国海洋法法庭也收到了类似的咨询意见请求。受2021年格拉斯哥联合国气候变化大会（The UN Climate Change Conference in Glasgow，COP26）的影响，成立小岛屿国家气候变化和国际法委员会的协议得以签署。该委员会的任务之一是向国际海洋法法庭（International Tribunal for the Law of the Sea，ITLOS）提交关于气候变化的咨询意见请求。与国际法院的咨询意见相似，ITLOS咨询意见并不具有严格的法律约束力。但是，ITLOS的咨询意见却有助于推

---

① Alexandra Briscoe, *Vanuatu Seeks ICJ Advisory Opinion on Climate Rights*, Jurist news (Sept. 27, 2021), https://www.jurist.org/news/2021/09/vanuatu-seeks-advisory-opinion-from-icj-on-climate-rights/.

② Reuters, *Vanuatu to Seek International Court Opinion on Climate Change Rights*, The Guardians (Sept. 26, 2021), https://www.theguardian.com/world/2021/sep/26/vanuatu-to-seek-international-court-opinion-on-climate-change-rights.

③ *Climate Crisis: International Court Should Play Key Role in Delivering Climate Justice*, Amnesty International (Dec. 8, 2022), https://www.amnesty.org/en/latest/news/2022/12/climate-crisis-international-court-should-play-key-role-in-delivering-climate-justice/.

进气候变化法定义务化。①

考虑到咨询意见具有权威性和前瞻性，能够就应对气候变化问题为实体和国际社会提供指导，并明确未来方向。主权国家所采取的行动对于可持续发展在国际司法中的深度、长期发展具有重要意义。

第三节 可持续发展相关规则：国际投资法的回应

一、国际投资法中可持续发展相关规则的界定

可持续发展概念在不同发展阶段呈现出不同特点，国际投资法中的可持续发展规则也呈现出阶段性特点。环境、健康保护等可持续发展子议题较早是以例外的形式出现在投资协定中的。此种形式的可持续发展规则是平衡投资者与东道国的有效路径，可持续发展原则的自身特征并不突出，如《区域全面经济伙伴关系协定》中对于一般例外的规定、2012 年美国 BIT 范本中间接征收的例外。

特征鲜明的可持续发展章节、包含可持续发展内容的序言是晚近签订的投资协定中才出现的可持续发展规则。这些规则内容明确，形式上也较易区分。例如，序言中明确不得牺牲环境或劳工权利为代价的内容，或是可持续发展章节中直接设置相关义务等，如《中欧全面投资协定》的序言内容和可持续发展章节的设置。

现阶段的可持续发展原则将经济、社会和环境三者紧密结合，置于同等重要位置。在国际投资语境下，可持续发展原则的融入意味着对东道国公共利益和投资者利益的平衡。因此，本研究对可持续发展融入的研究需解读广义上的可持续发展相关规则：除了前述特

---

① Julia Almeida Nobre, *Legal Avenues to Fight Climate Change*, IPI Gloval Observatory(Nov. 18,2022), https://theglobalobservatory.org/2022/11/legal-avenues-to-fight-climate-change/.

征鲜明的可持续发展规则外,涉及二者利益平衡的关键条款都将被纳入研究范围。

本研究所涉及的利益平衡条款包含了实体和程序两方面。实体条款中的投资定义、间接征收、公平公正待遇主要通过保护东道国管制权、企业社会责任条款以及施加投资者义务实现利益平衡;这些条款对于可持续发展的融入发挥关键作用,是本研究的重要内容。

可持续发展原则在国际投资法中的融入离不开程序的支撑,法庭之友的参与和信息公开程度能够在一定程度上影响仲裁庭的裁决,是本研究不可或缺的内容。

本研究所选取的可持续发展相关规则在形式上并未仅以"可持续发展"或其子议题的术语作为筛选条件,而是按照实质相关的判断标准来确认研究范围。此举将有助于深入挖掘议题内容。国际投资法中可持续发展的融入不能仅依靠狭义上的可持续发展规则,相关规则是实现东道国、投资者利益平衡的重要支撑,也是研究必不可少的内容。

二、国际投资法中可持续发展相关规则的基本现状

联合国贸易和发展会议发布的《世界投资报告 2012》指出,当前国际投资条约处在东道国与投资者利益平衡、相关国际投资条款能够确保实现可持续发展目标的转折阶段。2012 年前国际投资协定中的"创新规定"已经成为现代条约的常规内容,可持续发展、保护东道国监管空间以及投资争端的改进等成为缔约国在签订新条约时的必要考虑内容。[①]《世界投资报告 2017》中以 2010 年为界,对比了 1959—2010 年与 2011—2016 年签订 BIT 中重要的条约改革内容。其中,序言中包含健康与安全保护、劳工权益保护、环境或可持续发展等内容的条约占比从 8% 增长到 56%;包含一般例外、人权保护、

① See UNCTAD, *World Investment Report 2019*, United Nations, 2019.

动植物生命健康保护等公共政策例外内容的条约占比从 7% 增长到 43% 。[①] 从国际社会的发展来看,世界经济发展模式已然发生改变,"可持续发展"逐渐融入国际投资法中,对跨国投资进行"可持续性"改造,是实现可持续发展的内在要求。近些年国际投资法的发展也印证了这一重要趋势。2020 年缔结的所有国际投资协定均包含了以改革为导向的条款,这些条款旨在保护监管空间和促进可持续性投资。加强改革的主题包含了监管空间的保护、负责任的投资等与可持续发展密切相关的内容。其中对国家政策空间的保护是国际投资协定改革背后重要的驱动因素。此外,各国更加重视负责任投资的实现。在 2020 年结束的国际投资协定中,各国承诺将负责任投资转化为促进负责任发展的条款。例如,保护健康和安全、劳工权利、环境或可持续发展,并规定了一般例外情况。一些国际投资协定中明确了各方不应放松健康、安全或环境标准以吸引外资,以及促进企业社会责任的规定。[②]

可持续发展成为新一代条约中的重要内容,体现了各国在价值层面的认可。以欧盟为例,晚近签署的条约中必然包含可持续发展内容。在中欧投资协定谈判启动前,可持续发展已经是其谈判目标之一。[③] 对可持续发展的关注是对国际法的人本化需求的及时回应。一方面人类生存权、发展权需要法律保障;另一方面人本化概念本身的发展要义也能够得以丰富。

可持续发展融入国际投资法的过程并非一蹴而就,而是经历了一定的发展过程,各子议题在不同时期被纳入国际投资协定。环境问题是国际投资条约中出现的第一个可持续发展议题,1985 年中国—新加坡签订的双边投资条约(BIT)第 11 条规定了不得对缔约方

---

① See UNCTAD, *World Investment Report 2017*, United Nations, 2017.

② See UNCTAD, *World Investment Report 2021*, United Nations, 2021.

③ See European Parliament, Resolution on the EU – China Negotiation for a Bilateral Investment Agreement, 2013/2674(RSP). [2022 – 12 – 25] https://www.europarl.europa.eu/doceo/document/TA – 7 – 2013 – 0411_EN.html.

保护根本安全利益、公共健康等施加禁止或限制。随着我国在经贸条约的签订中对环境问题的重视程度日渐加深,新签订的双边投资条约中频繁纳入环境相关条款,签署的大部分自由贸易协定(FATs)也包含环境内容。2020 年 12 月 30 日完成谈判的《中欧全面投资协定》更是在既有基础上将条约内容进一步推进,协定从可持续发展视角构建了环境规则,折射出新一代投资"平衡"的理念。《中欧全面投资协定》中的可持续发展章节沿袭了欧盟新一代自由贸易协定在可持续发展内容上的特点,实体规范上与后者差别不大,代表了我国现阶段高水平开放承诺和商签经贸条约的新范式。[①] 缔约双方就可持续发展问题达成的承诺包括:(1)劳工和环境方面,不通过降低劳工和环境标准来吸引投资,不以保护主义目的使用劳工和环境标准;(2)环境和气候方面,有效执行《巴黎协定》;(3)劳工权益方面,争取批准尚未批准的国际劳工组织基本公约,对尚未批准的两项国际劳工组织关于强迫劳动的基本公约作出具体承诺;(4)企业方面,支持企业社会责任的履行。

在环境问题出现的 5 年后有关劳工方面的内容出现在国际投资协定中:1990 年签订的美国—波兰 BIT 序言中提及了工人基本权利的尊重;2000 年,国际投资条约中出现了反腐败问题的规定,奥地利—乌兹别克斯坦 BIT 第 25 条也包含了反腐败的内容;紧随其后,2002 年人权问题被纳入了国际投资条约中,奥地利—马耳他 BIT 第 18 条规定了《欧洲人权公约》的适用。

可持续发展不同子议题在国际投资协定中的出现顺序与该议题在投资协定中被提及的频次相对应。环境保护依然是国际投资条约中出现最多的议题。实证研究显示,2008—2013 年间签署的条约中 75.5% 提到了环境问题,紧随其后的是包含劳工标准和条件、反腐败

---

① 参见石静霞、陈晓霞:《〈中欧全面投资协定〉:我国商签经贸条约的新范式》,载《国际法研究》2021 年第 5 期。

和人权的条约语言。① 随着时间推移,可持续发展议题逐渐成为国际投资条约中的重要内容。

不同国家对可持续发展议题的重视和实现程度存在差异,最直观的体现是投资条约中对可持续发展表述上的差异。在已有的实证研究中,学者通过对大样本条约统计发现,大部分国家(54 个国家的样本中的 47 个国家)签订的国际投资协定中至少一个投资协定含有可持续发展的内容,而一些国家极少签订明确包含"可持续发展"表述的国际投资协定。同时对一些特定议题所使用的表述也不尽相同,如描述国际劳工组织核心劳工标准清单的语言就存在巨大差异。② 此种差异存在的原因在于各国对经济发展和环境、社会发展的权衡,各主权国家需根据本国的实际情况来作出选择。

三、国际投资法中可持续发展原则融入的现实困境

可持续发展在国际投资领域的深度融入需要规则的支撑。国际投资领域正面对可持续发展原则细化的迫切任务,投资协定文本和仲裁实践是实现该领域可持续发展目标的必不可少的两面。协定文本的重构需要过程,无法单纯依靠文本的调整短期实现目标,因此,投资仲裁也需及时作出适时调整。从协定文本的调整来看,近年来缔约国调整的重要路径为对东道国规制权的保护、例外条款、赋予投资者义务、改革投资争端解决机制等内容的调整。对投资仲裁实践的考察显示,面对协定文本中可持续发展相关内容缺失的问题,仲裁庭需要国际投资法理论工具如比例原则、系统整合解释的帮助。协定文本的调整和仲裁庭的适应过程并非一蹴而就,将经历一定的适

---

① See Kathryn Gordon, Joachim Pohl & Marie Bouchard, *Investment Treaty Law, Sustainable Development and Responsible Business Conduct: A Fact Finding Survey*, OECD Working Papers on International Investment, 2014.

② See Kathryn Gordon, Joachim Pohl & Marie Bouchard, *Investment Treaty Law, Sustainable Development and Responsible Business Conduct: A Fact Finding Survey*, OECD Working Papers on International Investment, 2014.

应和调整过程。为更好地实现可持续目标,需客观认识当前可持续发展在国际投资领域的融入现状及面临的问题。

其一,条约的遗留效应是不可回避的现实。近年来大部分新缔结条约已经将可持续发展议题纳入文本内容,但是签订时间较早却依然有效的国际投资条约仍占比不小。学者的实证研究也证实了遗留效应的存在。[①] 这些条约的更新换代需要时间,客观来看,有利于可持续发展型投资的协定体系重构需要较长的时间。从协定文本的总体情况来看,当前协定中涉及的可持续发展内容明显不足,仅有小部分协定中规定了高水平的可持续发展内容。因此,对于实现可持续发展目标、平衡东道国和投资者利益还需要投资条约/协定之外其他形式国际法的补充。

其二,尽管新缔结条约较大范围地涉及可持续发展内容,但仅有其中的部分协定内容代表了高水平的可持续发展要求,涉及可持续发展部分的措辞中以“尽最大努力”的措辞为代表,条款的约束力有待加强。可持续发展内容的规则细化是落实目标的重要手段。《中欧全面投资协定》中纳入了环境章节,通过施加投资企业的环境责任、为公众提供参与及磋商机会等具体规则将环境要求落地,此做法值得借鉴。

其三,以可持续发展为导向的国际投资治理中存在不同规范并存的问题,这些规范的相互作用、可能存在的冲突问题仍待解决。以《中欧全面投资协定》涉及的劳工内容为例,协定以国际劳工组织的劳工公约为依据设定了缔约方的义务,我国在这些义务的履行方面面临挑战:《中欧全面投资协定》确立了8个核心公约,我国仅批准了这些公约中的1/2,而协定明确了缔约方对于尚未批准的公约应主动持续地努力争取批准。毫无疑问,这将对我国劳动法的立法产生重要影响。约斯特·鲍维林(Joost Pauwelyn)在《国际公法规则之冲

---

① See Joost Pauwelyn, *Conflict of Norms in Public International Law - How WTO Law Relates to other Rules of International Law*, Cambridge University Press, 2009, p. 20.

突——WTO法与其他国际法规则如何联系》一书中指出“国际治理中最紧迫的问题之一是国际法的不同分支和规范如何相互作用，以及在发生冲突时该怎么办……主要的挑战是在国际法层面将贸易和非贸易规则或者经济和非经济目标相协调”①。同理，国际投资语境下可持续发展的诉求是实现经济目标和可持续发展目标的协调。国际投资法治中，如何维护好东道国和投资者的利益并使二者利益达到平衡是当代国际投资条约的重要问题。

其四，国际投资仲裁庭对公共利益的忽视招致诟病，加之投资仲裁的不一致性问题，引发广泛批评并导致投资仲裁陷入合法性危机。近年来合法性危机带来了仲裁庭多方面的调整，包括仲裁庭引入解释工具以及对仲裁程序方面的调整。部分仲裁庭尝试运用理论工具解决可持续发展相关问题，由此引发新问题，即仲裁裁决的不一致性。仲裁庭面对着如何合理运用理论工具在解释可持续发展相关问题的同时，不会加剧投资裁决仲裁的不一致性，以应对合法性危机的挑战。仲裁程序方面，尽管相关改革已经取得进展，但从实际效果来看，依然很难有效促进可持续发展目标的实现。以法庭之友为例，提交法庭之友的申请较多，但仲裁庭最终裁决中援引法庭之友的意见却极为有限，而法庭之友的意见对于涉环境类案件可能发挥重要作用。仲裁程序规则的改革如何能够有效发挥促进作用是投资仲裁面临的重要问题。

其五，可持续发展涉及三个维度；其中，社会与环境之间联系密切，甚至出现部分重合内容。环境为社会发展提供必要的物质基础，社会的长久发展离不开环境的可持续性。随着可持续发展理念的不断发展，环境与社会两个维度的结合将会越来越紧密，如生态城市的建设、社会的环境保护意识增强等方面。可持续发展在国际投资领域的融入目标是经济、环境和社会三个方面发展的平衡，各国在三个

---

① Joost Pauwelyn, *Conflict of Norms in Public International Law – How WTO Law Relates to other Rules of International Law*, Cambridge University Press, 2009.

方面的发展需求并不同步。在缔结协定时各国立足本国的实际情况、保护本国发展利益为目的确定协定内容；由于不同国家处于不同发展阶段，导致协定需求的差异性。欧美国家经济发展水平较高，协定缔结过程中倾向于推进高水平可持续发展内容，而发展中国家当前的发展阶段无法满足高水平的可持续发展要求。

国际投资领域对于可持续发展目标的实现已有一定进展，但仍然缺少较为细化的协定体系，由此带来投资活动和投资仲裁中的多重困境。新一代国际投资协定的构建为更好地实现可持续发展目标提供了契机，国际投资仲裁的转型也及时回应了这一现实需求。认清当前所面临的困境与挑战，是本研究的重要起点。

本章小结

经过长时间发展，“可持续发展”已经从一个模糊的概念发展成为国际习惯法中的重要内容，并延伸至多个领域。当前的可持续发展内容丰富，涵盖经济、环境和社会三个方面的发展内容，相关评价体系的内容显示这三个方面互相支撑、紧密联系。

国际司法对于可持续发展的适用过程与可持续发展概念的发展相呼应，经历了谨慎的早期适用；随着司法实践的不断调整，发展至今以平衡经济、环境与社会作为重要的审判标准。国际投资仲裁领域也显示出最新的调整趋势：仲裁庭摒弃既往对投资者利益保护的过分偏重，更加注重东道国与投资者利益的平衡。种种表现显示，可持续发展的法律效力已被确认。

可持续发展原则在国际投资领域的融入离不开相关规则的支撑。研究依据实质性联系、时代性特征来选取研究对象，除了特征鲜明的可持续发展规则外，对可持续发展目标实现发挥关键作用的实体规则和程序规则都将纳入研究范围。

晚近国际投资领域的可持续发展目标主要是通过平衡东道国和

投资者利益,包括实体条款和程序条款的新规定,以及仲裁庭的新实践实现的。迄今为止,国际投资领域已经积累了可持续发展方面的协定规则和仲裁实践基础,与此同时也面临多重挑战。新一代国际投资协定体系中可持续发展相关内容明显增加,但存在协定整体水平不一、内容不够细化以及规范冲突等问题;仲裁程序方面的调整则存在实际效果不确定的问题。仲裁实践引入比例原则、系统整合解释法等理论工具的过程中面临投资裁决一致性的挑战。

透过表象深入剖析可持续发展融入国际投资领域面临的困境,得出如下判断:可持续发展目标在国际投资领域的最终实现,需通过新一代协定体系的构建和仲裁改革来完成,各国如何构建可持续发展型投资协定是实现目标的关键。囿于协定体系的构建需要较长历程,当前的投资仲裁仍需借助理论工具的合理适用和程序方面的调整来解决东道国与投资者利益的冲突问题,如何提升透明度、法庭之友等制度的有效性是仲裁实践面临的重要问题。

第二章　可持续发展原则在国际投资法实体条款的融入

可持续发展型投资协定体系的构建是实现可持续发展目标的关键。国际投资仲裁中出现不利于东道国可持续发展裁决的重要原因之一是作为裁决依据的国际投资协定过分强调投资者利益保护,忽视东道国利益,仲裁庭在裁决过程中更加强调保护和促进投资。这一特点在旧一代投资协定体系中较为突出;随着晚近投资协定的发展,各国已经意识到利益失衡所带来的发展弊端,新缔结的投资协定通过不同条款表达了对利益平衡的追求。如何寻求投资者和东道国之间的利益平衡成为新一代投资协定的热点问题。各国通过实体条款的设置将可持续发展融入投资协定体系中。本章通过对投资协定实体规定及其相关仲裁实践的考察,分析这些设置的合理性,挖掘实现可持续目标的症结所在。

第一节　可持续发展在"投资"定义中的融入

"投资"的界定是国际投资条约体系的重要内容。从实体来看,投资定义决定了能够享受国际投资协定保护的适格投资者范围;从程序来看,只有符合投资定义的适格投资才能以违反条约为由提起投资仲裁。"投资"概念的厘清是国际投资协定规则体系的重要内容,同时国际投资仲裁实践也形成了独特的投资界定标准。由于投资协定中确切投资定义的缺乏,仲裁庭在个案中往往具有决定性,加之遵循先例原则的客观存在,仲裁庭的判断标准具有重要意义。[1]"投资"的界定对于可持续发展目标的实现具有重要意义。通过定义能够实现对投资的"筛选",将那些有利于可持续发展的投资纳入保护范围内,同时抑制不利于可持续发展的投资。

投资定义的内容与国际经济活动的变迁息息相关。早期国际经济关系较为单一,跨国投资往往以向东道国出口商品为主,偶尔外国人也会持有一定数量当地债券。此时期部分国家已经开始尝试投资保护协定的形式。随着资本跨国流动的迅猛发展,公司成为19世纪末投资活动的主流形式,同时受制于通信、交通条件,私人投资较多采用证券形式。发展至20世纪中叶,外国直接投资终于超过证券投资规模,顺理成章成为国际投资法的重要调整对象。随着投资的不断发展,投资形式呈现多样化特点,知识产权等内容也开始成为投资保护的对象。[2] 投资活动的发展决定了投资定义并非一成不变,体现在国际投资立法方面则是投资定义的扩张趋势。本研究对于投资定义的考察将从文本变迁和仲裁实践两方面入手。

一、投资定义文本变迁:投资范围的扩大化

"投资"定义是国际投资协定中的核心条款,决定了条约的适用范围。绝大部分投资协定选择在正文的开始条款对"投资"进行界定,"投资""外国投资""外国直接投资"等术语都可用来表述协定的投资范围。但在国际投资协定中尚不存在统一的"投资"定义,投资的范围取决于投资协定的具体界定。囿于投资协定的缔约国、投资区位、协定目标、签订背景等因素,不同协定中对于"投资"的表述和

---

① See Jeremy Waldron, *Stare Decisis and the Rule of Law: A Layered Approach*, Michigan Law Review, Vol. 111:1, p. 1 -32(2012).

② See United Nations Conference on Trade and Development, *Scope and Definition: UNCTAD Series on Issues in International Investment Agreements Ⅱ*, United Nations, 2011.

范围存在差异。在立法技术存在差异的前提下，晚近国际投资条约内容上显示出扩张的趋势，缔约国希望通过宽泛的定义促进跨国投资。

2012 年美国 BIT 范本第 1 条对“投资”采取了宽泛的定义；2014 年欧盟与加拿大签订的自由贸易协定第 10 章在投资定义上也借鉴了前者中的相关规定，将“投资”定义为投资者直接或间接拥有或控制的具有投资特征的财产。2020 年生效的《美墨加三国协议》更是投资定义宽泛化的前沿代表。其中对投资内容的规定尽管某些形式上似乎有所限缩，如采用了穷尽的说明清单列出投资形式，但仔细考察其条约内容本身依然是宽泛的定义办法：尽管只允许 8 种形式的投资，但所列的投资形式涉及内容极其广泛；投资特征的规定仅提出了对资源、利润与风险的要求，并未提及投资持续时间和促进东道国发展的要求，与仲裁庭广泛适用的“Salini 标准”相比，扩大了投资定义的范围；仲裁实践中被认为投资有效性要素之一的“依据东道国法律法规”也并未纳入条约中。

投资定义的宽泛化意味着更多的投资受到保护，东道国的外资监管权较易受限。例如，2012 年 BIT 范本中“依照东道国法律”内容的缺失其实是美国有意为之，考虑到投资面临东道国法律的不确定性和复杂性，此举是为了避免东道国以违反本国法律为由拒绝对投资的保护。[①] 晚近“投资”定义的文本扩张成为国际投资协定重要的发展特点之一，与国际投资法的价值取向形成了呼应。[②] 这为国际投资的可持续发展转向带来了负面影响：可持续发展要求国际投资协定能够合理保护东道国国家警察权，在投资者权益和东道国的警察权间达到适度平衡。尽管部分投资规则中出现了对投资范围的合理限缩，如中国—澳大利亚自由贸易协定投资规则、中国—加拿大 BIT

---

① See Kenneth J. Vandevelde, *U. S. International Investment Agreements*, Oxford University Press, 2009, p. 118 – 119.

② 参见张庆麟：《论国际投资协定中“投资”的性质与扩大化的意义》，载《法学家》2011 年第 6 期。

在借鉴 2012 年 BIT 的宽泛定义基础上，从“投资特征”“涵盖投资”等内容入手对其范围进行了一定限制，以期达到东道国管制权的保护。但从现存有效国际投资协定文本的总体情况来看，投资定义依然呈现范围宽泛的特点，因此，应对其为东道国可持续发展产生的影响有所重视。

在我国签订的投资协定中，“开放式”投资定义是主要形式。这一形式通常采用“包括但不限于……”的表述。例如，2006 年我国与巴基斯坦自由贸易协定对投资定义的表述为“缔约一方投资者依照缔约另一方的法律和法规在缔约另一方领土内所投入的各种财产，包括但不限于……”条文仅用“另一方法律法规”对财产进行了限制。我国与“一带一路”共建各国签订的 BITs 沿用了这一形式。开放式投资定义能够适应投资模式多样性、投资手段灵活性的需求，体现了投资者母国的投资保护愿望和东道国促进投资的承诺，有利于资本流动。[①] 在广泛性定义的基础上，缔约国通常选择利用限制性要素排除特定类型的投资类型。在考察投资定义内容时，限定性因素的内容及其限制程度是研究的重点。表 1 列出了我国与“一带一路”共建国家签订 BITs 的定义条款中涉及的限制性因素。

表 1　我国与“一带一路”共建国家签订 BITs 的定义条款中涉及的限制性因素

限制性要素内容	限制目标
所投入的、所接受的	将投资范围限定为准入后投资
依照(符合)东道国法律	限制了 BIT 提供投资保护的条件
在缔约另一方的领土内	将未对东道国发展作出贡献的投资排除
投资者、国民、企业/公司	限定了投资主体的形式

① 参见季烨：《国际投资条约中投资定义的扩张及其限度》，载《北大法律评论》2011 年第 1 期。

续表

限制性要素内容	限制目标
拥有或控制	排除间接投资
具有投资特征	排除贸易相关的资产,限缩投资范围

注:选取的研究对象为我国与“一带一路”共建国家签订的BITs。包括中国—马来西亚BIT、中国—印度BIT、中国—乌兹别克斯坦BIT、中国—波兰BIT、中国—巴基斯坦BIT、中国—菲律宾BIT等。参见吕吉海、胡晓红:《国际投资协定体系中“投资”定义条款的重构——以中国与“一带一路”沿线国家BITs为视角》,载《科学决策》2021年第8期。

在这些限制性因素中,依照东道国法律和满足投资特征要求是与可持续发展主题密切相关的内容。依照东道国法律意味着投资者需要遵照当地法律,一国为实现其可持续发展目标而出台的法律法规当然也在其范围内,这为东道国环境管制、公共利益保护提供了法律依据。我国与“一带一路”共建国家签订的BITs大部分在“投资”概念的条款中规定了“依照缔约另一方的法律和法规”等表述,同时也有部分条款将“符合东道国法律”要素与非概念性条款相融合。例如,中国—印度BIT除了在“投资”定义条款提出了满足东道国法律法规的要求,在知识产权的取得事项上也规定了“根据各缔约方相关法律取得”。

考察投资特征要素,以中国—乌兹别克斯坦BIT为例,该文本提出了投资应具备的三个要素:资本或其他资源方面的投入、期待收益或利润以及承担相应风险。尽管条约文本明确了“投资”的三个核心要求,但与可持续发展密切相关的关键要素如“促进东道国发展”等却并未提及。而在考察的“一带一路”共建国家签订的BITs中,大部分的条约文本并未对“投资特征”的内容加以界定,遑论“促进东道国发展”要素的内容。

如前所述,我国签订的投资协定中“投资”定义条款无法满足可持续发展的需求。从前述对BIT的内容考察来看,投资促进东道国发展要素普遍缺失,条约文本中能够体现可持续发展元素的要求如对东道国经济发展、社会福利等方面的要求仅在部分 BIT 序言中有所体现。“一带一路”的目的是促进共同发展、共同繁荣,可持续发展的融入是其应有之义。[①] 现行条约文本中的抽象规定远不能满足需求,“投资”定义文本内容仍有待完善。

二、投资仲裁实践:对东道国发展要件的必要考量

《关于解决各国和其他国家的国民之间的投资争端的公约》(以下简称《国际投资争端解决中心公约》)第 25 条是国际投资争端解决中心管辖权的基础,其内容表述为“中心的管辖适用于缔约国(或缔约国向中心指定的该国的任何组成部分或机构)和另一缔约国国民之间直接因投资而产生并经双方书面同意提交给中心的任何法律争端。双方表示同意后,任何一方不得单方面撤销其同意”。由于公约并未明确规定“投资”的具体内容,需要仲裁庭依据个案进行判断。仲裁实践中具有里程碑意义的案件是 2001 年的 Salini 诉摩洛哥案。该案提出的 4 个判断标准,后续发展成为广为人知的 Salini test。根据 Salini 测试,判断一项投资包括 4 个方面标准:(1)金钱或资产的投入(a contribution of money or assets);(2)持续一段时间(a certain duration);(3)风险的承担(an element of risk);(4)对东道国的经济发展贡献(contribution to the economic development of the host state)。[②] 尽管不同仲裁庭对投资要件的解释存在差异,但对前三个要件基本达成了一致:实质性投入、存续期间以及风险承担,而对东道国贡献一项则颇有争议。[③] 该 4 项特征中的每一项都存在广泛的讨论空间,

---

① 我国发起的“一带一路”倡议,一方面通过融合投融资规则促进共建国家的可持续发展;另一方面绿色“一带一路”能够与 2030 可持续发展议程相结合,推动环境保护、气候变化方面的进展。

② See Salini Costruttori S. p. A. and Italstrate S. p. A. v. Morocco, ICSID Case No. ARB/00/4, Decision on Jurisdiction(July 23, 2001), para. 52.

③ See Alex Grabowski, *The Definition of Investment under the ICSID, Convention: A Defense of Salini*, Chicago Journal of International Law, Vol. 15:1, p. 287 - 309(2014).

其中对东道国贡献一项对实现东道国可持续发展目标具有重要意义。

Salini 案被视为投资标准论争的渊源,对后续案件产生了广泛的影响。该案起源于投资者 Salini-Italstrade 与摩洛哥之间的公路建设合同,实际竣工时间晚于合同约定时间数月。摩洛哥的高速公路部门主张投资者的行为构成了合同违约,拒绝依合同付款;而 Salini-Italstrade 则辩称项目的延期并非自身原因所致,而是由外在原因所导致的结果。Salini-Italstrade 于 2000 年向国际投资争端解决中心提交了仲裁请求,次年仲裁庭就该案的管辖权问题进行了裁决。

针对双方在管辖权上的争议,仲裁庭从两方面阐释了其管辖权基础,即双边投资条约以及《国际投资争端解决中心公约》中"直接投资"之要求。根据意大利和摩洛哥签订的双边投资条约第 1 条 g 款的内容,该项投资满足 BIT 对于投资定义的要求。尽管《国际投资争端解决中心公约》并未对"投资"提出明确要求,但满足 BIT 并非意味着必然满足《国际投资争端解决中心公约》第 25 条的要求。鉴于《国际投资争端解决中心公约》并未对"投资"有明确规定,亦无先例可循,仲裁庭主张通过施加限制条件来甄别投资。仲裁员考察了既往相关案例中隐藏未被仲裁庭所明确提出的内容,提出了前三项要求,同时考虑到《国际投资争端解决中心公约》序言内容"将促进东道国经济发展作为一种条件",仲裁庭主张投资应满足 4 个条件:资金投入、持续一定时间、交易风险的承担和对东道国经济发展的贡献。[①] 尽管国际投资争端解决中心仲裁实践中并不存在"遵循先例"制度(stare decisis),但已有的仲裁事实表明,已决案件存在事实上的劝导力(persuasive authority)。故此,Salini 测试对投资定义发挥重要作用。该测试法在后续案件中成为仲裁庭参考的重要内容:部分仲裁庭全盘接受了该标准,部分仲裁庭在其基础之上有所发展。

---

① See Salini Costruttori S. p. A. and Italstrate S. p. A. v. Morocco, ICSID Case No. ARB/00/4, Decision on Jurisdiction(July 23, 2001), para. 52.

Patrick Mitchell 诉刚果案可谓对 Salini 测试全盘接受的典型代表。该案的专门委员会认为,国际投资争端解决中心判例和法学学说所普遍认可的投资应具备 4 个特征:投资者的投入、一定的持续时间、一定的风险以及对投资东道国的贡献。Patrick 案的专门委员会认为,对投资的发展性要求是一项"毋庸置疑的基本、必要"的标准。①

对 Salini 测试法批判性接受的仲裁庭也将注意力放在了促进东道国经济发展一项上,各仲裁庭的理由存在差异。Saba Fakes 诉土耳其案中,在判断是否构成投资时,仲裁庭认为 Salini 测试中的前三个要件已经构成了充分必要条件,对促进经济发展要件并不认可;② 2012 年 Quiborax 诉玻利维亚案中,仲裁庭将经济贡献定位为《国际投资争端解决中心公约》的目的,而非投资概念的构成要素。尽管《国际投资争端解决中心公约》序言对经济发展贡献有所提及,但仲裁庭认为经济贡献只能被视作投资的结果,而非认定投资的条件。③

对 Salini 测试进行修正的代表为 Phoenix Action Ltd. 诉捷克案,以色列公司 Phoenix 将捷克诉至仲裁庭,主张其违反了捷克—以色列 BIT(1997)。捷克辩称原告为了掩盖其本身为捷克人的事实设立了以色列公司,实现了国籍更改从而逃避法律。仲裁庭认为原告行为具有主观上的恶意性,其行为的目的是滥用国际投资争端解决中心仲裁程序。因此仲裁庭在 Salini 测试的基础上增加了两项要件:符合东道国法律和善意。④

在对发展要件进行判断的仲裁实践中,各仲裁庭对"发展"的措

① See Patrick Mitchell v. Democratic Republic of the Congo, ICSID Case No. ARB/99/7, Extracts of Award(February 9, 2004), paras. 41 – 42.

② See Saba Fakes v. The Republic of Turkey, ICSID Case No. ARB/07/20, Award (July,14, 2010), para. 3.

③ See Quiborax S. A., Non – Metallic Minerals S. A. v. Plurinational State of Bolivia, ICSID Case No. ARB/06/2, Decision on Juridiction (Sept. 27, 2012), para. 222.

④ See Phoenix Action, Ltd. v. The Czech Public, ICSID No. ARB/06/5, Award (April 15,2009), para. 39.

辞并不一致。如 Salini 案的仲裁庭强调的是“对东道国经济发展的贡献”；而 Joy Mining 诉埃及案仲裁庭认为投资应“对东道国发展具有重要贡献”，较 Salini 案中“经济发展”的措辞有所区别。[①]将“经济发展”作为判断投资的标准和仲裁庭管辖权判断内容时，应该灵活处理，不能够只考虑 GDP 方面的贡献，还应考虑更多方面的因素，如政治、社会的发展、环境保护等。[②] 在仲裁实践中，仲裁庭在判断该问题上也采取了广泛定义的处理办法，如考虑了投资者在东道国的投资是否服务于当地的公共利益，有关投资项目对东道国的发展是否起到了积极作用等。从广义的范围来理解“发展”贡献更加符合国际投资可持续发展转向的现实背景：该要素纳入仲裁庭考量范围能够有效排除对东道国发展不利的投资，有效促进可持续发展目标的实现。

在贡献程度上，Salini 案并未对贡献程度作出要求，而 Joy Mining 诉埃及案则主张“起到重要贡献”，措辞的变化显示了仲裁庭对贡献程度的不同要求。这也侧面提示了对“贡献”的评价、要求程度都是日后投资者、缔约国需要考虑的内容。

三、投资定义的合理限度：基于可持续发展方向的展开

国际投资自由化的大背景下，投资定义的扩大趋势无法避免。这一新发展为东道国保护本国公共利益带来障碍，也极易引发投资者利益与东道国利益的失衡。可持续发展转向的国际投资法治需要将东道国的非经济利益纳入考量范围，东道国、母国及投资者都应“在可持续发展原则的指导下行动，在实现经济利益的同时实现环境

---

① Joy Mining 诉埃及案仲裁庭认为投资应具有 5 个特征，除 Salini 案中主张的 4 个特征外，投资还应具有预期利润或回报。See Joy Mining Machinery Ltd. v. Arab Republic of Egypt, Case No. ARB/03/11, Award on Jurisdiction (August 6, 2004), paras. 52 – 54.

② See Christoph H. Schreuer, Loretta Malintoppi et al., *The ICSID Convention: A Commentary*, Cambridge University Press, 2009, p. 134.

利益”。[①] 宽泛投资定义带来的负面影响引人深思;随着可持续发展在国际法的不断深入,出现了投资范围的一定程度限缩,以期平衡投资者与东道国之间的利益。[②] 欧盟在对能源宪章的修订中,提出了排除条约保护范围的修订意见,主要排除了高碳排放、高污染的投资,包括部分煤、天然气、石油及石油产品、电能及电能生产。[③]

作为投资协定的基石,现有投资定义条款尚无法满足可持续发展转向的需求。通过前文对协定文本的考察可以发现,投资定义条款中可持续发展要件总体不足;部分协定中的序言条款尽管包含可持续发展内容,却限于条款自身内容导致无法充分实现目的。易言之,现行有效的投资定义规则从内容范式上已经无法满足国际投资可持续发展转向的要求。因此,投资定义条款有必要进一步完善。

在“投资”定义方面,近年来一些国家投资条约的新动向值得关注,部分投资协定对“东道国发展的贡献”尤为重视。2015 年印度公布的 BIT 范本的规定堪称可持续发展转向的重要代表,可作为借鉴。根据该范本的内容,“投资”是满足一定前提条件的“企业”。首先,该企业需满足合法性要求,包括依据东道国法律创设、组织和运营。其次,投资者需善意拥有或控制该企业。该企业的运营活动需满足“真实的、实质性”的要求。该要求所包含的要素涉及资本投入、雇员数量的要求、经营风险的承担、对东道国发展实质性贡献等内容,以及“过程中始终遵守东道国法律”。易言之,遵守东道国环境保护等方面的法律法规是其投资受保护的前提。同时,若企业的运营活动对东道国发展并未带来实质性贡献,也意味着该投资不属于适格投

---

① 参见张庆麟主编:《公共利益视野下的国际投资协定新发展》,中国社会科学出版社 2014 年版,第 115 – 117 页。

② See Rahim Moloo & Justin Jacinto, *Environmental and Health Regulation: Assessing Liability under Investment Treaties*, Berkeley Journal International Law, Vol. 29, p. 1 – 65(2011).

③ See European Union, *European Union Test Proposal for the Modernization of the Energy CharterTreaty European Commission*, EU document(May 27, 2020).

资。可见,该投资条款对投资要件的规定较为全面,包括了对东道国发展贡献、遵守东道国法律等重要元素。近年来,投资定义中涉及可持续发展内容的措辞不一,部分投资协定使用“发展”/“经济发展”一词,部分协定则选择了更为明确和全面的“可持续发展”。例如,白俄罗斯—土耳其 BIT(2018 年)、阿根廷—阿联酋 BIT(2018 年)、西非经共同体投资法典(2018 年)均使用了“经济发展”一词,印度与白俄罗斯缔结的条约中则使用了“发展”一词。

部分条款对“贡献”也提出了规制要求:伊朗—斯洛伐克 BIT(2016 年)第 1 条中规定了“有效”的要求,西非经共同体投资法(2018 年)就提出了“重要”的要求。摩洛哥在推动可持续发展纳入投资定义方面作出了较为突出的贡献,“对东道国发展的贡献”被摩洛哥—尼日利亚 BIT(2016 年)规定为强制性的要求;摩洛哥 BIT 范本(2019 年)进一步指出了贡献的衡量指标,包括对东道国经济方面的贡献,如生产能力和经济的提高、创造就业的质量。此外,还有其他方面的指标,如投资的期限、技术转让情况和降低东道国贫困等内容。对于投资定义的新动向,学者指出由于可持续发展这一概念自身的复杂性,这可能意味着“潘多拉魔盒”的打开,需要将其合理地转化为法律规则,避免可能产生的负效应,而 Salini 测试则可能成为破解这一困境的方法。①

已有的仲裁实践中,Salini 测试已经对可持续发展要件实现了初步探索,得到了部分仲裁庭的适用,但对该标准的遵循及发展要件的解释仍然较大程度依赖于仲裁庭的自由裁量。国际投资争端解决机制是投资东道国和母国重要的博弈场域:投资者母国力主通过国际法上的方法保护投资,而投资东道国更倾向于寻求国内法。晚近,国际投资可持续发展转向的大背景下,国际投资仲裁应寻求投资者利

---

① See Daniela Gómez Altamirano, *Protecting FDI Contributing to Host Countries' development: The Rise of the "Forgotten" Salini Criterion as Part of the Definition of Investment*, Columbia Center on Sustainable Investment (Dec. 13, 2021), https://ccsi.columbia.edu/content/columbia - fdi - perspectives2021.

益与东道国公共利益之间的平衡。

综上所述,基于可持续发展方向对投资定义从文本和仲裁实践两个维度的考察有两个关键问题待解决:其一,如何兼顾定义的稳定性与灵活性;其二,如何评价"有利于东道国经济发展"/"发展"。

跨国投资活动的蓬勃发展对法律规则的灵活性提出了更高的要求,投资活动本身和可持续发展内涵都在经历演变,法律文本需为未来发展做好留白,因此灵活性是必然需求。同时,法律规则不能朝令夕改,稳定的法律体系是投资主体的必然需求,投资定义作为国际投资法中反复出现的重要问题,需要满足稳定性的要求。这种稳定性和灵活性的要求不仅要求法律文本内容的相对固定和适当留白,同时也要求投资仲裁裁决应具有可持续性和可信性。①由于稳定性和灵活性存在天然冲突,对立法技术提出了更高的要求,各国应根据本国实际情况谨慎选择。

以我国为例,我国现阶段的 BIT 以广泛定义为主,鉴于我国当前投资输入国与输出国的双重身份,应合理拟定条款,掌握投资定义的合理限度,既充分发挥投资定义条款"安全阀"作用,同时兼顾我国投资者在海外的保护需求。具体的条款设计上,前述考察我国与"一带一路"共建国家签订的部分协定中规定了投资特征的要求,但对发展要件涉及较少,鉴于国际投资的可持续发展转型需求,我国应全面吸纳 Salini 测试中的发展要件,在条约中增加"促进发展/经济发展"的限制要求。概因有二:其一,"发展"概念在国际投资中意涵丰富,与可持续发展概念具有相同特点,既内容丰富又处在演进过程中,能够满足条约稳定性和灵活性的需求;其二,Salini 测试法纳入发展要件

---

① 尽管国际投资仲裁并不存在判例法,但事实上先例裁决能够成为后案裁决的重要依据,Salini 测试的遵循就是例证。这一点也被仲裁庭所承认,在 LG& 诉阿根廷案中,仲裁庭指出国际投资法需要稳定的法律体系,裁决书原文为"the stability of the legal and business framework is an essential element"。See LG & E International Inc. v. Argentine Republic, ICSID Case No. ARB/02/1, Decision on Liability (October 3, 2006), para. 124.

后,已得到了投资仲裁实践的支持,该要件纳入协定内容中恰逢其时。从我国已有的协定内容来看,发展也是投资的应有之义。在我国签订的条约序言中就有"增进缔约国繁荣"(properity)的规定,尽管措辞不同,但却与发展意涵一致,反映了我国的价值诉求。[①]

在纳入发展要件时,需注意两个方面:一是,鉴于国际投资仲裁中部分仲裁庭对 Salini 测试法或可持续发展相关的内容拒绝适用,我国可尝试在条约中为"发展"设置最低标准,特别是在可持续发展原则所涉及的几项内容如劳工、环境等方面作出要求。二是,在对投资提出"对东道国发展有贡献"的要求时,其程度措辞如"重要"等可视缔约对象的不同合理选择。此外,我国还可以考虑将合法性标准全面纳入投资要求,对投资者提出依据东道国国内法设立经营的要求,这一合法性能够将投资定义直指环境、社会维度的国内立法,满足东道国警察权的需求。[②]

尽管 Salini 测试被多个仲裁庭裁决所遵循,但对其中的发展要件并未有一致的准确认定。从概念本身来说,"发展"一词兼具模糊与动态的特点,放在可持续发展的大背景下,发展涵盖了经济、环境、社会等多维度内容。鉴于此,条约文本和投资仲裁庭都很难给出准确、稳定的评价标准。在对发展的评价问题上,从世界银行下的多边投资担保机构所列出的投资定义中可以得到启示。其在业务细则中列明,在考察投资发展性特征时,除了经济方面的考量,还应将部分涉及可持续发展的因素纳入考量范围,包括就业机会、收入福利改善方面的作用、对东道国社会基础设施和环境的影响等。[③] 同时,对发

---

① 在中国—西班牙 BIT(1992 年)、中国—阿根廷 BIT(1992 年)和中国—德国 BIT(2003 年)中都可以找到相关条款。

② 参见宁红玲:《论可持续发展视角下的国际投资定义条款》,载《环境法评论》第 2019 第 1 期。

③ See MIGA, *Operational Regulations*, World Bank(2011). https://documents1.worldbank.org/curated/fr/188801468337155804/pdf/621530BR0OM2010502401100BOX358362B0.pdf.

展的评价可以参照可持续发展影响评价的相关内容，可持续发展影响评价已有一些成果可以利用，同时亦是国际投资未来发展的应有之义。欧盟的可持续影响测试机制已经开始试用，根据经济合作与发展组织等相关评价指南的发布以及国际社会的实践，可以预见对可持续发展、发展的客观量化衡量并不远。

第二节　可持续发展原则在征收条款的融入

在全球经济一体化加速的背景下，跨国投资的活跃使各国之间的经济联系愈加紧密，近年来跨国投资争端屡屡发生，其中因间接征收提起的案件占比较大。特别是 20 世纪 90 年代后，发展中国家为了克服片面强调经济增长带来的消极影响，纷纷改变发展方针，使部分投资者预期收益受损。这一时期的间接征收与可持续发展呈现出更加密切的关系。间接征收以国家管制措施为手段，将国家的立法、行政、司法行为等内容置于国际法标准下进行审视。当管制措施涉及国家的公共利益，如公共健康、环境等议题时，就面临间接征收与合法的国家管制相区分的难题，解决这一问题本质上是要解决东道国利益与投资者利益的平衡。

一、征收条款之定义与内容

国际投资协定中的征收条款为东道国行使管制权保护本国公共利益提供了法律依据。征收条款一方面赋予了东道国为实现可持续发展目标必要的管制权，另一方面又对这种权力加以限制，“所有权的丧失”(taking of property)是征收的核心要义。① 直接征收是对财

① See Louis B. Sohn & R. Baxter, *Responsibility of States for Injuries to the Economic Interests of Aliens: Draft Convention on the International Responsibility of States for Injuries to Aliens*, The American Journal of International Law, Vol. 55:3, p. 548 – 584 (1961).

产所有权剥夺的极端方式,其法律特征明确且较易识别,是被国际法普遍禁止的行为。间接征收也涉及对财产的全部或近乎完全的剥夺,但是通常没有正式的所有权转让或财产的没收,其在效果上表现为管理权的丧失、投资财产的贬值。随着国际投资的发展,当前征收的主要形式是间接征收。在国际投资协定中,通常以如下方式表述“缔约一方对另一方的投资者在其领土内的投资不得采取国有化、征收或效果等同于国有化或征收的措施(以下统称为征收),除非符合以下所有条件:(1)为了公共利益;(2)依照国内法律程序和相关正当程序;(3)非歧视性的;(4)给予补偿”。2010 年中国投资保护协定范本(草案)、美国 2004 年和 2012 年双边投资条约范本均采用了此种表述。

尽管各条约文本措辞上存在差异,但上述 4 个基本要素却是公认的合法征收条款必备要素,其中“公共利益目标”界定了征收措施的行为目的。东道国为了保障全社会而非特定个人的安全和利益所采取的措施范围广泛,如环境保护、公共健康、安全等内容同时也是可持续发展的内容。尽管对于“公共利益”和“可持续发展”两个概念的范围大小与重合程度无法精确估量,但有一点可以肯定:征收作为国际投资中的重要原则,既是在讨论国际投资时的重要内容,也必然是研究可持续发展原则适用时的重要研究内容。征收与可持续发展的相关性在于:对于投资者而言,征收条款是保护其投资的重要法律依据;对于东道国而言,征收条款不可避免地限制了东道国的管制权,这种制约可能成为东道国可持续发展目标实现的障碍。

截至 2021 年年底,国际投资协定的总数量已达 3288 项,这些条约中至少有 2558 项国际投资协定仍然在有效实施中,其中绝大多数包含了征收条款。① 这些征收条款主要以下述两种形式呈现。

第一种形式的条约将三个相关术语放在同一条款中统一处理:(1)直接征收或国有化;(2)间接征收;(3)相同措施或具有相同或相

① See UNCTAD, *World Investment Report 2022*, United Nations, 2022.

似效果的措施。典型例子如《北美自由贸易协议》第 1110 条第 1 款的内容“直接或间接国有化或征收,或其他任何等同于国有化或征收的措施”。根据该条款,国有化或征收包含了直接征收和间接征收。“间接国有化或征收”和“等同于国有化和征收的措施”意指传统征收以外的国家行为。① 此种类型的术语可见于北美与南美国家的自由贸易协定中,还可见于北美和拉美国家及瑞士缔结的条约中。

另一种类型较前者更为复杂,除了征收条款,投资条约还会吸纳其他条款来作进一步说明。例如,2012 年美国 BIT 范本第 6 条为征收条款,除了该条款,BIT 的附件 B 第 3 条、第 4 条还对间接征收作了进一步说明,“第 6 条第 1 款适用于两种情形。第一种情形是直接征收,包括国有化或者其他通过正式的所有权转让或财产剥夺的直接征收”。“适用的第二种情形是间接征收,没有财产权的转让或财产剥夺但是缔约国采取的行动效果上等同于直接征收的情形。”此种形式的典型代表是 2012 年美国 BIT 范本,类似的做法在诸多 BIT 中屡见不鲜,如中国—加拿大 BIT 附件 B 第 10 条、2004 年加拿大 BIT 范本等。

尽管存在形式上的不同,间接征收仍然表现出部分共同点。早期的征收条款对东道国可持续发展的激励作用有限,甚至对其起到了负面作用。首先,在国际投资协定存在征收条款的前提下,东道国才有采取管制措施的权利;其次,东道国警察权的行使即使符合前述要求,也需要提供经济补偿。既往仲裁实践中,东道国警察权的行使被认定为间接征收的情形并不罕见,东道国不得不支付高额补偿。此类裁决为东道国保护本国公共利益设置了障碍。② 间接征收例外

---

① See Marlles, Justin R., *Public Purpose, Private Losses: Regulatory Expropriation and Environmental Regulation in International Investment Law*, Journal of Transnational Law and Policy, Vol. 16:2, p. 275 – 336(2007).

② See Kevin Scott Prussia, *Notes and Comment: NAFTA & the Alien Tort Claim Act: Making a Case for Actionable Offenses Based on Environmental Harms and Injuries to the Public Health*, American Journal of Law & Medicine, Vol. 32:2, p. 381 – 404(2006).

条款的纳入,发挥了一定程度的平衡利益作用。存在例外条款的前提下,东道国为保护公共利益而合法行使警察权时无须承担经济上的补偿责任。间接征收例外条款于 2004 年出现在美国双边条约范本中,并在 2012 年的 BIT 范本中得以沿用,“除非在罕见的情况下,一缔约方采取的旨在或用于保护正当的公共福利目标,诸如公共健康、安全和环境的非歧视性的规制措施,并不构成间接征收”①。

中国在 2006 年签订的中国—印度 BIT 中,开始纳入例外条款,即“除非在罕见的情况下,缔约一方采取的旨在保护公共利益的非歧视性规制措施,包括根据司法机关所作的具有普遍适用效力的裁决而采取的措施,不构成间接征收或国有化”②。尽管其措辞与美式范本相比略显笼统,但也标志着我国开始对公共利益予以重视。世界投资报告显示,2012 年前国际投资协定中的创新规定已经成为现代条约中的常规配置。现代条约通常包括可持续发展、对监管空间的保护以及对投资争端解决的改进,其中最常见的改革领域是对监管空间的保护。③

二、征收条款之仲裁实践

在国际投资仲裁的初始阶段,大家对间接征收的关注微乎其微,比较有代表性的是伊美求偿案,此案仲裁庭对间接征收规则的关注有着重要的意义,在 20 世纪 90 年代间接征收终于引起了人们的广

---

① Annex B (4)(b) of 2004 U. S. Model BIT Avaible at https://ustr. gov/sites/default/files/U. S. %20model%20BIT. pdf (last visited 2022. 11. 28); Annex B (4)(b) of 2012 U. S. Model BIT. Available at https://ustr. gov/sites/default/files/BIT%20text%20for%20ACIEP%20Meeting. pdf (last visited 2022. 11. 28).

② Article Ⅲ (3) of Agreement Between the Government of the Public of India and the Government of the People's Republic of China for the Promotion and Protection of Investments. Available at http://treaty. mfa. gov. cn/tykfiles/20180718/1531876893080. pdf (last visited 2022. 11. 28).

③ 参见联合国贸易和发展会议:《2019 年世界投资报告要旨和概述》,联合国出版物 2019 年版,第 19 页。

泛重视。对此蔡从燕教授指出,这一现象与被诉措施的目的有关,20世纪90年代以前的间接征收诉讼所涉措施大多出于保护东道国的经济而发起,与直接征收在目的上并无差异,因此没必要对二者进行区分。而在这之后的间接征收与公共利益保护休戚相关,所涉措施意在保护环境、公共健康和国家安全等。国家不得不出台相关规则,这也使得间接征收受到更广泛的关注。① 间接征收在第二次世界大战后的拉丁美洲、亚洲、非洲和东欧地区国家曾是热点话题,新成立的主权国家依赖国有化建立起新的经济和社会秩序,并由此引发一系列投资争议。时至今日,间接征收仍然是国际投资条约制定和条约实践的重要议题。美国因间接征收被诉后率先制定了相关规则,在2004年BIT范本附件B中纳入间接征收条款。2009年由于委内瑞拉国内立法行为引发了若干石油相关争议,涉及石油行业众多外国投资者的征收。②

20世纪90年代后对东道国措施提起的间接征收之诉远离了经济目标,其以公共利益保护为主要目的,如环境、公共健康和国家安全等。间接征收的仲裁实践是影响可持续性国际投资的重要内容之一。当前国际投资协定中的间接征收条款仍存在不一致性,在其认定问题上也存在任意性,因此,对法律实践的实证考察尤为重要。对间接征收的确定极大程度上依赖于个案判断以及对争议措施事实上的分析。究其原因,间接征收条款在国际条约中并不存在统一固定的形式,认定上具有不确定性。西方学者提出了认定的三种标准:目的标准、效果标准和兼采目的与效果标准。这三种标准对于间接征

① See William W. Burke – White & Andreas von Staden. , *Private Litigation in a Public Law Sphere: The Standard of Review in Investor – State Arbitrations*, The Yale Journal of International Law, Vol. 35, p. 283 – 346(2010). See Cai Congyan, *China – US BIT Negotiations and the Future of Investment Treaty Regime: A Grand Bilateral Bargain with Multilateral Implication*, Journal of International Economic Law, Vol. 12:2, p. 457 – 506 (2009).

② See Peter D. Isakoff, *Defining the Scope of Indirect Expropriation for International Investments*, The Global Business Law Review, Vol. 3:2, p. 189 – 209(2013).

收的法律实践产生了深远的影响。

此部分将对征收条款涉及的国际投资实践进行实证分析,一窥征收条款对可持续发展原则投资的影响。间接征收仲裁个案说明了在认定中出现的两个突出问题:传统认定办法的不足以及实践中认定要素的多元化。

(一)Metalclad 公司诉墨西哥案

Metalclad 公司是一家从事有害物质掩埋的美国公司,收购了墨西哥圣路易斯波托西州瓜达卡扎市(Guadalcaza)的一个公司,1993年墨西哥 COTERIN 公司经许可,在该市建造废物垃圾掩埋场。同年5月,圣路易斯波托西州政府签发了项目的土地使用许可证。Metalclad 公司与 COTERIN 公司随后签订了购买 COTERIN 公司的选择权合同。经墨西哥政府批准,开始投入相关建设项目。在建设开工5个月后,墨西哥瓜达卡扎市政府通知其需要新的政府许可,该公司随即申请项目许可,却遭拒。圣路易斯波托西州州长宣布:Metalclad 公司的建设项目所在位置属于墨西哥的自然资源保护区,而该区域是“仙人掌”保护区。东道国政府的举措无疑为投资带来巨大损失。Metalclad 公司援引《北美自由贸易协议》第1110条征收条款和第1105条最低待遇标准条款,主张墨西哥政府构成了间接征收。①

仲裁庭裁决墨西哥联邦政府对瓜达卡扎市政府行为的默许构成了《北美自由贸易协议》第1110条“相当于征收”的措施。仲裁庭认为在认定间接征收问题时,政府措施的动机和环境法令的目的都不需要纳入考量范围。《北美自由贸易协议》下的征收,不仅包括直接征收,也包括不公开地、隐蔽地或附带对外国投资者全部或主要部分财产的妨碍,即使东道国未从中获得明显的利益,对外国财产的使用

① See Metalclad Corporation v. The United Mexican States, ICSID Case No. ARB (AF)/97/1, Award (August 30, 2020).

和预期可得利益的阻碍也构成征收。①

该案的裁决极具争议，首先，该案对征收的认定采用纯粹的效果主义；其次，尽管裁决提出了环境管制的补偿要求，但重新开放垃圾填埋场仍然被排除在外。② 该案在判定征收时采用的是宽泛定义，此案中墨西哥政府所采取的环境措施被投资者挑战，最终不得不为环境措施而支付补偿。

（二）ADC 诉匈牙利案

ADC 是一家加拿大公司，1994 年该公司中标了布达佩斯费里海吉国际机场项目。1995 年，ADC 与匈牙利国家空中交通和机场管理局（ATAA）签订主合同，合同内容是翻新、建造和运营匈牙利布达佩斯费里海吉国际机场的两个航站楼。1998 年年底，ADC 完成了码头的建设和翻新工作并一直运营，直至 2001 年 12 月匈牙利交通部发布了一项法令，继而从 ADC 手中接管了机场的运营。2003 年 ADC 援引塞浦路斯—匈牙利 BIT 申请投资仲裁，主张其投资被征收并要求赔偿。

匈牙利辩称，该项征收出于公共目的。根据匈牙利征收法令，“可以以运输为目的征收不动产”③，而为了在 2005 年 5 月加入欧盟，匈牙利交通立法和法令是“协调政府运输战略、法律法规与欧盟法律的重要因素”④。仲裁庭肯定了被申请人提出的主权国家拥有管理其国内事务的权利，但同时也提出该权利的行使应符合 BIT 的规定。仲裁庭同样驳回了被申请人关于申请人损失属于外国投资者商业风险

---

① See Metalclad Corporation v. The United Mexican States, ICSID Case No. ARB (AF)/97/1, Award (August 30, 2020), para. 103.

② See Rachel Nathanson, *The Revocation of Clean – Energy Investment Economic-Support Systems as Indirect Expropriation Post – Nykomb: A Spanish Case Analysis*, Iowa Law Review, Vol. 98, p. 863 – 904(2013).

③ ADC Affiliate Limited and ADC & ADMC Management Limited v. The Republic of Hungary, ICSID Case No. ARB/03/16, Award (October 2, 2006), para. 418.

④ Ibid., para. 392.

的论点,确认了国家颁布的法令导致了投资财产的征收。[1]

在确定征收合法性问题上,仲裁庭的依据是 BIT 第 4 条的内容“公共利益、正当法律程序、非歧视和公平补偿”。其一,仲裁庭认为匈牙利未能证明其颁布的法令符合公共利益;其二,仲裁庭认为该诉讼不符合正当法律程序的要求,如缺少合理的提前通知、听证以及公正的裁决来评估索赔事项;其三,仲裁庭认为这些行为具有歧视性;其四,匈牙利并未向索赔人提供公正赔偿。[2]

目前,在国际法上对于国家警察权的范围议定尚无共识,由此带来了国际投资仲裁中国家警察权力和补偿性征收的区分问题。在这个问题上,仲裁庭肯定了国家警察权力的合法性,但认为权利的行使应依据条约等法律内容,主权国家签订投资条约后,就应受其约束,不能够被国家警察权的新观点影响而忽视了条约内容。

(三)S. D. Myers 诉加拿大案

S. D. Myers 公司自 1982 年起从事处理、运输和处置多氯联苯(PCB)污染废物业务。由于 PCB 是一种公认对人身体有巨大危害的剧毒物质,因此 S. D. Myers 公司在美国从事的相关业务需要遵照美国环境保护协会(EPA)出台的相应规定。1989 年至 1999 年,该公司在俄亥俄州塔尔米奇工厂处理了超过 250,000,000 磅的 PCB 和含 PCB 的污染废物且无事故发生,同时,还负责安全运输顾客的 PCB 废物超过 10,000,000 英里。1991 年开始,公司开始寻求进入加拿大市场的机会。1995 年 11 月 16 日,加拿大环境部长 Sheila Copps 签署了一份临时紧急命令,禁止向美国出口 PCB,该项禁令持续了 14 个月直至加拿大现有的 PCB 出口管制法规被新法取代且重新开放边

① ADC Affiliate Limited and ADC & ADMC Management Limited v. The Republic of Hungary, ICSID Case No. ARB/03/16, Award (October 2, 2006), paras. 423 –425.

② See ADC Affiliate Limited and ADC & ADMC Management Limited v. The Republic of Hungary, ICSID Case No. ARB/03/16, Award (October 2, 2006), paras. 426 –444.

境。在该禁令的限制期内,PCB 废物的处理必须由加拿大人在加拿大境内完成。在加拿大重新开放其边境不久后,S. D. Myers 公司申请投资仲裁,援引《北美自由贸易协议》第 11 章主张加拿大颁布 PCB 禁令的行为构成了间接征收。

最终,该案仲裁庭认定加拿大的禁令构成了对《北美自由贸易协议》第 1102 条国民待遇和第 1105 条最低待遇标准的违反,但并未支持申请人对间接征收的诉求。① 该案仲裁庭认为政府采取的措施不构成间接征收,在对征收的认定上仲裁庭认为程度的差异是区分征收和监管的关键。而加拿大政府出台的是临时性禁令,并没有达到征收的程度,而征收带来的后果应该是剥夺了所有权人经济权利。从仲裁结果来看,该案仲裁庭给出了与前述 Metalclad 不同的间接征收认定结果。Metalclad 案仲裁庭看重东道国措施对投资者预期的影响,特别是政府措施是否为投资者带来了不可弥补的损失。而在本案中,仲裁庭更加强调政府措施的持续时间,揭示了政府出台措施的本质可能对判断间接征收具有重要的意义。

(四)Eco Oro 诉哥伦比亚案

加拿大矿业公司 Eco Oro 于 1994 年获得了哥伦比亚一处金银矿床的采矿许可证,并于 2007 年与哥伦比亚地质与矿业研究所签订了特许权合同。2009 年 Eco Oro 提交了环境许可证的申请。由于 2010 年哥伦比亚出台了一项法律禁止在"帕拉莫生态系统"进行采矿作业,而 Eco Oro 的采矿区域与该生态系统存在着 54% 的重叠。因此,2010 年哥伦比亚当局下令 Eco Oro 出具一份新的环境评价报告,将涉及该生态系统的区域排除在采矿活动之外。尽管 Eco Oro 要求当局重新考虑其诉求,但当局依然撤销了它们的环境许可。2013 年 7 月,Eco Oro 被要求暂停采矿许可权下的活动,直至完成帕拉莫划界。

---

① See S. D. Myers, Inc. v. Government of Canada, UNCITRAL, Partial Award (November 13, 2000), paras. 322 – 323.

2014 年，哥伦比亚 2090 号决议中公布了划界结果，与 Eco Oro 的采矿范围存在 54.7% 的重合区域。哥伦比亚决定不再继续允许 Eco Oro 的采矿活动，同时还在决议中规定了在此类地区采矿的一般例外情形。Eco Oro 于 2016 年 12 月提交了仲裁请求。该案仲裁庭中多数仲裁员拒绝间接征收的主张，理由是哥伦比亚政府的行为是出于善意采取的环境保护行动。

仲裁庭首先审查了争议措施的效果。仲裁庭认识到，一旦帕拉莫生态系统与特许权出现较大面积上的重叠，对于投资者来说将更难获得环境批准。同时，仲裁庭还注意到了另一现实情况，自哥伦比亚《一般环境法》(General Environmental Law)纳入预防原则以来，哥伦比亚已经颁发了 67 份环境许可，鉴于这一情形，不能说投资者毫无成功的希望。受争议措施的影响，Eco Oro 被剥夺了超 50% 的采矿权，导致该项目利益受损。仲裁庭认为，这种损失构成了实质性剥夺。①

接下来仲裁庭审查了出台禁令的行为是否构成《加拿大—哥伦比亚自由贸易协定》(2008 年)中附件 811(2)所规定的警察权力的行使。多数意见认为，争议措施是为了保护环境这一公共利益。因为帕拉莫生态系统有着重要的生态意义，为哥伦比亚提供 70% 的供水，并且该生态系统从采矿活动中恢复的能力极低，因此东道国为环境保护采取了争议措施。此外，并没有人指控该措施具有歧视性。根据附件，除非存在"罕见情况"，争议措施不构成征收。罕见情形通常是指"国家行为中非常重要的加重因素，而不只是官僚主义的混乱或国家的效率低下"。在该案中，未见此类情形。此外，哥伦比亚政府所采措施的目的显然是善意的。

仲裁庭认为，在考虑争议措施效果、措施与保护帕拉莫生态系统

① See Eco Oro Minerals Corp. v. The Republic of Colombia, ICSID Case No. ARB/16/41, Decision on Jurisdiction, Liability and Directions on Quantum (September 9, 2021), para. 630.

的比例时,需要考虑到相关的预防原则。争议双方就是否将过渡区纳入帕拉莫生态系统范围内的问题进行了辩论,根据 1992 年《生物多样性公约》和《里约环境与发展宣言》中的"预防原则",仲裁庭认为哥伦比亚的划界办法有一定的合理性。由于哥伦比亚《一般环境法》的第 1.4 条和第 1.6 条规定了帕拉莫地区受到特别保护,申请人也应该理解这一原则可能对帕拉莫适用。①

同时,仲裁庭也指出该争议措施的实施并非完美,应在实地考察的基础上进行划界,但考虑到划界任务的范围和国家资源的有限,未进行实地考察也是可以理解的。同时,MinAmbiente 宣布划界的方式也存在瑕疵,并没有证据表明其进行了相关的社会和经济调研,宪法法院也因为缺少公众咨询意见批评了相关部门,并最终导致 2090 号决议的废止。尽管争议措施存在瑕疵,但仲裁庭认为此种情况并不至于构成缺乏诚信的"罕见情形"。而哥伦比亚对 Eco Oro 投资预期的干预问题(仲裁庭将其与合法预期的概念相区别),大多数意见认为东道国并未明确承诺不会对特许区施加采矿禁令。考虑到多重因素,仲裁庭多数裁定争议措施是东道国警察权力的合法行使,不构成征收。②

(五)Biwater Gauff 诉坦桑尼亚案

2003 年,世界银行和其他国际金融机构向坦桑尼亚拨款 1.4 亿美元,资金用于修复和升级坦桑尼亚的供水和下水道基础设施。作为接受该笔资金的条件,坦桑尼亚需要任命一个私人机构来管理、运营供水和污水处理服务。该案的申请人 Biwater Gauff 公司成功竞标该项目并成立了新公司即城市自来水公司(City Water)来运营该项目。2003 年 2 月,城市自来水公司与政府部门签订了为期 10 年的项目运营合同。在项目运营 11 个月后,城市自来水公司就陷入收入不

① See Eco Oro Minerals Corp. v. The Republic of Colombia, ICSID Case No. ARB/16/41, Decision on Jurisdiction, Liability and Directions on Quantum(September 9, 2021), at para. 683.

② Ibid., para. 699.

达预期,甚至财务困难,无法履行合同义务的境地。因此,在项目开始后 18 个月,城市自来水公司明确表示需要重新谈判。坦桑尼亚于 2005 年 2 月同意重新谈判,双方各任命了一名专家调解员来督促这一进程,并将 2005 年 5 月 6 日设定为协议的最后期限。2005 年 5 月 12 日,重新谈判以失败告终。2005 年 5 月 13 日,坦桑尼亚水利和畜牧业发展部部长发布了新闻稿,终止与城市自来水公司的合同并开始相关终止程序。几天后,该部长通知城市自来水公司项目合同终止。2005 年 6 月,政府官员驱逐了城市自来水公司的高管,并任命了新的管理人员进入公司并控制了公司资产。

大约两个月之后,Biwater 就此向国际投资争端解决中心提起投资仲裁。主张政府的行为(包括政府部门和政府部门官员的行为)违反了英国—坦桑尼亚 BIT 项下的义务,包括:征收、违反公平公正待遇、采取不合理或歧视性措施损害投资、未给予充分保护,以及资金转移受限。仲裁庭支持了申请人的前 4 项主张。但是,仲裁庭认为尽管坦桑尼亚违反了条约义务,但并未给城市自来水公司带来损失,因此无须承担损害赔偿的责任。① 该争端涉及一系列与可持续发展相关的问题,仲裁庭需要平衡投资者与东道国的利益。在裁决过程中,仲裁庭还参考了法庭之友意见,这些意见由数个在环境、人权、可持续发展方面具有专业知识的非政府组织提供。②

该案仲裁庭降低了认定征收的门槛,仲裁庭认为征收行为的关键是:(1)国家行使主权权力而非仅仅是合同方权利;(2)国家不合理剥夺投资者权利。③ 基于此,仲裁庭认定坦桑尼亚通过系列行为实施了征收,包括:(1)坦桑尼亚水利和畜牧业发展部部长于 2005 年 5 月 13 日在新闻发布会上发布的新闻稿和 2005 年 5 月 17 日向城市供水工作人员宣布终止合同的行为;(2)坦桑尼亚政府于 2005 年 6 月 1

---

① See Biwater Gauff Ltd. v. United Republic of Tanzania, ICSID Case No. ARB/05/22, Award(July 24, 2008), para. 814.

② Ibid., paras. 57 – 68, 356 – 392.

③ Ibid., paras. 457 – 458, 463.

日接管城市自来水公司的行为，以及政府驱逐公司管理人员的行为。①该案的裁决结果意味着政府征收索赔门槛的降低，裁决书中提及了政府官员发表的声明、向员工所做的陈述也可能作为承担相应责任的依据。由此引发了政府声明的相关法律问题，即何种情况下的政府声明为公众和员工带来合理期待，以及何种情形下的声明是国际投资法下的错误行为。

与其他投资仲裁实践相比，该裁决采取了过低的征收认定标准。投资仲裁实践往往倾向于将对投资者投资的实质性剥夺视为征收行为，而该案仲裁庭认为政府剥夺申请人的合同终止权也构成征收。仲裁庭指出，由于之前的经营不当，终止合同权利是申请人面临征收时的唯一权利，政府对终止合同权力的干预就意味着对申请人全部投资的干预。②

三、间接征收与合理管制措施的明晰

间接征收的认定既是关系东道国可持续发展的重要问题，同时也是国际投资领域近些年来的焦点问题之一，该问题的合理解决关系着东道国政府管制权的范围，实质是东道国与投资者利益的权衡。前述几个案例在对征收的判定问题上裁决结果不一，暴露出间接征收认定问题上的重重困境，一方面传统的认定标准存在内在缺陷，另一方面认定要素的判断标准具有模糊性。

（一）传统认定方法

Metalclad 诉墨西哥案仲裁庭采取了效果标准，这种认定办法并不考虑东道国行为的目的是否具有合法性，只考虑东道国对投资者所有权的影响。类似的认定办法在仲裁庭中并不少见，除了伊美仲

---

① See Biwater Gauff Ltd. v. United Republic of Tanzania, ICSID Case No. ARB/05/22, Award(July 24, 2008), para. 519.

② See Biwater Gauff Ltd. v. United Republic of Tanzania, ICSID Case No. ARB/05/22, Award(July 24, 2008), at para. 489.

裁庭一贯采取这一认定办法之外，Nykomb Synergetics 诉拉脱维亚案的仲裁庭也有类似的判断，该案仲裁庭认为区别间接征收和合理管制行为的决定性因素是政府行为对投资者财产剥夺、控制的程度。① 这种认定办法凸显了对投资者利益的过度保护，并不考虑东道国行为的动机，导致征收范围扩大，一些基于公共利益目的而采取的管制措施也被不合理地认定为征收。

与纯粹效果标准认定相对应的是纯粹目的标准，纯粹目的标准强调了对东道国公共利益的保护。仲裁庭在依据该标准进行判断时将东道国管制措施的动机视为首要因素，只要该行为是出于公共利益保护的目的，且符合善意、非歧视要件，则不考虑其对投资者带来的效果，并认定不构成间接征收。② Methanex 诉美国案仲裁庭采用了此种判定方法，仲裁庭考察了美国政府的管制措施是出于社会公共利益动机，从而认定其行为不构成间接征收。③ 尽管这一标准保护了东道国管制权的行使，却由于利益倾向性过于严重而遭致诟病。Knahr 认为 Methanex 诉美国案仲裁庭突破传统做法，不再将公共目的因素作为判定因素之一，而是将其视为认定间接征收决定性因素的做法难以让人接受。④ 这种做法极有可能导致合理管制措施的范围无限扩张，甚至"没有任何需要支付补偿的公共目的的行为"⑤。

如果以利益平衡作为标准考量这两种判定方法，缺点显而易见，两种方法要么对投资者利益过度保护，要么缺少对东道国管制权的

---

① See Nykomb Synergetics Technology Holding AB v. Republic of Latvia, SCC Case No. 118/2001, Arbitral Award (December 16, 2003), para. 33.

② See Ursula Kriebaum, *Regulatory Takings: Balancing the Interests of the Investor and the State*, The Journal of World Investment & Trade, Vol. 8:5, p. 716 – 744(2007).

③ See Methanex Corporation v. United States of American, Final Award of the Tribunal on Jurisdiction and Merits(August 7, 2005), Part Ⅳ – Chapter D, para. 7.

④ See Christina Knahr, *Indirect Expropriation in Recent Investment Arbitration*, Austrian Review International & European Law, Vol. 12:1, p. 83 – 102(2007).

⑤ Compañiá de Aguas del Aconquija S. A. and Vivendi Universal S. A. v. Argentine Republic, ICSID Case No. ARB/97/3, Award(August 20, 2007), paras. 7.5.21.

合理限制。正是由于这两种标准的内在缺陷，仲裁实践提出了“效果与目的兼顾”的判断方法。相较前两个判断标准，该标准更具合理性，但是新标准并不能从根本上解决间接征收的认定难问题，该标准的可操作性较弱，效果与目前有效衡量办法的缺失为间接征收的认定带来了极大的不确定性。①

上述三种传统的认定标准已经无法适应发展中的国际投资法，间接征收和国家管制权的合理甄别无法再遵循传统路径，特别是在可持续发展转向背景下，在保护投资者利益的同时需要对东道国管制权合理留白，克服传统判断方法利益偏颇、甄别标准模糊的缺陷。

（二）保护东道国合理管制权的关键要素

欲甄别间接征收与合理管制措施，需从仲裁庭认定的关键要素着手分析，明晰要素发挥的作用，从而规划出二者的合理界限。学者朱颖针对仲裁实践中涉东道国环境管制权的案件进行了实证研究，总结了仲裁庭的考量内容。仲裁庭裁决理由各异，除了按照传统的纯粹效果标准裁决的两个案件外，公共目的、管制权行使的方式、合法期待、合理程序、比例测试等都是仲裁庭在裁决过程中的考量因素（见表2）。

表2　仲裁庭区分警察权与征收的考量因素

涉仲裁措施	仲裁案	裁决理由
环境立法	S. D. Myers 诉加拿大	未发现支持征收的表面证据（prima facie expropriation）
	Plama 诉保加利亚	
	Windstream 诉加拿大	
	Methanex 诉美国	公共目的、非歧视方式、合理程序
	Chemtura 诉加拿大	公共目的、非歧视方式、国家部门授权

① 参见陈安主编：《国际投资法的新发展与中国双边投资条约的新实践》，复旦大学出版社2007年版，第115－157页。

续表

涉仲裁措施	仲裁案	裁决理由
环境管制行为	Metalclad 诉墨西哥	合法期待,及时、有序或实质性基础(timely, orderly or substantive basis)
	Tecmed 诉墨西哥	公共目的、比例测试
	Gold Reserve 诉委内瑞拉	合理理由(plausible ground)
	Crystallex 诉委内瑞拉	国家的立法自由
出于自然保护目的而变更土地用途	Metalclad 诉墨西哥	纯粹效果标准
	Unglaube 诉哥斯达黎加	纯粹效果标准

资料来源:Ying Zhu,*Do Clarified Indirect Expropriation Clauses in International Investment Treaties Preserve Environmental Regulatory Space?*, Harvard International Law Journal, Vol:60:2,p. 377 -416(2019)。

总体来看,除了在变更土地用途的两个案件中,涉及东道国环境立法、环境管制行为的仲裁庭在间接征收认定过程中均对警察权予以认可,但是在具体实践中存在差异。Crystallex 诉委内瑞拉案仲裁庭强调了国家有管制权且并未对其设限,而 Tecmed 诉墨西哥案仲裁庭则采用了比例原则来判定是否符合间接征收,两个仲裁庭呈现出对此问题的两个极端态度。① Biwater Gauff 诉坦桑尼亚案仲裁庭对征收的认定采取了较低的门槛,Eco Oro 诉哥伦比亚案仲裁庭意识到政府采取争议措施的方式并不完全合理后,综合多重因素最终否定了征收行为。Biwater Gauff 案和 Eco Oro 案的裁决结果都较新,反映了仲裁庭在该问题上态度不一致的问题依然存在。前述案例中,仲裁庭在认定征收时的考量要素、推理思路不尽相同。尽管仲裁庭在进行论证时会考虑到既往案例的论证办法,但不同仲裁庭最终选择

① See Ying Zhu,*Do Clarified Indirect Expropriation Clauses in International Investment Treaties Preserve Environmental Regulatory Space?*, Harvard International Law Journal, Vol:60:2,p. 377 -416(2019).

的考量要素和逻辑路线却可能出现巨大差异甚至最终出现完全背离的裁决结果。在此情形下，需要对影响裁决的重要因素加以甄别以作出合理判断。

1. 管制措施的目的：公共目的

公共目的是判断间接征收的关键要素，也是习惯国际法的重要内容之一，是国际投资协定中广泛存在的内容。① 在表2所列的案例中，公共目的也是仲裁庭考量的要素之一，在 Methanex 诉美国案中，仲裁庭指出"正如北美自由贸易协定第1105条所述，害虫管制局在其职责范围内以非歧视的方式采取了措施，该行为动机是人们越来越认识到林丹（一种农药杀虫剂）对人类健康和环境的危害。在此类情形下采取的措施应被视为国家警察权力的有效行使，不构成征用"②。

尽管公共目的的要求在国际投资协定中被广泛承认，但对公共目的的解释问题却为其适用带来了障碍。学者梳理了涉及公共目的的系列案件后发现国际投资法尚无法解决公共目的的界定问题，在国际投资领域并不存在由所有主权国家共同认可的公共目的。③ 前述案例中讨论的生态资源保护普遍被仲裁庭视为公共利益，但 ADC 诉匈牙利案中对公共目的提出了"公众的真正利益"的要求，该案仲裁庭主张 BIT 对于公共目的的要求必须涉及"公众的真正利益"，如果仅仅是提及"公共利益"就可以认定其满足要求，那么该标准就很容易达到，这一要求也将毫无意义。④仲裁庭并没有进一步阐释"真

① See Joshua Paine, *Legality of Expropriations*, in A. Reinisch, Standards of Investment Protection, Oxford University Press, 2008, p. 178 – 186.

② Chemtura Corporation v. Government of Canada, UNCITRAL, Award(August, 2010), para. 266.

③ See Ben Mostafa, *The Sole Effects Doctrine, Police Powers and Indirect Expropriation under International Law*, Australian International Law Journal, Vol. 15, p. 267 – 296(2008).

④ See ADC Affiliate Limited and ADC & ADMC Management Limited v. The Republic of Hungary, ICSID Case No. ARB/03/16, Award (October 2, 2006), para. 432.

正的公众利益"的内容。鉴于国际法上国家警察权的广泛范围,"主权国家几乎可将任何目的视为公共目的"①。尽管仲裁庭此举避免了对东道国管制权范围的扩张,却极易造成与纯粹效果相似的负面效应。

2. 管制措施的实施:非歧视性、正当程序

Methanex 诉美国案中仲裁庭审查了政府管制行为后,认为该禁令"出于公共目的、非歧视性的,并且是以正当程序方式实施",故此认定其为合法的管制措施,而非征收。② 对管制措施非歧视性的关注还可以在 Chemtura 诉加拿大案中找到证据,该案仲裁庭认为国家出于人类健康和环境保护的目的采取的非歧视性措施是国家警察权的行使。③ 同时,仲裁实践并非强求管制措施的"完美",Eco Oro 案仲裁庭也指出了争议措施存在的瑕疵,但这种瑕疵需要控制在一定范围内。

"法律正当程序"(due process of law)是合法征收的重要要件之一,存在于很多 BIT 征收条款中。④ 我国在缔结的双边条约大多数都有"依据国内法律程序"(under domestic legal procedures),"依据相关国内法律"(under the relevant domestic laws)或类似内容,此类规定将使管制措施接受国内法的调整,为合理程序提供了更为明确的指引。非歧视性原则是习惯国际法、条约法和判例法所广泛认可的原

---

① Ben Mostafa, *The Sole Effects Doctrine, Police Powers and Indirect Expropriation under International Law*, Australian International Law Journal, Vol. 15, p. 267 – 296 (2008).

② See Methanex Corporation v. United States of American. Final Award of the Tribunal on Jurisdiction and Merits(August 7,2005), Part Ⅳ – Chapter D, para. 15.

③ See Chemtura Corporation v. Government of Canada, UNCITRAL, Award(August, 2010), para. 266.

④ See France – China BIT, article 4(3); Spain – China BIT, article 4(1); Denmark – China BIT, article 4(1).

则,[①]对该原则的违反必然需要承担国际不法责任。[②] 除中国签订的部分协定未作规定外,[③]许多中国签订的 BIT 都规定了非歧视条款。在未对国民待遇标准作出规定的情况下,非歧视原则能够为投资者带来一定保护。[④]

3. 管制措施的影响

在公共目的前提下,管制措施除了通过合适方式实施,还需满足一定的影响要件,才能够被仲裁庭认定为警察权的合法行使,无须承担间接征收的赔偿责任。管制措施的影响要件往往包括措施的持续时间、对合理预期的干涉程度等内容。首先,管制措施的实施时间需要在合理期限内,具体的时间合理性有赖于个案判断。其次,对投资者合法预期(legitimate expectations)的干涉程度。前述多个案例中,仲裁庭均考量了投资者的合法预期,大多数仲裁庭也肯定了合法预期并不代表东道国政策法律的一成不变。Eco Oro 案仲裁庭认为,由于案件涉及的生态系统是哥伦比亚法律中明确保护的内容,主张人应该对此有所预期。

除此之外,仲裁庭还需要考虑管制措施带来的结果。S. D. Myers 案仲裁庭将“等同于征收的措施”视为“实施并剥夺财产权和支配权”,并认为加拿大的管制措施没有剥夺投资者对其财产的所有权和支配权。[⑤] 由此可见,政府所采取的管制措施不得超过合理范围,否则可能被认定为征收。衡量指标是投资者的投资被政府管控的程度、政府管制措施对投资者的影响程度、最终投资受损部分的投资收

---

① See Alex Genin and Others v. Republic of Estonia, ICSID Case No. ARB/99/2, Award(June 25, 2001), para 368.

② See Brownlie L., *System of the Law of Nations*, Oxford University Press, 1983, p. 81.

③ 中国与澳大利亚、德国、印度尼西亚、意大利、阿曼和英国签订的 BIT 并未做此规定。

④ 参见沈伟:《构建“一带一路”高水平投资协定:基于征收条款的考察》,载《兰州大学学报:社会科学版》2021 年第 3 期。

⑤ See S. D. Myers, Inc. v. Government of Canada, UNCITRAL, Partial Award (November 13, 2000), para. 280.

益水平等。[①]

综合来看,传统的三种间接征收判定方法已经无法满足变革中的国际投资法制,在国际投资仲裁实践相关裁决基础上,本节梳理出了国家合理管制措施应满足的三方面要件:目的要件、实施要件及影响要件。为了在间接征收与国家合理管制权之间厘清合理界限,笔者认为在判定时应以比例原则为依托路径,综合多因素考量国家管制措施的合理性。这些因素包括:(1)措施的公共目的;(2)东道国实施措施具有合理性;(3)措施需以非歧视、适当程序实施;(4)不能对投资者合法期待造成不合理损失。

对具体因素的判断需要以比例原则为依托路径。成比例性是多个裁决书中提及的内容,且比例原则在投资仲裁中已有相关实践并收到了理想效果。[②] 比例原则之所以能作为重要的方法被适用,主要基于以下两个原因:其一,比例原则包含了“均衡性”的思想,这与可持续发展背景下国家合理管制措施的目的一脉相承,既要保证国家警察权的行使,又要合理兼顾投资者利益。其二,比例原则适用空间广泛,能够适应不断发展的国际投资法制。该原则源起于西方,在理论和实践中得以不断发展,具有坚实的适用基础。其三,比例原则本身内容丰富,嵌套了一系列严格测试,还包含适当性、必要性及狭义的比例原则。[③] 比例原则是综合的具体化的分析框架,在适用于个案

---

① See Jeswald W. Salacuse & Nicholas P. Sullivan, *Do BITs Really Work? An Evaluation of Bilateral Investment Treaties and Their Grand Bargain*, Harvard International Law Journal, Vol. 46:1, p. 67 – 130 (2005).

② Azurix 诉阿根廷案证明了比例原则在间接征收问题上的适用性。该案仲裁庭主张在判定管制措施是否造成了对投资者财产的剥夺时必须依据事实,要考虑措施的公共目的是否具有合法性,以及采用的方法与目标之间合理的比例关系。

③ See Caroline Henckels, *Indirect Expropriation and the Right to Regulate: Revisiting Proportionality Analysis and the Standard of Review in Investor – State Arbitration*, Journal of International Economic Law, Vol. 15:1, p. 223 – 255 (2012).

时,具有较强的操作性。[①] 因此,以该原则为依托路径进行间接征收判定,能够有效将政府的管制措施与公共目的联系起来,为仲裁庭提供一个具有综合性且平衡的分析框架。

第三节 可持续发展原则在公平公正条款的融入

投资仲裁中涉环境案件的增多引发了学者们的担忧,认为这容易引发东道国管制的"寒蝉效应"(chilling effect),而公平公正条款则是这些学者的重点批评对象之一。公平公正条款自身的模糊性和仲裁实践对该问题的裁决不一致是招致批评的原因所在。这些批评中既有批评该条款偏重保护投资者的声音,也有对投资者采取管制措施时夹带政治目的的担忧。[②] 与前述间接征收类似,实现可持续发展型投资的关键在于如何在东道国管制权和违反公平公正待遇之间划清合理界限。

一、公平公正条款之定义与内容

国际投资领域早期对外国投资者权益保护一直囿于国内法层面。由于在适用国内法的过程中引发了投资者利益受损等一系列问题,同时伴随全球一体化进程加速和国际投资纠纷的增多,该问题得以被重视并逐渐成为国际投资条约的重要内容之一。

公平公正待遇条款成为国际经济协定内容之一可追溯到1948年《哈瓦那宪章》(Havana Charter for an International Trade Organiza-

---

① See Han Xiuli, *On the Application of the Principle of Proportionality in ICSID Arbitration and Proposals to Government of the People's Republic of China*, James Cook University Law Review, Vol. 13, p. 233 – 258(2006).

② See Roland Kläger, *Revising Treatment Standards – Fair and Equitable Treatment in Light of Sustainable Development*, in Steffen Hindelang & Markus Krajewski, Shifting Paradigms in International Investment Law, Oxford University Press, 2016, p. 76.

tion)。在第二次世界大战结束后,“国际贸易组织”(International Trade Organization)筹建过程中,公平公正待遇被纳入《哈瓦那宪章》,并逐步发展成为国际投资的重要议题之一。《哈瓦那宪章》第11(2)(a)条中对投资待遇问题作出了“国际贸易组织可以建议并促进各国在其签订的双边和多边投资协定中订入公平与公正待遇条款,确保一成员国进入另一成员国境内的企业、技术、资本、工艺及科技均能获得公平与公正待遇”的阐述。这一阶段的公平公正待遇只能由国际贸易组织建议并促进将该待遇标准纳入国际投资协定中,对国家并没有直接约束力。尽管《哈瓦那宪章》由于各种原因终未生效,但其首次提出的“公平公正待遇”在此之后得到不断援用。

尽管大部分国际投资协定都包含了公平公正待遇条款,但公平公正待遇条款尚无统一模式,并主要以两种形式呈现:“有条件的公平公正待遇条款”(conditional FET clause)和“无条件的公平公正待遇条款”(autonomous FET clause)。前者通常与其他国际法律标准或国内法律标准相关联,而后者仅要求缔约国对投资者以公平公正待遇标准对待,不会在公平公正待遇之外施加其他要求。①

典型的有条件的公平公正待遇条款有几种形式。第一类与一般国际法相联系,如克罗地亚—阿曼 BIT(2004 年)规定根据国际法给予公平公正待遇,巴林—美国 BIT(1999 年)规定公平公正待遇在任何情况下都“不得低于国际法要求”。此处的国际法应被理解为一般意义上的国际法,国际法的所有可适用的法律渊源都应被纳入考量范围内决定外国投资者应享有何种待遇。② 第二类有条件的公平公

---

① See R. Dolzer, *The Impact of International Investment Treaties on Domestic Administrative Law*, Journal of International Law and Politics, Vol. 37:6, p. 953 – 972 (2007).

② See Jason Haynes, *The Evolving Nature of the Fair and Equitable Treatment (FET) Standard: Challenging its Increasing Pervasiveness in Light of Developing Countries' Concerns – The Case for Regulatory Rebalancing*, Journal World Investment and Trade, Vol. 14:1, p. 114 – 146 (2013).

正待遇往往与习惯国际法相联系,在美式BIT和加拿大BIT中较为常见,如2012年美式BIT范本第5条第1款规定了依据“习惯国际法给予投资者投资待遇,包含公平公正待遇、充分保护和安全”。第三类公平公正待遇条款与东道国国内法律法规相联系。典型表述如加勒比共同体—古巴BIT(1997年)中规定公平公正待遇需要“受国家法律法规约束”。此类公平公正待遇的表述较为少见,但条款本身的有效性毋庸置疑。无条件的公平公正待遇条款如比利时—卢森堡经济联盟—塔吉克斯坦BIT(2009年)中规定“缔约国投资者的所有投资在另一缔约国领土内享有公平公正待遇”。此类公平公正待遇条款经常引发讨论,如公平公正待遇是不是独立于习惯国际法之外而建立在条约基础上的待遇标准。

在公平公正待遇问题上,东道国所采取的措施对投资者的合理期待影响深远。国际投资仲裁实践中,投资者合理期待之诉经常发生在东道国出于公共目的所采取的规制措施导致投资者利益受损的情形中。在这种意义上,东道国可持续发展目标与投资者合理期待密切相关。

二、公平公正条款之仲裁实践

正如Waste Management诉美国一案,国际投资争端解决中心仲裁庭所指出的“公平公正待遇标准具有一定程度的灵活性,必须根据个案来进行判断”①。因此,对公平公正待遇仲裁实践的个案研究非常必要。很难找到20世纪与公平公正待遇标准相关的公开裁决,进入21世纪后,投资者援引公平公正待遇条款几乎成为仲裁的一贯做法。② 通过典型个案的考察,发现仲裁实践呈现两个关键特点:其一,公平公正条款与最低待遇标准有着密切关系;其二,国际投资实践中

---

① Waste Management, Inc. v. United Mexican States, ICSID Case No. ARB (AF)/00/3, Award (April 30, 2004), para. 99.

② See J. Bonnitcha, *Substantive Protection under Investment Treaties: A Legal and Economic Analysis*, Cambridge University Press, 2014, p. 144.

投资者合理期待是认定公平公正待遇的关键要素。由于合理期待与东道国的立法、行政、司法等法律活动密切相关，而随着可持续发展原则在各国的深入，各国出台相应法律，继而引起了法律框架的变动，对合法期待的准确判定成为相关仲裁实践的重要议题。

（一）Tecmed 诉墨西哥案

Tecmed 诉墨西哥案是首次明确阐明公平公正待遇（FET）标准包含外国投资者合理期望的案件。[①] Tecmed 持有墨西哥子公司 Cytrar 99% 的股权，1996 年 Tecmed 将购买来的工业危险废物处理站交由 Cytrar 负责经营，在 1998 年墨西哥拒绝了该处理站的经营许可。在此之前的仲裁案例 Metalclad 和 CME 案件中，尽管仲裁庭也指出东道国对投资者作出的保证并未兑现，从而违反了公平公正待遇，但 Tecmed 案件却是具有标志性的案件，该案仲裁庭对投资者合理期待的含义进行了详细阐述。仲裁庭认为投资者合理期待与善意原则、稳定性原则和透明度原则具有密切的关系。墨西哥国家生态机构危险品、废物管理部门（INE）、州、市政府与 Cytrar 三方达成了一致，Cytrar 迁往新厂址。1998 年 6 月 Cytrar 向 INE 进行过说明，由于 Tecmed 的危险废品处理站遭致周边居民的强烈反对，Cytrar 同意迁往新厂址，州及市政府承诺负责新厂址的确定及迁址的相关调研和经营许可事宜。INE、州和市政府对此默许且有 INE 总负责人的确认回函。尽管几方达成的协议并未形成严格的法律文件形式，但从仲裁庭审理过程中对证据的梳理来看，各方对危险物品处理站不迁新址将被关闭的事实均予以认可，只是迁址的有效日期并未明确。

Cytral 1998 年 7 月向 INE 申请许可证的更新和扩大经营，INE 回复称将在对其申请更新的同时考虑其扩大经营的要求，却只字未提对危险废物处理站的扩大经营会造成许可证的更新滞后。在此期间 Cytrar 筹备工厂迁址事宜。在距离许可证过期只有 6 天的时候，

---

① Tecmed v. Mexico, ICSID Case No. ARB (AF)/00/2.

Cytrar 收到了拒绝许可证更新的通知,这对于 Cytrar 迁址事宜作出更改是不可能的。仲裁庭认为墨西哥政府的行为构成了对一致性原则的违反。其先前已经达成了一致的共识,即 Cytrar 迁新址,确保其许可证有效。而墨西哥政府决定不更新许可证且没有留给 Cytrar 合理的更改时间违反了公平公正待遇标准。尽管该许可协议本身是不定期的,但据既往的惯例,Cytrar 有理由信赖关系的长期稳定性。因此,该许可的突然中断超出了投资者的合理期待。

同时,墨西哥政府从未提及迁新址的时间期限,且 INE 已经发现 Cytrar 的经营行为不符合规定却并未尽到通知义务而是在许可证即将到期前直接拒绝更新许可。INE 的行为可以推断为非善意目的行为,且其行为违反了透明度原则。该案中,善意原则、一致性原则、透明度原则都是仲裁庭判断投资者合理期待的重要考量因素。

(二)MTD 诉智利案

该案案情与前述 Metalclad 案相似,涉及了政府的不同部门对同一投资者的行为出现分歧。在解释公平公正待遇标准问题上,该案仲裁庭适用了 Tecmed 案的标准。

然而,国际投资争端解决中心撤销委员会认为 Tecmed 诉墨西哥案中仲裁庭明显依赖外国投资者的合理期望作为东道国义务的来源是有问题的。该案的上诉委员会指出,"在东道国和外国投资者已经缔结投资条约的前提下,东道国有义务保护投资者的合理期待。若仲裁庭认可的权利与投资条约中的权利出现实质上的不同,可能导致东道国滥用管制权利"①。与此案类似,联合国贸易和发展会议也指出,在作出公平公正待遇决定时对合理预期的过度依赖是不合理的,此种做法会给东道国合法监管改革带来阻力。同时,此种处理方法忽略了这样一个事实:作为经济体法律体系正常运行的重要方面,

---

① MTD Equity Sdn. Bhd. And MTD Chile S. A. v. Chile, ICSID Case No. ARB/01/7. Decision on Annulment (March 21 2007), paras. 66 – 78.

外国投资者应对东道国的法律随时间推移而改变有合理的期待。[①] 在意识到合理期望原则不具备充分说服力之后，一些仲裁庭对该原则提出了进一步要求。例如，Duke Energy 诉厄瓜多尔案中，仲裁庭进一步提出了两个要求：其一，不仅要考量投资事实，东道国的政治、社会经济、文化以及特定时期的历史条件都应纳入考量范围；其二，还应考虑东道国的特定承诺。这些要求在之后的其他仲裁庭中得以延续。[②] 在 CMS 诉阿根廷案中，仲裁庭强调了特定承诺在处理公平公正待遇问题时发挥的作用。

Thunderbird 诉墨西哥案形成了合理期待较为完整的定义：《北美自由贸易协议》框架下，"合理期待"意指缔约方为投资者创造其可以信赖的、合理合法的期待，投资者基于信赖进行投资行为，缔约国若没有实现这样的期待将使投资者利益受损。[③] 此种期待对投资者在东道国作出投资决策时发挥了关键作用，对合法期待的保护是投资者 - 国家关系的重要元素。

（三）Clayton 集团诉加拿大案

2001 年，美国 Clayton 集团计划在加拿大投资设立采石场和海运码头，投资者计划在该地投资源于加拿大 Nova Scotia 政府和自然资源委员会（Department of Natural Resources）出台了相关的鼓励性政策。[④] 根据东道国国内法律，加拿大政府和项目所在地政府审查了项目的环境评价，并依据联合审查小组（Joint Panel Review）的建议，于

---

① UNCTAD, *Fair and Equitable Treatment: UNCTAD Series on Issues in International Investment Agreements* Ⅱ, United Nations, 2012.

② Duke Energy Electroquid Partners & Electroquil S. A. v. Republic of Ecuador, ICSID No. ARB/04/19, Award (August 18, 2008), para. 340.

③ International Thunderbird Gaming v. United States of Mexico, UNCITRAL, Arbitral Award (Jan 26, 2006), para. 147.

④ William Ralph Clayton, William Richard Clayton, Douglas Clayton, Daniel Clayton and Bilcon of Delaware INC v. Government of Canada, PCA Case No. 2009 - 04, Award on Jurisdiction and Liability (March 17, 2015), para. 3.

2007年驳回了投资者申请。投资者主张,加拿大政府以项目不符合"社区核心价值"(Community Core Value)为理由驳回投资的行为违反了《北美自由贸易协议》第1105条最低待遇、第1102条国民待遇和第1103条最惠国待遇的规定。投资者依据《北美自由贸易协议》关于争议解决的规定,向海牙常设仲裁法院提起了仲裁申请。① 2015年3月该案仲裁庭裁决加拿大政府的执法行为不符合国民待遇和最低待遇原则。仲裁结果宣布3个月后,加拿大政府上诉至其国内联邦法院。法院以加拿大政府缺乏证据支持驳回了上诉请求。②

该案是《北美自由贸易协议》下由于东道国的环境执法引发的争端,投资者援引的《北美自由贸易协议》第1105条"最低待遇标准"中包含了"公平公正待遇"的内容,但公平公正待遇并未构成一项独立约束东道国的投资待遇标准。在第1105条中,除了公平公正待遇的内容外,还包含了"充分保护与安全",根据协定内容,东道国怠于行使二者之一,就可能构成对最低待遇标准的违反。在适用公平公正待遇标准方面,该案仲裁庭认为投资者依赖的是东道国所作出的承诺,即加拿大 Nova Scotia 对该投资项目表现出的积极态度,以及投资计划设立的采石场和海运码头项目的合法性。基于该两点考虑,投资者对该投资项目顺理成章产生合理期待,因此当加拿大政府对环评审查,并适用了缺乏相关法律内容的"社区核心价值"标准时,东道国的行为就破坏了投资者的合理期待,继而违反了公平公正待遇。

对于该案中"合理期待"认定,也存在异议。有人主张合理期待是独立于鼓励性政策的内容,因此东道国对投资者的鼓励政策与合

① William Ralph Clayton, William Richard Clayton, Douglas Clayton, Daniel Clayton and Bilcon of Delaware INC v. Government of Canada, PCA Case No. 2009 - 04, Award on Jurisdiction and Liability (March 17, 2015), para. 5.

② Attorney General of Canada v. William Ralph Clayton, William Richard Clayton, Douglas Clayton, Daniel Clayton and Bilcon of Delaware Inc., Federal Court, appeal award 2018, para. 198.

理期待不存在必然联系。[①] 更进一步，东道国对投资项目的支持和鼓励，也并不意味着该项投资必然通过法律方面的程序审核和许可。[②] 合理期待是认定公平公正待遇的重要内容之一，本案仲裁庭将合理期待与鼓励性政策紧密联系，明显偏重于投资者利益，难免引发质疑。

（四）Novenergia Energy & Environment 诉西班牙案

该争议与被申请方在可再生能源领域采取的立法措施相关，由于所涉及的法律也是其他案件的争议焦点，因此，具有较强的代表性。[③] 该案的申请方于 2007 年投资了 8 个光伏电站，争议涉及的立法措施于 1997 年至 2014 年颁布。继西班牙根据 54/1997 号法律和皇家法令 RD661/2007 制定了支持可再生能源特别制度之后，申请方 Novenergia 于 2007 年 9 月投资了西班牙的光伏行业，根据该特别制度，登记的光伏电站在其整个周期内都可享受强制性上网电价补贴 FIT。[④] 然而，受经济危机和低于 FIT 的监管电价影响，该计划给国家经济带来巨大压力，并在 2013 年被不太有利的制度所取代。

因此，Novenergia 在瑞典斯德哥尔摩商会仲裁院（Arbitration Institute of the Stockholm Chamber of Commerce）提起仲裁，主张西班牙违反了《能源宪章条约》第 10(1) 条的公平公正待遇条款。索赔人主张，西班牙废除特别制度的行为，破坏了投资者根据西班牙的保证和

---

① William Ralph Clayton, William Richard Clayton, Douglas Clayton, Daniel Clayton and Bilcon of Delaware INC v. Government of Canada, PCA Case No. 2009 - 04, Dissenting Opinion of Professor Donald McRea (March 17, 2015), para. 33.

② Michael Carfafnin, *Too Low a Threshold: Bilcon v. Canada and the International Minimum Standard of Treatment*, The Canada Yearbook of International Law, Vol. 53, p. 244 - 277 (2015).

③ 例如，Charanne and Construction Investments 诉西班牙案（SCC Case No. V062/2021）中所涉及的法律与本案基本相同。

④ Feed - in Tariff, FIT 是通过为发电者提供补贴的方式促进可再生能源的政策。

承诺所作出的合理期待。此外,《能源宪章条约》第 10 条第 1 款还规定了创造和维持稳定、透明的投资条件的义务。但是,该案仲裁庭将稳定性和透明度视为公平公正待遇内容的一部分,而不是作为一项单独的义务来讨论。在判断西班牙的行为是否违反了公平公正待遇问题时,仲裁庭认为,西班牙的行为已经为投资者带来了合理的预期,即不会对 RD661/2007 中的特殊制度作巨大或根本性的改变。然而,2013 年和 2014 年西班牙进行的变动中废除了长期固定的强制性上网电价补贴,且该行为具有追溯性。仲裁庭的结论是西班牙之后出台的法律违反了公平公正待遇条款,索赔人据此应获得赔偿。2018 年 2 月,仲裁庭作出裁决。西班牙的电力改革行为构成了对《能源宪章条约》条约下公平公正待遇的违反,仲裁庭指出,西班牙的行为"超出了可接受的立法和监管范围,完全改变了投资的法律和商业环境"。①

该案申请人在主张西班牙违反公平公正待遇时,认为西班牙政策的变化既不合理、也不成比例,与合理的监管背道而驰,缺少"稳定性和可预测性、成比例性、透明度、有效性和效率"②,并提出了程序方面不够透明的问题。仲裁庭认同 Micula 诉罗马尼亚案仲裁庭的主张,认为"公平公正待遇本身并不意味着监管的稳定",国家享有监管权,投资者需预期到立法可能并将会发生变化。③ 对于公平公正待遇的违反与合理监管的区分,仲裁庭认同 Saluca v. Czech 和 Arif v. Moldova 中的实践,即通过"平衡测试"(balancing or weighing exer-

---

① Novenergia Ⅱ – Energy & Environment (SCA) (Grand Duchy of Luxembourg), SICAR v. The Kingdom of Spain, SCC Case No. 2015/063, Final Award (February 15, 2018), para. 695.

② Ibid., para. 154.

③ Loan Micula, Viorel Micula, S. C. European Food S. A., S. C. Starmill S. R. L. and S. C. Multipack S. R. L. v. Romania, ICSID Case No. ARB/05/20, Award (December 11, 2013), para. 666.

cise)来加以区分。[①] 本案仲裁庭将公平公正待遇的认定视为一项"平衡性工作",认为进行权衡时不仅应考虑监管措施带来的经济影响,还应该关注到投资价值的破坏,考虑到该案申请人投资价值被破坏的程度,仲裁庭认为西班牙的行为超出了监管范围。尽管该案仲裁庭支持了投资者的主张,但其表达了对东道国合理的监管权的认同,其与违反公平公正待遇行为的甄别需运用"平衡测试"的办法,而平衡测试的内容中包含了"预期措施的效果与受影响的权益成比例"的内容。[②] 同时,仲裁庭在说理过程中充分讨论了既往裁决的观点。但是,仲裁庭对既往裁决并未全盘接受,而是在分析异同的基础上作出了该案的裁决。

通过对公平公正待遇的实践考察可发现,随着投资仲裁的发展,仲裁庭也开始意识到"平衡"的重要性,在认定要素及路径上努力做出调整。同时,各仲裁庭在进行裁决时会不同程度借鉴既往案例的逻辑进路或观点,但是既往案例对裁决的影响程度不一。

三、公平公正待遇与合理管制的区分

公平公正待遇是国际投资协定中争议较大的条款,学界、仲裁实践对公平公正待遇的认定标准及如何判断至今仍存在争论。由于公平公正待遇与东道国国内法和国际法存在着密切的关联,法律的变动性与投资者对投资环境的稳定性期待之间的矛盾对公平公正待遇的认定有着重要的影响。东道国法律变动不可避免,特别是可持续发展中的环境要素,随着人们对环境科学的深入研究,相关法律法规也在不断健全。[③] 随着环境知识的更新迭代,国际法层面不断出现新

---

① Electrabel S. A. v. Hungary, ICSID No. ARB/07/19, Award (November 25, 2015), para. 165.

② Ibid., para. 180.

③ Richard J. Hobbs, *Evolving Ecological Understandings: The Implications of Ecosystem Dynamics*, in David N. Cole & Laurie Yung, Beyond Natureness: Rethinking Park and Wilderness Stewardship in an Era of Rapid Change, Island Press, 2010, p. 34 – 47.

的国际环境条约、各国国内环境立法亦是如此。而仲裁庭在判断公平公正待遇问题时,对东道国承担国际环境义务的处理方法不一。因此,东道国在国内环境立法和签署环境条约时,需要确保其采取的环境监管不会构成投资条约承诺的违反,避免承担不必要的赔偿责任。更为重要的问题是,东道国的合法监管与违反公平公正待遇行为之间的模糊界限需要被澄清,本部分通过对仲裁实践中认定要件的分析对上述争论得出答案。

(一)公平公正待遇与国际最低待遇标准

投资仲裁实践曾将公平公正待遇的判定问题与最低待遇标准紧密联系,如前述 Clayton 集团诉加拿大案中,投资者援引的《北美自由贸易协议》第 1105 条“最低待遇标准”中包含了“公平公正待遇”的内容,除了公平公正待遇的内容外,该条款还包含了“充分保护与安全”,根据协定内容,东道国怠于行使二者之一,就可能构成对最低待遇标准的违反。“国际最低待遇标准”是尼尔案所树立的习惯国际法规则,最初聚焦于外国人的待遇问题。

最早涉及该标准的 1926 年 Neer 案解释了最低待遇标准的门槛。美国一方主张墨西哥当局没有逮捕、处罚杀害 Neer 凶手的行为是“拒绝司法”,构成对国际法的违反。此案中,美墨普通诉讼委员会将当一国政府行为达到“暴行、恶意和故意漠视的程度,抑或理性、公正第三人认为政府的行为达到了无法容忍的程度”认定为对国际最低待遇标准的违反。[①] 以 Neer 案为代表的早期国际最低待遇标准的案例与外国人人身安全保护密切相关,在国际投资发展的初期,发达国家提出了用公平公正待遇标准来替代国际最低待遇标准,意图解决不同国家间法制差异甚大、本国投资者无法保障权益的问题。这一概念最初遭到发展中国家的强烈抵制,迫于吸引外资的现实需求,在

① See L. F. H Neer and Pauline Neer v. United Mexican States, Decision (October 15, 1926), p. 65.

20 世纪末发展中国家最终接受了这一标准。①

前案述及的《北美自由贸易协议》第 1105 条第 1 款，是对二者理性界定的早期实践。但是该条款依然无法解决公平公正待遇具体内涵模糊性的问题。Myers 案中，仲裁庭将《北美自由贸易协议》第 1105 条表达的内容视为整体概念，将公平公正待遇与国际最低待遇密切联系在了一起。② 而 Pope & Talbot 诉加拿大案中，仲裁庭却主张忽视国际最低待遇标准，认为《北美自由贸易协议》第 1105 条的"公平"要素不应存在任何门槛。③ 仲裁实践在此问题上的分歧引发关注。

2001 年 7 月，《北美自由贸易协议》自由贸易委员会对《北美自由贸易协议》第 1105 条第 1 款做出了解释，尝试用国际最低待遇标准来限定公平公正待遇的内容，防止仲裁庭做扩大解释。这一尝试在投资仲裁实践中并未取得预期效果。Thunderbird 案中，仲裁庭提出，鉴于习惯国际法经历不断演进过程，不应对最低待遇标准做僵硬的解释。④ Glamis Gold 案仲裁庭指出"Neer 案标准在《北美自由贸易协议》成员国中的共识已经不再存在……国际最低待遇标准的内涵发生了变化"⑤。联合国贸易和发展会议 1999 年发布的报告也对公平公正待遇与最低待遇标准之间的等同关系有所质疑，如果投资法律文件中没有提及两个标准可以等同，也没有两个标准相结合的

---

① See Santiago Montt, *State Liability in Investment Treaty Arbitration: Global Constitutional and Administrative Law in the BIT Generation*, Bloomsbury Publishing, 2009.

② See S. D. Myers Inc. v. Canada, UNCITRAL, First Partial Award (November 13, 2000), paras. 261 – 263.

③ See Pope & Talbot Inc. v. Canada, UNCITRAL, Award on the Merits of Phase 2 (April 10, 2001), para. 111.

④ See International Thunderbird Gaming Corporation v. The United Mexican States, UNCITRAL, Award (January 26, 2006), para. 194.

⑤ Glamis Gold Ltd. v. United States, UNCITRAL, Award (June 8, 2009), paras. 600 – 602.

意思表示，则说明大部分国家并不认同两个标准的等同关系。①

从国际最低标准在国际投资仲裁中的适用来看，该标准无法解决当前公平公正待遇所陷的困境。一方面，最低待遇标准本身尚不存在明确、统一的内容；另一方面，该标准承载着发达国家与发展中国家的不同理解。从现行有效的条约文本来看，公平公正待遇是活跃在 BITs 条文中的内容，而国际最低待遇标准已经无法满足转型中的国际投资法的需求。因此对公平公正待遇的认定，无法完全依赖国际最低待遇标准，而应寻求新的分析路径。

（二）投资仲裁公平公正待遇认定要素

随着国际投资活动的日益发展，公平公正待遇条款的实践也不断演进。该实践早期呈现出对国际最低标准的依赖特点，近年来国际投资实践中对公平公正待遇的认定呈现一些共性特点，这些特点为未来条款的科学设计提供了基础。仲裁庭的考察内容主要包含东道国法律环境稳定性、合理期待和合理程序三个方面。法律环境稳定性包含了立法、行政、司法内容，法律环境稳定性与合理期待联系密切，后者包括了不得拒绝司法、透明度要求、非歧视性待遇等内容。这些要素被仲裁庭用来判断公平公正待遇。

1. 法律环境稳定性

东道国国内法律规范的改变并不必然构成公平公正待遇的违反，投资仲裁中对此类问题的处理出现了截然相反的态度。Bilcon 案仲裁庭认为环境司法和环境评价上的新方法与其国内法律不一致，②而 Glamis Gold 案仲裁庭则接受了环境评价过程中采用的新方

---

① See UNCTAD, *Fair and Equitable Treatment: UNCTAD Series on Issues inInternational Investment Agreements*, United Nations, 1999.

② See Bilcon of Delaware et al. v. Government of Canada, PCA Case No. 2009 – 04, Award on Jurisdiction and Liability (March 17, 2015), para. 602.

法,但并未对该方法的科学基础做评估。①

仲裁庭的这两种处理办法都存在一定的问题,由于环境相关标准、规则的更新无法避免,这两种路径为东道国实现环境目标带来了障碍,更合理的做法应该是仲裁庭在认定公平公正待遇问题时,将环境规则的动态性及演进特征纳入考量范围。只要创新性规则具备合理的科学基础并且是以非歧视的方式实施的,则该规则不应被视为对公平公正待遇的违反。Philip Morris 案仲裁庭也提出了类似观点,如公平公正条款"并不排除各国政府制定新规则""只要这些规则具有合理基础并且不具有歧视性。"②

2. 合理期待

前述 Tecmed 案中确立的合理期待原则在仲裁实践中有着重要影响,在后续仲裁实践中得以适用和发展,如 CMS 诉阿根廷案和 Enron 诉阿根廷案中,仲裁庭对该问题持相似观点,认为公平公正待遇标准包含了"稳定投资框架"的要求(stable framework for the investment)。在其他国际投资案例中,如 Occidental 诉厄瓜多尔案、PSEG 诉土耳其案中,仲裁庭进一步指出,东道国法律框架的任何不利变化都可能导致投资者对合理期望的可预测性和稳定性受到破坏,继而导致东道国对公平公正待遇标准的违反。该案显示了对于合法期待的过高要求,"'Tecmed 标准'其实根本不是一个标准,而是对完美世界中的完美的公共监管的描述,尽管国家都渴望这种监管,但很少有国家能够实现"。③

合理期待标准的提高并非只是个案。仲裁实践中出现了合理期待内容范围的扩大,囊括东道国商业环境、立法和行政法律环境和东

---

① See Glamis Gold, Ltd. v. United States, Award, UNCITRAL, Award (June 8, 2009).

② Philip Morris Brands Sàrl v. Oriental Republic of Uru., ICSID No. ARB/10/7, Award(July 8, 2016), para. 430.

③ Zachary Douglas, *Nothing If Not Critical for Investment Treaty Arbitration: Occidental, Eureko and Methanex*, Arbitration International, Vol. 22:1, p. 27–52(2006).

道国作出的具体承诺等内容,①而投资者投资时依据的东道国承诺或环境发生变化,抑或东道国发生经济政策上的变动等情形都可能构成对投资者合理期待的损害。② 不仅如此,部分仲裁庭将程序的违反也视为损害合理期待的行为,如东道国的歧视待遇或以不够透明方式改变法律框架等行为也可能构成对公平公正待遇的违反。③ 此类标准无疑为东道国保护本国利益设置重重障碍,同时引发质疑。Biwater 案的仲裁庭对于合理期待认定上的低门槛提出了疑问,认为此种认定办法将投资者进行投资时的期望置于优先考虑的位置。④ MTD 案的临时撤销委员会也提出同样的疑问,认为"东道国对外国投资者的义务应源自投资条约的条款,而不是投资者可能拥有或声称其拥有的任何期望。"⑤

从有利于可持续发展的角度审视该要素,合理期待的范围不能够无限度地扩大,与东道国法律环境稳定性类似,需要对其施加限制条件,实现在东道国与投资者之间进行合理的风险分配。合理期待需要更具平衡性的解释。

3. 合理程序

公平公正待遇条款中的合理程序要求与传统国际法中的"拒绝司法"有着密切联系。在国际投资领域适用时,拒绝司法的概念范围

---

① See Murphy Exploration & Production Company v. Ecuador, PCA Case No. 2012 – 16, Award(May 6, 2016), para. 247; Termosolar B. V. v. Spain, ICSID Case No. ARB/13/31, Award(June 15, 2018), paras. 532 – 533.

② See Masdar Solar & Wind Cooperatief U. A. v. Kingdom of Spain, ICSID Case No. ARB/14/1, Award (May 16, 2018), para. 552; ADF Group Inc. v. United States, ICSID Case No. ARB(AF)/00/1, Award(January 9, 2003), para. 189.

③ See Saluka Investments BV v. Czech Republic, UNCITRAL, Partial Award (March 17, 2006), para. 306.

④ See Biwater Gauff (Tanzania) Ltd. v. United Republic of Tanzania, ICSID Case No. ARB/05/22, Award (July 24, 2008), para. 601.

⑤ MTD Equity Sdn. Bhd. And MTD Chile S. A. v. Chile, ICSID Case No. ARB/01/7, Decision on the Application for Annulment (March 21, 2007), para. 67.

有所扩大,囊括了东道国的行政执法行为。①

由于范围的扩大,拒绝司法的形式存在多样性。首先,行政机关的行为可能构成拒绝司法。例如,Corona Materials LLC 诉多米尼克案中,投资者在东道国无法获得补救或上诉机会,东道国的行为被认为构成拒绝司法。② 其次,如东道国在环境相关决策过程中缺乏独立性、损害外国投资,则有可能构成程序的违反。例如,Biwater 案中,仲裁庭认为"未能建立独立的、公正的监管机构违反了公平公正待遇标准"③。最后,东道国政府在行政、司法行为上的延迟也可能构成拒绝司法。例如,Gold Reserve 案中,仲裁庭认为东道国延迟授予投资者所需要的环境许可违反了公平公正待遇。④

此外,非歧视性、透明度要求等内容也是公平公正待遇对程序方面的要求。Metalclad 案和 Tecmed 案中,仲裁庭采用了对透明度的高要求,Metalclad 案仲裁庭要求"所有相关的法律要求"必须"绝对、毫无保留地让所有可能受到影响的投资者知晓"。⑤ Tecmed 案仲裁庭也提出了相同的要求,东道国应该"在与外国投资的关系中以无歧义、完全透明"的方式行事,这样投资者才能够"提前知晓治理其投资的规则规章,以及相关政策、行政行为指令的目的"。⑥

---

① See Middle E. Cement Shipping & Handling Co. S. A. v. Arab Republic of Egypt, ICSID Case No. ARB/99/6, Award (Apr. 12, 2002), para. 143.

② See Corona Materials LLC v. Dominican Republic, ICSID Case No. ARB(AF)/14/3, Award(May 31, 2016), para. 248.

③ Biwater Gauff (Tanzania) Ltd. v. United Republic of Tanzania, ICSID Case No. ARB/05/22, Award (July 24, 2008), para. 535.

④ See Gold Reserve, Inc. v. Bolivarian Republic of Venez., ICSID No. ARB (AF)/09/1, Award (Sept. 22,2014), para. 614.

⑤ See Metalclad Corporation v. The United Mexican States, ICSID Case No. ARB (AF)/97/1, Award (August 30, 2020), para. 76.

⑥ See Técnicas Medioambientales Tecmed, S. A. v. The United Mexican States, ICSID Case No. ARB (AF)/00/2, Award (May 29, 2003), paras. 154,167.

（三）公平公正待遇的认定

在全球倡导可持续发展的大背景下，越来越多的主权国家签订环境等方面的国际条约，意味着相应环境责任和义务的承担，根据条约内容，各国需要更新国内法确保条约内容的实现。这些东道国法律的变动极易损害投资者期待，继而构成对公平公正待遇的违反。仲裁实践中对这种冲突主要有三种解决方式：其一，利用《北美自由贸易协议》第 104 条等类似的冲突条款来解决；其二，如果无类似的冲突条款或冲突条款不适用，但缔约双方均要承担国际环境法的义务时，仲裁庭可能会基于体系解释的方法将相关的环境条约纳入考量范围，根据《维也纳条约法公约》第 31.3（C）条的内容，条约应将“适用于当事国之间的任何相关国际法规则”纳入考量范围；其三，投资条约中没有类似的冲突条款或冲突条款无法适用，且仅有缔约一方即东道国承担国际环境责任时，仲裁庭可能会考虑将国家责任的承担作为善意的证据，如 Chemtura 案。①

在对公平公正待遇进行判断时，仲裁庭对这一矛盾的解决态度不一，甚至出现截然不同的观点。S. D. Myers 案仲裁庭在解释《北美自由贸易协议》条款时参考了北美合作环境协定（North American Agreement on Environmental Cooperation，NAAEC）。基于 NAAEC 的内容，仲裁庭认为应该根据几个原则来解释《北美自由贸易协议》条款：首先，“缔约方有权设立高标准的环境保护，无须仅为了满足其他国家的政治和经济利益在环保标准上妥协”；其次，“缔约方应避免对贸易造成扭曲”；最后，“环境保护和经济发展应该并且能够互相促进”。② 仲裁庭努力在东道国承担的环境责任和投资保护之间达成平衡，认为这些应遵循的解释原则与《跨界协定》和《控制危险废物

---

① See Ying Zhu, *Fair and Equitable Treatment of Foreign Investors in an Era of Sustainable Development*, Natural Resources Journal, Vol. 58:2, p. 319 – 363 (2018).

② See S. D. Myers, Inc. v. Government of Canada, UNCITRAL, Partial Award (November 13, 2000), para. 220.

越境转移及其处置巴塞尔公约》中的规定是一致的。因此，可以合理推论，一个国家能够通过多种同样有效、合理的方式实现环境保护，这个国家同样有义务采取最符合开放贸易的替代方案。①

在 Glamis Gold 案中，仲裁庭采取了相反的态度，在裁决的事实摘要部分，仲裁庭认为联合国教科文组织 1968 年的《关于保护受到公共或私人工程危害的文化财产的建议》不构成《维也纳条约法公约》第 31.3(C)条下的“国际法规则”。加拿大和美国都是《保护世界文化和自然遗产公约》的缔约国，在解释《北美自由贸易协议》公平公正条款时理应考虑到该公约，然而仲裁庭在对该案的分析中并没有对这些文书作进一步讨论。② 投资仲裁庭在对国家承担国际责任的问题上也呈现出不一致的混乱状态。仲裁实践暴露出的问题为主权国家提出了这样的警示，即各国家在签署国际条约或进行国内立法时需要注意其所采取的监管措施是否会构成投资条约义务的违反，继而需要承担赔偿责任。

对以上问题的解决，需要对合法的管制措施与国家非法侵权之间划出合理、清晰的界限。在对公平公正待遇仲裁实践梳理时发现，平衡测试、成比例性已在多个裁决书中出现，说明仲裁实践已经意识到了平衡性是裁决过程中的重要手段。

因此，笔者认为可采取与征收相似的认定路径，通过适用比例原则对公平公正待遇的要素进行判断。这些要素包括：(1)监管措施出于可持续发展目标的合理目的；(2)所采取的监管措施是为了实现可持续目标的合理措施；(3)监管措施的实施需要符合程序要求；(4)东道国未对投资者作出特定承诺。

公平公正待遇的判断标准与间接征收存在交叉内容，如投资者合法期待、非歧视性、正当程序、合理比例等内容既是间接征收认

---

① See S. D. Myers, Inc. v. Government of Canada, UNCITRAL, Partial Award (November 13, 2000), para. 221.

② See Glamis Gold, Ltd. v. United States, Award, UNCITRAL, Award (June 8, 2009), para. 759.

定时考察的重要因素，也是判断是否违反公平公正待遇的内容。在国际投资实践中，投资者可能选择单独援引或与征收条款一起援引。

公平公正待遇条款源于《哈瓦那宪章》和美国的最惠国待遇，发展至今已经成为当代国际投资协定中不可分割的组成部分。① 公平公正待遇条款既是国际投资法融合其他法律原则的重要途径，如公平原则，②同时也是国际投资条约中表达法治原则的重要方式，可持续发展中的诸多重要元素都需要通过公平公正待遇条款来体现。③

与间接征收条款相似，公平公正待遇条款的设置同样是为了保护外国投资者权益，在国际投资实践中二者也存在密切关联，如《北美自由贸易协议》就将"公平公正待遇"作为合法征收的前置条件。"公平公正待遇"条款对东道国维持法律稳定性提出了要求，同时也为东道国采取合理管制措施实现可持续发展目标带来了负面效应。在国际投资仲裁中，"公平公正待遇"之诉和"间接征收"之诉都能带来东道国承担国家责任、进行国家赔偿的结果。由于二者内在的相似性，二者均可以采取多元素框架，以比例原则为依托路径，综合考量国家管制措施的合理性。同时，由于二者不可避免的差异性，在元素的选择上应有所区别。

第四节　可持续发展原则在例外条款的融入

晚近国际投资协定中出现了不同种类的例外条款。其中一些例

---

① See Jonathan Bonnitcha, *Substantive Protection under Investment Treaties: A Legal and Economic Analysis*, Cambridge University Press, 2014, p. 143 - 144.

② See Roland Kläger, *Fair and Equitable Treatment in International Investment Law*, Cambridge University Press, 2011, p. 203 - 205.

③ See Stephan W. Schill, *Fair and Equitable Treatment under InvestmentTreaties as an Embodiment of the Rule of Law*, International Law and Justice Working Paper 2006/6 Global Administrative Law Series.

外条款涉及国家公共利益,如国家安全利益保护、生命保护、经济和文化多样性保护。[①] 在东道国采取与投资协定不一致的管制措施时,例外条款可能会成为此情形下国家责任豁免的国际法基础。在此种意义上,例外条款将有助于解决跨国投资活动中的可持续发展问题。[②] 将例外条款纳入国际投资协定是改善当前国际投资协定的明智选择,[③]我国自2010年后签订的BIT中普遍纳入了一般例外条款。一般例外条款和安全例外条款与可持续发展目标的实现关系密切,本节将对该条款进行详细阐述。

一、例外条款之定义与内容

(一)一般例外之定义与内容

将《关税与贸易总协定》中的一般例外条款应用于国际投资协定中是国际贸易法与国际投资法融合交叉的重要内容之一。由于例外条款能够豁免东道国为实现公共目的采取措施情形下的国家责任,因此一般例外条款有助于实现东道国权利和责任的平衡。

一般例外条款在世界贸易组织/《关税与贸易总协定》中较为常见,设置该条款的主要目的是保护部分情形下世界贸易组织成员采取与其义务不符的贸易监管措施。该条款已经在国际投资协定中得到广泛采纳,发挥着保护监管措施的作用。尽管传统意义上国际投资法与国际贸易法有着各自的发展轨迹,但是随着全球化的深入出

---

① See Kenneth J. Vandevelde, *Rebalancing through Exceptions*, Lewis and Clark Law Review, Vol. 17:2, p. 449 - 459(2013).

② See Geoge K. Foster, *Investors, States, and Stakeholders: Power Asymmetries in International Investment and the Stabilizing Potential of Investment Treaties*, Lewis and Clark Law Review, Vol. 17:2, p. 361 - 421(2013).

③ See Simon Lestor, *Improving Investment Treaties through General Exceptions Provisions: The Australian Example*, Investment Treaty News, https://www.iisd.org/itn/en/2014/05/14/improving - investment - treaties - through - general - exceptions - provisions - the - australian - example/.

现了二者融合的趋势。① 国际投资仲裁庭与世界贸易组织专家组和上诉机构之间的重叠、国际投资争端与国际贸易争端之间的互相参照佐证了国际投资法与国际贸易法的融合。②

由于投资领域中的例外条款与贸易法存在较多相似性,而《关税与贸易总协定》第20条的解释和适用已经积累了丰富经验。因此对《关税与贸易总协定》第20条的讨论是本节无法回避的内容,该条款在国际投资领域的应用及对监管权的影响也是本节讨论的内容之一。

以2016年印度BIT模板为例,该BIT通过列举的形式规定了例外。该BIT涵盖了一系列的例外情形,其中一些反映了可持续发展要素,如公共道德、公共健康和安全的保护,环境保护以及劳工权利等。这些例外的内容与《关税与贸易总协定》第20条存在较大程度的相似。与该BIT中的例外条款形成参照,2004年加拿大BIT模板中的一般例外条款较之更加复杂,该BIT扩大了一般例外的范围,纳入了诸如文化产业等内容的保护。

(二)安全例外之定义与内容

安全例外条款的设置可追溯至国际贸易组织的起草。在日内瓦会议上,美国等国家决定将一般例外纳入国际贸易组织章程,根据一般例外,涉及可裂变材料、战时交通、提供战时军需的货物运输或物

---

① See Roger P. Alford, *The Convergence of International Trade and Investment Arbitration*, Santa Clara Journal of International Law, Vol. 12:1, p. 35 – 63 (2014).

② See Brooks E. Allen & Tommaso Soave, *Juriictional Overlap in WTO Dispute Settlement and Investment Arbitration*, Arbitration International, Vol. 30: 1, p. 1 – 58 (2014). Jürgen Kurtz, *The Use and Abuse of WTO Law in Investor – State Arbitration: Competition and Its Discontents*, European Journal ofInternational Law, Vol. 20:3, p. 749 – 771 (2009).

资的贸易以及其他国际关系紧张情形下采取的措施独立于其他条款。[1] 该法案最终被1947年的《关税与贸易总协定》所采纳，在第21条中规定了安全例外的内容。

该条款体现了安全例外的基本特点：其一，此例外涵盖了大范围的国内国际层面东道国可能援引安全例外的不同情形；其二，“任何规定”的措辞显示了例外适用于1994年《关税与贸易总协定》项下涉及的所有责任；其三，“认为必要”显示了一般例外条款具有自我判断的属性，允许缔约国自行判定某一情形是否危及国家的核心利益。

国际投资法视野下的国家安全问题是东道国和外国投资者利益平衡的重要议题。2006年经济合作与发展组织成立的“投资自由化、国家安全与战略型产业”项目的研究内容即为国际投资法框架下的国家安全例外。[2] 经济合作与发展组织不仅极力倡导跨国资本自由流动，尽量减少对国际投资限制，同时也意识到了二者利益平衡的重要性，强调对国家必要安全利益的保护，认为对国家必要安全利益的保护是对国外投资保护承诺的例外，且这一实践已被国际协定所采纳。[3]

国际可持续发展组织发布的《2005可持续发展的投资协定模版》第49条“国家安全例外条款”阐释了其具体内容，该条款的内容与美国、加拿大等国投资协定模板的实践相类似，将必要安全利益和联合国宪章项下的国际和平与安全作为国家安全的重要内容。

我国签订的国际投资协定中也包含了国家安全内容。在中国平安保险公司诉比利时案中涉及的两份投资协定：1984年中国与比利

---

① See William W. Burke - White & Andreas von Staten, *Investment Protection in Extraordinary Times: The Interpretation and Application of Non - Precluded Measures Provisions in Bilateral Investment Treaties*, Virginia Journal of International Law, Vol. 48:2, p. 308 - 410(2008).

② See OECD, *Freedom of Investment, National Security and Strategic Industries* Organization for Economic Cooperation and Development Investment Committee, 2008.

③ See OECD, *Internationl Investment Perspectives: Freedom of Investment in a Changing World*, Organization for Economic Cooperation and Development, 2007.

时—卢森堡互相鼓励和保护投资协定与2005年中国与比利时—卢森堡互相促进和保护投资协定中，前一协定在第4条征收条款中包含了国家安全问题的内容，后一协定则在国家安全问题的语言表达上稍有调整，将“公共利益”换作了“国家利益”来表达。从两个协定的内容上来说，安全、公共利益、国家利益涵盖了国家安全问题。在1992年的中国—菲律宾BIT中，国家安全的内容也体现在了征收条款中，其措辞为“国家安全”“公共利益”。

国家安全条款并不是作为国际投资协定中的“必备”内容存在，尽管前述投资协定涵盖了国家安全的内容，但包含安全例外内容的国际投资条约在现行有效的总条约中仍然占比不大。具体到我国的投资条约实践，如果将包含安全例外内容的征收条款排除在外，我国签订的投资协定中，只有少数投资协定设置了专门的安全例外相关条款。例如，2012年中国—加拿大投资协定中第4部分第33条一般例外中规定了安全例外，并在条约第4部分排除了争端解决机制的适用。中国—日本—韩国投资协定的第18条是专门的安全例外条款，规定了在“战争、武装冲突或其他紧急情况”“落实不扩散武器的国家政策或国际协定”情形下保护缔约方“实质安全利益”的例外。

二、例外条款之仲裁实践

（一）一般例外的适用

早期的国际投资协定中极少包含一般例外条款，发展至晚近国际投资协定中的一般例外条款才达成共识。① 国际投资协定中的一般例外条款涉及范围较广，其中包括了环境、公共健康保护等与可持续发展密切相关的情形。

由于一般例外条款在国际投资协定中发挥的作用，一些国家热衷将其纳入国际投资协定，经济合作与发展组织国家中加拿大显示

---

① See Kenneth J. Vandevelde, *Rebalancing through Exceptions*, Lewis and Clark Law Review, Vol. 17:2, p. 449 - 459 (2013).

出了对《关税与贸易总协定》第 20 条的独特兴趣，该国 BIT 模板第 10 条规定了一般例外。无独有偶，诸多国家也显示出了通过一般例外条款达到利益平衡的浓厚兴趣。以澳大利亚为例，澳大利亚将一般例外条款的纳入视为提高当前国际协定质量的重要途径，该国自 2010 年后签订的 BIT 都包含了一般例外条款。① 一般例外条款的大量纳入更加凸显了该条款的重要性。

鉴于含有一般例外的国际投资协定数量只占国际投资协定总量的一部分，且尚无成功援引一般例外的国际投资案例，因此该条款的适用及其在国家监管保护方面的作用仍有待后续的条约实践来检验。尽管《关税与贸易总协定》的例外条款与国际投资协定中的例外条款并不完全一致，但是后者却在极大程度上受前者的影响。因此，对于国际投资实践中一般例外条款的讨论可以从《关税与贸易总协定》第 20 条的适用中得到启发。前文所述国际投资法与国际贸易法之间的交叉和融合是此处参照世界贸易组织实践的重要基础，而在国际投资实践中，不乏仲裁员在解释《国际投资协定》(IIA)中的例外条款时明确参照《关税与贸易总协定》判例进行裁决。例如，在 Continental Casualty 诉阿根廷案中，在判断阿根廷的经济紧急情况是否属于阿根廷—美国 BIT 中的安全例外条款所规定的情形时，阿根廷提出 BIT 第 11 条中的“必要”必须与《关税与贸易总协定》和世界贸易组织案例法中的解释一致。② 仲裁庭对《关税与贸易总协定》和世界贸易组织案例法的重视可以在其裁决中得到印证，仲裁庭认为，“由于第 11 条来自友好通商航海条约，后者影响了《关税与贸易总协定》第 20 条的形成。仲裁庭认为参照《关税与贸易总协定》和世界贸

---

① See Simon Lestor, *Improving Investment Treaties through General Exceptions Provisions: The Australian Example*, Investment Treaty News (May 14, 2014), https://www.iisd.org/itn/en/2014/05/14/improving - investment - treaties - through - general-exceptions - provisions - the - australian - example/.

② See Continental Casualty v. The Argentine Republic, ICSID Case No. ARB/03/9, Award (September 5, 2008), para. 184.

易组织案例法的做法更加合适,原因在于相较于习惯国际法中必要性的要求,前者在由于采取经济措施减损《关税与贸易总协定》义务情形下的必要性要求有着更广泛的经验”①。

由于仲裁庭普遍重视条约制定目标,在对条款进行解释时不可避免地首先考虑保护和促进外国投资。继而引发国际投资实践中的“亲投资者偏见”。参考《关税与贸易总协定》/世界贸易组织判例法的援引情况可以合理推论该条款在国际投资领域的适用机会不会太多。一般例外的适用门槛极高,当国际投资仲裁庭参考《关税与贸易总协定》/世界贸易组织案例法时,很可能会同样用高要求的标准来处理类似案件。

在 Canfor Corporation 诉美国和 Terminal Forest Products Ltd. 诉美国案中,仲裁庭在参考《关税与贸易总协定》判例法时,就显示了其狭隘解释一般例外原则的立场。其裁决书中涉及例外的解释表述为:“本仲裁庭同意在加拿大冰激凌和酸奶进口限制案中《关税与贸易总协定》专家小组的观点‘专家组……注意到,与之前的专家组一样,应该狭义解释例外之规定,并认为这否定了第 11 条 2(C)(i)的灵活解释’。”②不难看出,一般例外条款在仲裁实践中的适用存在极大不确定性。

(二)安全例外条款的适用

《关税与贸易总协定》安全例外条款的自我判断属性可能是该条款适用中最具争议的一点。在该条款的起草过程中,筹备委员会在设计安全例外条款时认为“必须为缔约国保留一定安全措施的自由度”。此外,一些国家也认为,在涉及核心安全利益问题时应自行判

---

① See Continental Casualty v. The Argentine Republic, ICSID Case No. ARB/03/9, Award (September 5, 2008), para. 192.

② Confor Corporation v. U. S., Tembec, Inc. et al. v. U. S. & Terminal Forest Products Ltd. v. U. S., UNCITRAL, Decision on Preliminary Question (June 6, 2006), para. 187.

断且该判断不应受到外部审视。在国际投资仲裁实践中学者对安全例外条款的自我判断观点不一,支持者认为“其认为”的规定说明任何 WTO 成员、成员组、WTO 专家组或其他裁决机构都无权确认成员采取的措施是否满足要求;反对者则认为作为条约术语的安全例外必须按照《维也纳条约法公约》的要求进行善意解释。①

2012 年的美国 BIT 模板是典型的自决类型的安全例外,被其他国家特别是发达国家效仿。经济合作与发展组织的研究和指南均证实了例外条款的“自判性”,指南中还确认了安全问题的自判属性,承认国家有权决定保护其安全所必需的措施。②

国际投资协定中安全例外的范围是决定适用效果的关键性因素。各国家对其国家安全的概念理解不一,导致安全例外不存在绝对一致的范围。例如,2012 年美国 BIT 模板主要适用于两种情形:其一,基本安全利益保护;其二,维护和恢复国际和平与安全。在国际投资协定中“基本安全利益”并不少见,与其他国际投资协定中常见的“公共利益”、“公共秩序”、“国家利益”和“极端紧急情况”等术语一样,“基本安全利益”被用来指向缔约国的政策目标。这些术语存在着差异,其含义和适用范围至关重要。而“极端紧急情况”、“战略产业”和“国际和平与安全”等术语比“公共利益”“公共秩序”“基本安全利益”等术语的范围要狭窄。③ 这些术语的具体适用有赖于个案裁决,因此对个案的实证研究显得格外重要。国际投资争端解决中心仲裁庭在一系列裁决中就曾对阿根廷—美国 BIT 中的安全例外进行了解释,这些裁决对安全例外的具体适用具有重要的借鉴

---

① See Raj Bhala, *National Security and International Trade Law: What the GATT Says and What the United States Does*, University of Pennsyvania Journal of International Law, Vol. 19:2, p. 263 – 371(1998). Roger P. Alford, *The Self – Judging WTO Security Exception*, Utah Law Review, Vol. 3, p. 697 – 759(2011).

② See OECD, *Recommendation of the Council on Guidelines for Recipient Country Investment Policies Relating to National Security*, OECD Legal Instruments: OECD/LEGAL/0372.

③ See UNCTAD, *The Protection of National Security in IIAs*, United Nations, 2009.

意义。

安全例外相关案件很多与阿根廷金融危机相关。2001—2002年发生的金融危机引发了多个美国投资者的仲裁申请,这些申请基于两国之间的BIT提起,被申请方阿根廷援引BIT中的安全例外进行抗辩。

在金融危机前,阿根廷已经面临严重的经济衰退、巨额债务和经常账户的双重赤字。为了恢复经济,阿根廷实施了国内通货紧缩,并试图通过增加财政账户来提高偿付能力。然而,这些措施并未能产生预期的效果,阿根廷无法在不违反可兑换法的情况下贬值其货币。美元的快速外流最终引发了金融危机。作为回应,阿根廷采取了紧急措施控制存款外流,导致了货币紧缩和固定汇率制度崩溃,继而引发经济活动崩溃和大范围的社会动荡。

阿根廷采取的紧急措施对外国投资者造成了严重损失,在金融危机之后的数年里,针对阿根廷的国际投资仲裁案件数量急剧攀升,包括安然诉阿根廷①、CMS诉阿根廷②、LG & E诉阿根廷③、Continental Casualty诉阿根廷④、Metalpar诉阿根廷⑤、Suez诉阿根廷⑥、Total

---

① See Enron Corporation and Ponderosa Assets, L. P. v. Argentine Republic, ICSID Case No. ARB/01/3.

② See CMS Gas Transmission Company v. The Republic of Argentina, ICSID Case No. ARB/01/8.

③ See LG & E Energy Corp., LG & E Capital Corp., and LG & E International, Inc. v. Argentine Republic, ICSID Case No. ARB/02/1.

④ See Continental Casualty Company v. The Argentine Republic, ICSID Case No. ARB/03/9.

⑤ See Metalpar S. A. and Buen Aire S. A. v. The Argentine Republic, ICSID Case No. ARB/03/5.

⑥ See Suez, Sociedad General de Aguas de Barcelona, S. A. and Vivendi Universal, S. A. v. Argentine Republic, ICSID Case No. ARB/03/19.

诉阿根廷[1]、Impregilo 诉阿根廷[2]、埃尔帕索诉阿根廷[3]、BG 诉阿根廷[4]和国家电网诉阿根廷案[5]。这些案件的法律事实极为相近，大部分是国际投资争端解决中心仲裁案，也有部分是《联合国国际贸易法委员会仲裁规则》下的临时仲裁案件。投资者基于阿根廷—美国 BIT 主张阿根廷的监管措施构成了间接征收或违反了公平公正待遇条款，阿根廷一方则援引 BIT 第 11 条安全例外条款辩护。虽然这些案件均基于 BIT 和相似的法律事实，但仲裁庭的判决并不一致甚至出现了矛盾的结论。[6] 裁决的不一致不仅引发人们对安全例外维护国家警察权的疑问，同时也引发了合法性的担忧。[7]

这些仲裁庭共同面临的问题是判断金融危机是否属于安全例外的范围，根据条约，安全例外的援引应包含三种情况：维护公共秩序、维护或恢复和平或安全以及国家基本安全利益的保护。该条文中并未出现“认为必要”（it considers necessary）之措辞，因此该条款是否具有自判性仍未知。

有学者建议对“基本安全利益”进行宽泛解释，主要存在以下几个理由：首先，安全例外的表述并不排除宽泛解释；其次，“基本安全利益”很宽泛且概念模糊，在国际法层面上并不存在统一的定义；最

① See Total S. A. v. The Argentine Republic, ICSID Case No. ARB/04/01.

② See Impregilo S. p. A. v. Argentine Republic, ICSID Case No. ARB/07/17.

③ See El Paso Energy International Company v. The Argentine Republic, ICSID Case No. ARB/03/15.

④ BG Group Plc. v. The Republic of Argentina, UNCITRAL. available at www. italaw. com/cases/143.

⑤ National Grid plc. v. The Argentine Republic, UNCITRAL. available at www. italaw. com/cases/732.

⑥ J. Alvarez, K. Khamsi & M. C. H, *Thjoernelund*, *State of Necessityas an Exemption from State Responsibility of Investment*, in A. von Bogdandy & R. Wolfrum, Max Plank Yearbook of United Nations Law, 2009.

⑦ S. D. Franck, *The Legitimacy Crisis in Investment Treaty Arbitration*: *Privatizing Public International Law through Inconsistent Decisions*, Fordham Law Review, Vol. 73:4, p. 1521 – 1625 (2005).

后,伴随全球化的日益深入,包括金融危机、恐怖主义威胁、突发公共卫生事件等越来越多的新情况将被纳入安全例外。因此,基本安全利益不应仅仅包括传统的外部军事安全,国家内部政治、社会和经济安全也应该被纳入考量。

然而,考察安全例外相关的美国条约起草实践,却能够得到相反的结论,如 K. Vandevelde 提出“对例外的历史考察显示起草者并未考虑将其应用于经济危机”。在国际贸易组织宪章谈判期间,美国提出了详尽的例外,其中详细规定了例外的适用情形,这些列出的情形如裂变材料贸易或军备贸易等均与军事安全有关。

在基本安全利益范围的认定上,上述仲裁庭基本达成了共识:国家的“基本安全利益”涵盖了一般的经济危机。例如,在 CMS 诉阿根廷案中,仲裁庭指出“如果基本安全利益的概念被限定于政治和国家安全关切,特别是具有国际性质的关切,而排除其他利益,如重大经济紧急情况,则可能导致对阿根廷—美国 BIT 第 11 条的理解偏颇”①。尽管仲裁庭在范围上达成了共识,但是仲裁庭在具体处理金融危机的严重程度上却有着不同的态度。例如,在 Enron 诉阿根廷、CMS 诉阿根廷、Sempra 诉阿根廷案中,仲裁庭认为只有“金融危机危及国家生存且该危机本身足以满足安全例外的要求”,才能够援引该例外。与之相反,在 LG & E 诉阿根廷案中,仲裁庭认为金融危机严重到足以“威胁到政府和阿根廷国家的全面崩溃”,并肯定了安全例外的援引。② 在 Continental Casualty 诉阿根廷案中,仲裁庭同样肯定了安全例外的援引,认为基本安全利益并不要求“彻底崩溃”(total collapse)或“灾难性情况”(catastrophic situation)的程度。③ 总体来看,仲裁庭对于安全例外问题的认识存在一定程度的差异。

---

① CMS Gas Transmission Company v. The Argentine Republic, ICSID Case No. ARB/01/08, Award(May 12, 2005), para. 360.

② UNCTAD, *The Protection of National Security in IIAs*, United Nations, 2009.

③ Continental Casualty Company v. The Argentine Republic, ICSID Case No. ARB/03/9, Award (September 5, 2008), para. 180.

尽管有强有力的证据证明美国和阿根廷打算将 BIT 的安全例外规定为自我判断条款并接受善意审查，但并未落实在条约文本中。正由于安全例外条款中没有“其认为”（it considers）之类的明确表述，仲裁庭基于不同的法律依据一致认为阿根廷—美国 BIT 不具有自判属性，①仲裁庭对于自判属性的判断显示了其高度依赖条约文本内容的特点。

三、例外条款的新发展及启示

（一）晚近例外条款文本新发展

晚近缔结的国际投资协定中包含例外条款的协定比例显著增加，②根本安全范围的扩大以及国家管制措施中可持续发展例外内容的增多，显示了例外条款的扩张趋势。这一扩张趋势体现在一般例外条款数量的增加以及例外条款的种类的多样化。

《区域全面经济伙伴关系协定》采纳了较为传统的一般例外和安全例外内容。几乎全盘采纳了《关税与贸易总协定》第 20 条和《服务贸易总协定》第 14 条，仅对其内容做了小幅度微调，同时增加了具体义务条款的例外情形，如间接征收条款中的规制权例外。一般例外被安排在《区域全面经济伙伴关系协定》第 17 章第 12 条，并用注释强调了东道国在保护生命健康以及自然资源时享有合法监管权。《区域全面经济伙伴关系协定》对于安全例外的文本安排体现了强化国家安全的共识。一方面，通过“其认为必要的”文本安排赋予东道国极大的主权空间；另一方面，强调了公共基础设施是安全利益的范畴，反映了东盟国家的一贯立场。

除了传统形式例外条款的存在，一般例外条款还呈现丰富化的

---

① Continental Casualty Company v. The Argentine Republic, ICSID Case No. ARB/03/9, Award (September 5, 2008), paras. 394 – 395.

② See UNCTAD. Mapping of IIA Content[Z/OL],[2022 – 12 – 01],https://investment policy. unctad. org/international – investment – agreements.

演变趋势,部分例外条款在形式上已经脱离了传统形式,呈现出多样性。[①] 特定条款中的例外和规制条款的出现即是力证,前者如2018年欧盟与新加坡投资保护协定中规定的国民待遇例外;后者则主要是美国和欧盟推动下出现的新形式,其本质仍然是保护东道国规制权。例如,《全面与进步跨太平洋伙伴关系协定》第9.16条包含独立的"投资与环境、健康和其他规制目标"条款,缔约方"确保其领土内的投资活动应以对环境、健康或其他规制目标敏感的方式进行"。欧盟—越南2019年BIT第2.2条"投资与规制措施及目的"中也重申了缔约国有权为公共健康、安全、环境等合法的政策目的行使规制权。

国际投资协定中例外条款的扩张之势,显示了正当性危机背景下对国家规制权的保护力度加大,但这一保护限度不应被无限扩大,有批评者认为例外条款的种类增多可能构成对透明度、非歧视原则的违反。例如,2012年美国BIT范本将"履行维持或恢复国际和平与安全的义务有必要的措施"纳入根本安全例外中,这一表述若不加以限制极易导致根本安全例外范围的无限制扩大,违背可持续发展型国际投资法的初衷。因此,国际投资仲裁中面对着对例外条款合理使用、平衡投资者与东道国利益的问题。

(二)例外条款的适用

前述对仲裁实践的讨论证明,例外条款保护东道国公共利益的实际效果存在不确定性,从既往实践来看其实现与两个关键问题密切相关:经贸协定中对于根本安全利益范围以及自我判断属性的约定。

晚近根本安全利益范围的扩大对东道国实现可持续发展目标有着重要影响,传统意义上的根本安全仅限于国家领土完整,因此构成安全利益威胁的往往是军事行为,随着其范围的不断扩大,涉及一国

---

① 参见沈伟、方荔:《比较视阈下RCEP对东道国规制权的表达》,载《武大国际法评论》2021年第3期。

的政治和经济利益、居民生存甚至环境保护都可能成为根本安全利益的内容,由此与可持续发展的联系更加密切。安全利益范围的扩大以及一般例外条款的增多,为一些新出现的国际法问题提供了解决路径,如流行病大暴发可能引发的国际投资争端。自 2020 年新冠疫情暴发以来,各国采取的防疫措施为国际投资活动带来了消极影响,部分措施损害了投资者利益,导致发生国际投资仲裁的风险巨大。尽管各国在行使警察权力时采取的是普遍适用的非歧视性措施,但学者们依然认为在疾病大流行之后东道国将不得不面临投资者的索赔。①国际能源署的报告也证实了疾病大流行危及投资并减缓了人们向清洁能源过渡的脚步。② 国外研究认为应对的关键是引导国际投资的正确流向,通过东道国有效的公共政策、投资者的理性行为和可持续发展体系的稳定性将国际投资引向可持续发展的方向。这一过程中,各主权国家、国际机构,以及国家政府间组织和非政府组织等都将发挥重要作用。③ 为了防止未来可能发生的危机,各主权国家应做好应对准备。

当前已有研究探讨了如何适用例外条款解决投资争端的问题,对其成功适用依然需要围绕根本安全利益范围以及协定中对自我判断属性的认定两个根本问题展开。由于一般例外条款以及特定义务条款中的例外条款分别在公共利益条款一节和征收/公平公正待遇章节部分进行了详细阐释,故此处以新冠疫情应对为例重点讨论适用根本安全例外对于实现可持续发展目标面临的问题。

---

① See Nicholas J. Diamond, *Pandemics, Emergency Measures and ISDI*, Kluwer Arbitration Blog, https://arbitrationblog.kluwerarbitration.com/2020/04/13/pandemics-emergency-measures-and-isds/.

② See International Energy Agency, *The Impact of the COVID-19 Crisis on Clean energy Progress*, International Energy Agency (Jun. 6, 2020), https://www.iea.org/articles/the-impact-of-the-covid-19-crisis-on-clean-energy-progress.

③ See Carolina Arlota, *The Impact of the COVID-19 Pandemic on Foreign Investment and Investment Arbitration: From Energy Transition Disrupted to the Path Forward to a Greener*, The Journal of World Energy Law & Business, Vol. 15:5, p. 382-395.

由于各国缔约实践的差异，新冠疫情相关利益能否为根本安全利益需视协定情况而定，如果协定中未将根本安全利益范围严格限定在军事安全相关内容，则相关利益可能落入其范畴内，如“其他紧急情况”，保护一国公民的生命健康可能会被各国认可为此种情况，但对国家经济利益是否属于此种情况存在争议。① 因此，疫情对国家经济的影响是否构成根本安全利益威胁仍有赖于个案判断，文本内容是仲裁庭判断的重要依据。

例外条款的自我判断属性存在极大争议，在阿根廷经济危机引发的一系列投资争端中该问题被多次提及，仲裁庭对此并未形成完全一致的意见。从已有裁决来看，仲裁庭较多依赖文本进行判断，如文本中包含“it considers”、“in the state’s opinion”或者“it determines”此类表述，则通常认定该例外条款具有自我判断属性。但是，不包含明确自裁性表述的例外条款也并不必然意味着该条款不可裁判，尽管自裁决条款对仲裁庭审查东道国措施设置了限制，但并不可就此断然否定争端的可裁决性。② 由于《关税与贸易总协定》第 21 条是投资协定例外条款的模板，因此世界贸易组织相关报告的内容具有重要参考价值，在 2019 年“乌克兰诉俄罗斯运输限制措施案（DS512）”报告中，专家组认可了各成员国有权自行判断本国根本国家安全利益的内涵，且能够自行决定措施是不是为保护本国根本安全利益而必需的。③ 同时，联合国贸易和发展会议和投资仲裁庭在东道国援引自裁决根本安全例外条款的案件中也肯定了仲裁庭的合法审查权。④

---

① 例如，2005 年 CMS 诉阿根廷案仲裁庭主张经济危机威胁到了国家根本安全利益，而在高度相似案情的 LG & E 诉阿根廷案中，仲裁庭却给出了相反的结论。

② 参见刘京莲：《国际投资条约根本安全例外条款研究》，载《国际经济法学刊》2010 年第 1 期。

③ See Russia - measures Concerning Traffic in Transit, Report of the Panel, WT/DS512/R, paras. 7,138. 对该案的评析可参见张倩雯、王梓萱：《谁来认定国家安全例外——乌克兰诉俄罗斯运输限制措施案评析》，载《情报杂志》2020 年第 8 期。

④ UNCTAD, *The Protection of National Security in IIAs*, *United Nations*, 2009.

既往实践可以证实，自裁性的判断有赖于仲裁庭对个案的考察，新冠疫情是否威胁到国家的根本安全利益需综合考虑投资协定文本中有关根本安全的规定以及是否包含自我判断等措辞进行个案评判。

（三）启示

国际投资协定中的例外条款与可持续发展目标密切相关。许多条约设置例外的目的就是实现可持续发展目标。例如，国际投资协定中的一般例外往往服务于环境保护目标，而后者是可持续发展的核心要素。

晚近国际投资体系中的例外条款较为常见，这些条款主要发挥两个主要功能：其一，对东道国的责任豁免，当一国采取的管制措施有悖于国际投资义务，例外的成功援引能够排除东道国监管措施的不法性；其二，补充作用。根据习惯国际法，特定情形下国家行为的不法性可以被排除，包括不可抗力、必要性等情形。① 而国际投资协定中的一般例外提供了更大范围的排除情形，同时其援引要求也低于习惯国际法。

例外条款的豁免和补充功能将有助于各国实现其可持续发展目标。由于例外条款对国家警察权起到保护作用，国家因此能获得更多自主权采取管制措施。从对国际投资适用的梳理来看，尽管例外条款的设置初衷对可持续发展目标的实现意义重大，但其援引难度较高。迄今为止，有限援引该条款的案例很少成功。与征收和公平公正条款相比，后两者依然是涉及国家监管措施的投资实践中被最多引用的条款。

从我国缔约实践来看，尽管我国较早开始了安全例外条款的条约实践，如中国—奥地利 BIT（1985 年）开始纳入该条款，但当前有效

---

① See United Nations, *Responsibility of States for Internationally Wrongful Acts*, UN Document 2001.

的投资协定中例外条款总体设置不足，部分协定中并不包含例外条款，如2009年中国—俄罗斯BIT、2010年中国—法国BIT。在条款设置上显示出了一定的任意性。① 考虑到安全例外条款对国家安全的重要性，我国应对此加以关注，在缔约和修订投资协定时对其进行及时补充。我国现行有效的国际投资协定中，缺乏安全内涵的合理界定，这与习近平总书记倡导的总体国家安全观相脱离，在全面开放的过程中，应对国家安全的内涵作出适时调整。当前对安全例外的自我判断属性尚存争议，考虑到我国当前发展阶段宜采取谨慎态度，建议对其增加自我判断属性的表述，同时可以通过对东道国施加必要要求，限制安全例外条款的适用。

第五节 可持续发展原则在公共利益条款的融入

一、公共利益条款之定义与内容

在国际投资法领域，公共利益通常指一国基本的法律制度、社会的根本利益和善良风俗。② 一国为健康、环境、可持续发展、社会生态进步等采取的监管措施均属于公共利益范围。由于“公共利益”具有抽象变动的特点，加之其具有一定的妥协性，导致其定义无法明确。③ 公共利益(public interest)、公共目的(public purpose)、共同利益(common interests)、社会利益(social interest)、公共福利(public welfare)等概念尽管形式上存在差异，但表达的内容基本一致：一国公众和国际社会的共同利益应该受到国际法的尊重和保护。与环境保

① 参见沈伟：《国际投资协定中的安全例外条款：全球趋势与中国实践》，载《比较法研究》2022年第6期。

② 参见何其生：《国际商事仲裁司法审查中的公共政策》，载《中国社会科学》2014年第7期。

③ 参见吴岚：《国际投资法视域下的东道国公共利益规则》，中国法制出版社2014年版，第3、8页。

护、公共健康、人权等相关的条款是晚近国际投资协定中典型的公共利益条款。在国际投资协定起草和国际投资仲裁实践中将公共利益问题纳入考量已经成为国际投资领域的共识,①公共利益内容被纳入国际投资协定甚至已经成为南北合作的必要条件。②

近年来,国际投资条约实践充分表达了对公共利益的关切,反映了国际法的人本化需求。如《北美自由贸易协议》正文没有出现的劳工和环境议题,被安排在了《跨太平洋伙伴关系协定》和《美墨加三国协议》正文中。我国高度关注的《全面与进步跨太平洋伙伴关系协定》中制定了高标准的环境保护规则,并单独设置了环境保护国际合作的条款,同时环境条款也被纳入了争端解决机制。

作为中欧经贸关系中至关重要的双边法律文件,中欧全面投资协定代表了全面性和先进性条约的同时,也是我国所签订条约中对可持续投资问题最为关注的条约,其中对于公共利益的规定内容引人关注。③ 尽管《中欧全面投资协定》的生效仍面临较大的不确定性因素,但其文本仍具有重要的研究价值。首先,可持续发展作为条约文本重要的支撑内容存在,体现了对可持续发展的价值追求;其次,条约纳入环境章节,反映了我国当前阶段谈判的创新之举,为可持续发展理念落实提供规则支撑;最后,可持续发展部分规定了分歧处理机制,可操作性强。

对公共利益条款的研究具有重要意义,国际经贸规则新范式中呈现的高保护标准对我国未来参加经贸规则谈判中的文本内容、条款安排都具有重要借鉴意义。本部分将对环境条款、劳工条款和健

---

① See Pia Acconci, *The Integration of Non – Investment Concerns as an Opportunity for the Modernization of International Investment Law Is a Multilateral Approach Desirable*? in Giorgio Sacerdoti, MaraValenti & Anna De Luca, General Interests of Host States in International Investment, Cambridge University Press, 2014, p. 165 – 193.

② 参见金英姬、张中元:《可持续发展强度与参与全球价值链的相关性研究》,载《上海经济研究》2020 年第 9 期。

③ 参见石静霞、陈晓霞:《〈中欧全面投资协定〉:我国商签经贸条约的新范式》,载《国际法研究》2021 年第 5 期。

康条款分别加以论述。

(一)环境条款之基本内容

国际环境法与国际投资法本是两个独立议题,前者往往通过国际环境公约来约束,独立于后者的发展轨迹。不仅如此,在条约制定过程中纳入环境议题极有可能导致东道国对投资吸引力的削弱,[①]随着国际投资的转型,国际投资对环境问题的态度开始发生了变化,环境议题成为投资协定体系中的常见内容。

传统环境条款通常有三种形式:一般例外条款、实体条款中的例外、独立的例外形式。随着环境议题重要性逐步提高,新范式下的经贸规则呈现出新的形式与特点。

例外条款是环境条款的传统形式之一,环境例外可以免除东道国为环境保护采取管制措施引发的条约责任。此种形式的例外条款能够发挥东道国与外国投资者利益再平衡的作用。2004 年加拿大 BIT 模板的一般例外条款涵盖了"保护人类、动物或植物的生命或健康"和"保护生命或可耗尽自然资源"的内容。2013 年中国—坦桑尼亚 BIT 第 10 条第 4 款"健康、安全和环境措施"就以此种形式规定了环境条款。该条款与《关税与贸易总协定》第 20 条要求极为相似,援引要求较高,同时由于条约原文缺少类似于"其认为"的措辞,因此不具备自裁性。

环境条款还可以作为实体条款的例外被纳入国际投资协定中,如间接征收的例外,晚近大多数投资协定均将公共利益作为合法征收的基础要件。例如,2012 年美国 BIT 模板和《综合性经济贸易协议》第 10 章,典型的环境例外条款可见于加拿大 BIT 范本(2004 年),"除非在极个别情况下,当采取的措施比照其目的过于严重以致

---

① See Eric Neumayer, Peter Nunnenkamp & Martin Roy, *Are Stricter Investment Rules Contagious? Host Country Competition for Foreign Direct Investment through International Agreements*, World Trade Organization(Mar, 2014), https://www.wto.org/english/res_e/reser_e/ersd201404_e.htm.

不能被视为是出于善意而采取的,否则缔约方的非歧视性措施旨在用于保护合法的公共利益目的,如健康、安全和环境,不构成间接征收"。根据条款内容,东道国的管制措施若具有非歧视性且能够满足公共利益的目的,除少数情况外,一般不构成间接征收,东道国也无须赔偿损失。

环境例外还可见于公平公正待遇条款中,如 2005 年中国—马达加斯加 BIT 中就包含了此类条款。其表述为"公平公正待遇的法律或事实上的障碍主要是指但不限于:各种限制生产经营手段的非公平待遇、对国内外产品销售的各种非公平待遇以及其他类似效果的措施。但出于安全、公共秩序、健康、道德和环境保护等原因而采取的措施不应被视为障碍"。

公平公正待遇中的环境例外与间接征收条款在内容上相似,尽管该例外的范围较为广泛,但是措辞模糊,"不被视为障碍"(not as obstacles)的表述很难带来绝对的豁免效力。在投资仲裁实践中,仲裁员仍可以按照不符合缔约国真实意图的方式来解释。实体条款中的环境例外是否能够豁免东道国间接征收、公平公正待遇的责任取决于个案裁决。

除上述几种形式外,环境条款也可以以独立的例外形式存在。例如,2007 年的挪威 BIT 模板的规定,是一种具有自裁性的表述,包含"其认为"(it considers)这样的措辞;条款中"采取、维持或强制执行"意味着例外适用范围包括了当前以及未来的措施;而"任何内容"表明环境措施能够豁免该投资协定中的所有义务。

经贸协定新范式下的环境条款呈现出了不同于以往的特征。《中欧全面投资协定》(CAI)和《全面与进步跨太平洋伙伴关系协定》(CPTPP)对我国具有重要的意义,我国是前一协定的缔约方之一,后者则预示着未来环境规则发展的方向,我国对其进展格外关注。对新范式下环境规则的研究将重点聚焦这两份协定。

从内容上来看,《全面与进步跨太平洋伙伴关系协定》极大程度上继承了其前身《跨太平洋伙伴关系协定》的内容,内容总体呈现了传统自由贸易协定的特点。协定的环境章节下包含了概括条款、程序条款和实质性环境议题条款，其中实质性环境议题条款是新增内容。《全面与进步跨太平洋伙伴关系协定》对环境规则高标准要求的重要表现是创设了诸多实质性义务，其中包括了对多边环境协定义务的重申。[①] 新增的实质性义务包括海洋捕捞渔业、臭氧层保护、生物多样性、入侵外来物种、保护与贸易以及环境产品和服务等内容。《全面与进步跨太平洋伙伴关系协定》对环境问题的重视还表现在文本中对合作机制及程序问题的强调。该协定第20章专门规定了环境合作机制，有效搭建了参与成员国环境制度建设的桥梁，成员国需作出相应配合，如指定联络机构。对程序方面的要求包括更大范围的信息公开与公众参与的高要求。

《中欧全面投资协定》在内容上呈现了几个重要特点：其一，环境规则在文本覆盖范围上明显扩张，多个章节都涉及环境议题，如序言、市场准入、监管框架、可持续发展等章节。其二，作为协定的重点章节，“市场准入”也涉及环境议题，显示了协定追求文本协调的目标。其三，与《全面与进步跨太平洋伙伴关系协定》传统的环境保护机制不同，《中欧全面投资协定》中环境保护目标的实现方式更全面。[②] 在可持续发展章节中，协定援引了气候变化在内的国际环境公约，督促协定缔约方履行多边承诺，承诺不得为鼓励投资而降低环境保护水平，就环境议题展开对话和合作，是可持续发展纳入投资议题方面迈出的重要一步。[③]《中欧全面投资协定》文本反映了对可持续发展、平衡理念的追求，这符合南北长远发展需求，其中对环境规则的规定更是超越了既往缔约实践。

---

① 参见唐海涛、陈功：《CPTPP 环境规则：承诺、创新及对我国法完善的启示》，载《重庆理工大学学报（社会科学）》2019 年第 8 期。

② 参见曾文革、刘叶：《〈中欧全面投资协定〉与 CPTPP 环境保护条款的比较及启示》，载《国际商务研究》2022 年第 1 期。

③ 参见叶斌：《〈中欧全面投资协定〉与监管权：战略机遇及外部风险》，载《国际法研究》2021 年第 6 期。

作为国际投资协定新范式，两个协定都表现出对环境保护的高水平要求，根据中欧协定的内容，中国对包括气候变化公约在内的国际环境协定的实施作出了承诺，体现了我国在推动经贸规则绿色化、实现投资领域可持续发展目标的决心。高水平的协定内容为我国带来两个层面的挑战。

首先，《中欧全面投资协定》一旦生效，我国将面临协定环境保护条款在国内的实施问题，这会对我国国内环境法带来一定挑战。《中欧全面投资协定》援引了气候变化在内的国际环境公约，而我国环境法对气候问题尚未有足够的回应，仅有部分地方立法层面的针对性立法，如青海、山西等出台了应对气候变化办法。现阶段环境法体系面对气候变化这类跨区域、跨要素的环境问题捉襟见肘。①

其次，《中欧全面投资协定》中纳入了与欧盟新一代自由贸易协定高度相似的可持续发展章节，这符合经贸协定谈判的本质，即"以国家利益为指针、经济实力和谈判技术为资本的角力游戏"②。对我国而言，我国在环保条款方面的谈判经验不足，较多局限在传统环保规则方面，随着经贸合作的深度、广度的扩展，我国需要在协定谈判中掌握合理限度，规避谈判陷阱，处理好环保与经济发展的关系。在进行协定谈判时应从本国利益出发，而非全盘接受对方提出的条款。

（二）劳工/人权条款之基本内容

劳工/人权已经不只是国际劳工组织（ILO）在关注的问题，而日益成为国际经贸协定谈判中的重要议题之一。关于劳工权利和标准的规定被纳入国际投资协定中的做法已然普遍，在国际投资仲裁中也出现了人权相关的投资纠纷。人权被认为是所有人与生俱来且不

---

① 参见常纪文、田丹宇：《应对气候变化法的立法探究》，载《中国环境管理》2021 年第 2 期。

② 王艳冰：《将环境保护纳入国际投资协定的必要性》，载《法治论丛（上海政法学院学报）》2009 年第 5 期。

可剥夺的权利,而劳工权利则是与人权相关的权利。① 人权公约中规定了部分劳工权利,如《世界人权宣言》(Universal Declaration of Human Rights)第 24 条明确了休息和休假的权利、合理限制工作时间和定期带薪休假属于人权的内容。《欧盟基本权利宪章》(European Union Charter of Fundamental Rights)第 29 条和第 30 条将免遭无理解雇和享有公平公正工作条件的权利视为人权的内容之一。除此之外,其他一些劳工权利尽管并不属于人权的内容,但仍然受一些国家的国内法保护,如工人的最低工资。尽管两个概念之间存在一定的差异,但本研究认为可以将劳工权利理解为特定情形下的人权,在本部分的讨论中,两个概念所表达的意思一致。

晚近国际投资领域中对可持续发展问题的关注引发人权保护的呼声愈演愈烈,部分国家的国际投资协定制定中将劳工权利纳入了实质性条款中,这比早期序言中的人权条款内容更加具体、约束力也更强。劳工保护条款开始频繁出现在美国、比利时/卢森堡、奥地利、日本、加拿大等国缔结的 BIT 中并呈现出多样化的特点。

早期国际投资协定中的劳工条款多以序言的形式出现,1991 年美国—波兰 BIT 序言就明确了投资贸易关系对缔约双方劳工福利水平的促进作用以及尊重基本劳工权利的内容。该内容被 1994 年美国 BIT 范本及其他的美式 BIT 继承。总体来看,这一时期涉及劳工保护问题的序言内容并无可遵循的范式。

投资条约的序言存在无法克服的局限性,无法为缔约各方设定具体的权利义务。美国等发达国家开始尝试在投资条约正文纳入劳工保护条款的内容。典型的人权条款见于 2012 年美国 BIT 范本,其中明确规定了国际劳工组织的核心劳工标准,将国际投资协定与劳动法主流的国际标准相联系。同时,它还明确了不得降低要求来鼓励外国投资,这一内容几乎成为 BIT 劳工保护条款的共同内容,是各

---

① See Virginia Mantouvalou, *Are Labor Rights Human Rights*?, European Labor Law Journal, Vol. 3, p. 151 – 169 (2012).

相关主体利益折中后的策略选择。在国际投资市场中,较低的劳工标准可能作为一些国家吸引外国投资的比较优势,此类条款对于逐步消除"逐底竞争"十分必要。①

区别于美国等发达国家的条约实践,我国一度反对将人权条款纳入贸易和投资条约。② 在我国缔结的较多国际投资协定中,基本不涉及人权保护和国际劳工组织的核心标准,仅有少部分涵盖了劳工权利问题,如我国与新加坡、新西兰签订的 BIT。即使在与发达国家签订的国际投资协定中,人权问题也极少被提及,如 2012 年中国—加拿大 BIT、2013 年中国—瑞士 BIT、2015 年中国—澳大利亚自由贸易协定中都很少涉及这一内容。

在我国早期签订的投资协定中,仅有数份提及了具体的劳动保护条款,主要是通过协定序言和具体条款两种形式来对劳工权进行保护,所涉及的条款形式较简单。例如,中国与文莱之间签订的 BIT 中虽并未明确劳工权的保护,却提及了"人力资源发展"的重要性;2007 年中国与新加坡签订的 BIT 第 5 条规定"对于缔约方任何与第三国或在同一地理区域的国家签订的旨在促进经济、社会、劳动等领域的共同合作的条约,缔约方不得将其义务延伸到另一国国民和公司"。从条约内容来看,我国签订的 BIT 尽管对劳工权有所涉及,但规定的内容并不多,特别是与美国 BIT 范本相比,缺少对劳工保护权的具体范围和缔约双方权利义务的规定。

从劳工保护标准的演进来看,其在国际经贸领域的融入从 21 世纪开始进入"快车道"。不仅在贸易协定中占据了重要位置,投资协定也成为发展中国家推动国际劳工保护发展的重要路径。2010 年后,可持续发展章节成为欧盟缔结自由贸易协定的常规操作,而可持

① See Lance Compa, *Labour Rights and Labour Standards in International Trade*, Law and Policy in International Business, Vol. 34, p. 165 – 191(1993).

② See Daniel C. K. Chow, *Why China Opposes Human Rights in the World Trade Organization*, University of Pennsylvania Journal of International Law, Vol. 35:1, p. 61 – 111(2013).

续发展章节包含了劳工保护的具体义务。《跨太平洋伙伴关系协定》《跨大西洋贸易与投资伙伴关系协定》都是推动劳工标准提升的重要实践。《中欧全面投资协定》的谈判及后续进程中,劳工问题一直是欧盟的重要关注点。由于《中欧全面投资协定》中的可持续发展章节具有欧盟新一代自由贸易协定的特点,此处对欧盟在劳工保护方面的条约实践加以详述。

新一代自由贸易协定中通常包含了劳工保护具体义务的履行、争取尽早批准核心公约的承诺以及"不降低条款"。

常见的具体义务是由《国际劳工组织关于工作中基本原则和权利宣言》确认的4项核心标准:结社自由和有效承认集体谈判权利、消除一切形式的强迫或强制劳工、有效废除童工以及消除就业与职业歧视。实践中在具体义务的范围认定上可能存在分歧,欧盟与韩国发生的争端中,韩国主张协定第13章调整的劳工问题应限定在与贸易有关的范围内,而欧盟则指责韩国—欧盟自由贸易协定生效以来,韩国在相关条款的执行方面明显不足。专家小组认为与贸易的关联性在所不问,自由贸易协定可持续发展章节中的承诺都应被缔约方遵守。①

欧盟自由贸易协定新范式中的核心劳工标准涉及8项劳工权利方面的基本公约,但是通常并不要求缔约方批准这些公约,而是提出了"持续努力"批准基本公约的承诺,而这种承诺在仲裁实践中有被赋予法律约束力的可能性。②

"不降低标准条款"是欧盟自由贸易协定新范式的常规内容,其典型表述为韩国—欧盟自由贸易协定第13.7条"缔约方不得以降低

---

① See Tequila J. Brooks, *South Korea & European Union – Panel of Experts IssuesReport on Labor Issues Raised under EU – Korea Free Trade Agreement*, American Bar Association(Feb., 2021), https://www.americanbar.org/groups/labor_law/publications/ilelc_newsletters/issue – february – 2021/panel – of – experts – issues – report/.

② 参见蒋小红:《欧盟新一代贸易与投资协定的可持续发展条款——软性条款的硬实施趋势》,载《欧洲研究》2021年第4期。

其国内法中的环境和劳工保护标准来鼓励贸易或投资”。

《中欧全面投资协定》谈判的完成，以及2021年我国正式申请加入《全面与进步跨太平洋伙伴关系协定》，标志着我国已经开始接受欧盟的高水平劳工保护标准。尽管当前《中欧全面投资协定》进程受阻，但是协议的生效只是时间问题，因此对条约实施应做好应对。

在劳工议题上，《中欧全面投资协定》援引《国际劳工组织关于工作中基本原则和权利宣言》下的承诺以及国际劳工组织成员国应履行的义务，承诺已批准的国际劳工组织公约的有效执行以及承诺批准国际劳工组织基本公约。仲裁实践中，此类条款具有法律约束力。2021年援引韩国—欧盟自由贸易协定的争端解决专家组报告中，专家组在“持续努力争取批准”（make continued and sustained efforts towards ratifying）的解释问题上，认定其为一项具有法律约束力的义务，需要为批准国际劳工组织核心公约而“持续努力”。这意味着《中欧全面投资协定》通过间接方式引入了劳工保护，承诺主动批准有关强迫劳动的公约。[①] 因此，《中欧全面投资协定》下的劳工条款义务的履行是不得不考虑的问题，尽管《中欧全面投资协定》对于缔约方批准两项强迫劳动公约的时间没有提出要求，但我国需要通过行动来满足“持续努力”的履约要求。此外，对执行已批准公约如何判断并没有明晰的标准，我国迄今为止已批准了20余项国际劳工组织公约，由于《中欧全面投资协定》对已批准公约的有效执行做出了承诺，我国还应对这些公约的执行问题格外关注。

（三）公共健康之基本内容

新冠疫情的大规模流行，对国际投资市场造成了严重冲击，同时也凸显了公共健康在国际投资中的重要性。回顾人类历史上重大的社会动荡和经济危机，几乎都脱离不了随之而来的大量纠纷和诉讼。

---

① 参见叶斌：《〈中欧全面投资协定〉与监管权：战略机遇及外部风险》，载《国际法研究》2021年第6期。

此次疫情传播之广泛、后果之严重引发了多种猜测，相关人士指出此次疫情会产生类似于2001年阿根廷经济危机的效果，疫情防控措施将会引发一系列的投资者诉东道国案件。持反对意见者亦有之，认为投资仲裁机制将有助于防止国家权力的滥用，一定程度上保护外国投资者利益。[①] 国际投资协定中公共健康条款的演进及仲裁实践是本部分重点考察的内容，在此基础上探索疫情可能带来的危机应对。

国际投资领域对于公共健康的关注并不多，20世纪90年代之前缔结的第一代国际投资协定偏重外国投资者保护，通常不涉及公共卫生例外。[②] 这一情形延续至21世纪初，部分BITs开始出现了国家安全例外的规定，但绝大部分的BITs依然没有公共卫生例外的相关内容。20世纪后期开始，国际投资仲裁实践出现了由于东道国保护公共卫生所采取监管措施被诉案件，继而引发了东道国的卫生监管与外国投资者利益保护之间关系的紧张。[③] 东道国的公共健康利益与外国投资者利益之间冲突的协调安排成为重要问题。[④] 1994年《北美自由贸易协议》中的一般例外条款中纳入了“人类、动物或植物的生命或健康”的内容，2004年美国BIT范本也仿效了其做法，将公共健康内容纳入“不构成间接征收条款”的情形，在之后的BITs中得以延续。国际投资协定中的公共健康例外有多种形式，其具体的效力仍需通过仲裁实践检验。

专门的公共健康条款，如巴西—印度BIT第22条、日本—摩洛

---

① See Prabhash Ranjan, *Covid - 19 and ISDS Moratorium - An Indiscreet Proposal*, Opinio Juris(Jun. 15, 2020), http://opiniojuris.org/2020/06/15/covid-19-and-isds-moratorium-an-indiscreet-proposal/.

② See Valentina S. Vadi, *Public Health in International Investment Law and Arbitration*, Routledge, 2013, p.190.

③ See Zamir N., *The Police Powers Doctrine in International Investment Law*, Manchester Journal of International Economic Law, Vol. 14:3, p.318 - 337(2017).

④ See Cosmas J., *Can Tanzania Adequately Fulfill its Public Health Regulatory Obligations Alongside Bilateral Investment Treaties Obligations*, Journal of Politics and Law, Vol. 8:2, p.126 - 136(2015).

哥 BIT(2020 年)第 19 条、日本—乌拉圭 BIT 第 27 条和中国—坦桑尼亚 BIT(2013 年)第 10 条。此情形的公共健康内容可能会与安全、环境措施、劳工标准出现在同一条款内。[①]

一般例外和安全例外的形式。投资协定中的公共健康内容可能以一般例外条款的形式出现,这一形式通常以《关税与贸易总协定》的内容为蓝本。“人类、动物或植物的健康或生命”是经典表述,包含公共健康例外的国际投资协定数量相对较少,如澳大利—乌拉圭 BIT、日本—乌拉圭 BIT(2018 年)、澳大利亚—中国香港 BIT 第 18 条、挪威投资协定范本(2017 年)第 24 条、加拿大投资协定范本(2014 年)第 10 条和中国—加拿大 BIT 第 33 条均规定了健康和环境的普遍例外。

国家安全例外和非排除措施条款也可能起到豁免公共健康管制的效果。此类例外内容为“当前条约不能阻止为了维护国际和平与安全必要的措施的实施”。由于国家安全概念的不断发展,这一概念已经可以涵盖国家基本生命的安全利益以及应对国家和平与安全、经济危机、恐怖主义、突发公共卫生事件或自然灾害严重威胁等内容。当国家切身利益受到大流行疾病威胁时,“国家安全的概念将扩大,包括了对流行病的反应”[②]。

在实质性条款如征收条款、公平公正条款中明确例外情形。美国投资协定范本(2004 年)纳入了间接征收的例外,这一做法被其他国家所效仿。例如,捷克投资协定范本(2016 年)第 5.3 条、澳大利亚—中国香港 BIT 附录Ⅱ征收第 3(b)条和中国—加拿大 BIT 第 10 条征收附录第 3 条均体现了这种变化。

在国际投资协定序言中“公共利益”的规定。例如,澳大利亚—乌拉圭 BIT(2019 年)、澳大利亚—中国香港 BIT(2019 年),前者不

---

① 参见范璐晶:《新冠疫情下国际投资中公共卫生例外条款分析》,载《国际经贸探索》2021 年第 3 期。

② J. Benton, *Health, Trade and Security Among the Ruins*, Duke Journal of Comparative & International Law, Vol. 30, p. 223 – 266(2020).

仅明确指出东道国对公共健康的规制权是其固有权利，还通过穷尽列举的方式表明了公共健康是东道国必须保护的公共目的。

二、公共利益条款之仲裁实践

（一）劳工保护的仲裁实践

1. 危地马拉案

2008 年 4 月，美国劳工联合会—产业联合会（AFL – CIO）和危地马拉的工会向美国劳工部贸易和劳工事务办公室（OTLA）提交投诉，声称危地马拉未能根据多米尼加共和国—中美洲—美国自由贸易协定（CAFTA – DR）第 16 章的要求履行劳动法。① 两个月后，OTLA 开始进行正式审查。2009 年，OTLA 发布了公开报告，指出危地马拉在劳动法的执法方面存在“重大和系统性漏洞”（significant and systemic gaps），却拒绝 AFL – CIO 所称的危地马拉未能有效调查或起诉针对工会会员的暴力犯罪构成 CAFTA – DR 第 16 章义务的违反。OTLA 报告建议危地马拉可采取一系列行动来解决该问题，并决定不进行正式磋商。该办公室提出了 6 个月后美国将根据评估进展来决定下一步采取的措施。在此期间，危地马拉派出劳动监察员前往三个工厂，并在一家工厂解决了一起纠纷。然而另外两家工厂的问题却并未得到妥善解决，其中一家服装厂在没有给工人全额给付的情况下关门，另一家工厂部分被解雇的工人复职，面临新一轮的报复。危地马拉采取的措施并未能有效解决问题，更无法为所有涉及的工人提供补救措施。为了不使该问题陷入僵局，危地马拉工会还向美国政府提交了其他数十起案件的证据。

2011 年，在两国的劳资协商未能取得成果后，美国贸易代表根据

---

① See Public Submission to the office of Trade & Labor Affairs（OTLA） under Chapters 16（Labor）and 20（Dispute Settlement） of the Dominican Republic – Central America Free Trade Agreeement （DR – CAFTA），https://www. dol. gov/ilab/reports/pdf/GuatemalaSub. pdf.

CAFTA－DR 提起仲裁。这是美国首次根据贸易协定将劳工案件提交争端解决。提交申请不久后，两国政府就“劳工执法计划”进行谈判，该计划在 2013 年 4 月签署。危地马拉未能实施该计划的关键部分，一年多后，美国贸易代表处宣布重启仲裁程序。2014 年 11 月美国递交了第一份书面材料，第一次听证会于 2015 年举行，其间经历多次延误，工会材料提交 9 年后，2017 年 6 月 14 日，仲裁小组就该争端发布了裁决。美国主张危地马拉未能如其所声称那样保护劳工的结社自由、调查针对劳工组织者的暴力行为以及执行保护劳工权利的判决。这些主张涉及多个领域的劳工，包括航运、农业以及制造业等。从仲裁结果来看，尽管美国成功证明了危地马拉政府在很多情况下未能有效实施劳动法，但是未能证明这些行为影响了两国之间的贸易。

该案争议点包括两个：其一，危地马拉是否未能按照 CAFTA－DR 在国内实施劳动法，其二，危地马拉未能实施劳动法的行为是否对贸易带来了影响。在认定是否有效实施的问题上，仲裁庭发现，危地马拉事实上未能有效执行法院对涉及组织劳工运动而遭致不公待遇员工的复职，雇主拖欠的遭受不公正解雇劳工的补偿也未能实现。[①]结合被解雇劳工的陈述、与被解雇劳工熟悉的当地劳工组织的陈述以及当地法院判令，美国充分履行了举证责任。[②]

针对该案第二个焦点，美国认为争端中讨论的 8 位雇主通过逃避工人赔偿的方式来节省成本，装卸公司顾客在享受劳动力成本降低时对贸易产生了间接影响，这种影响还可能来自该争端中特定雇主在节省劳动力时，修改补偿条件带来的溢出效应。[③] 危地马拉则主张美国的证据不充分。仲裁庭最终支持了危地马拉一方，认为美国提出的观点与“影响贸易”的含义相去甚远，这种观点意味着“所有

---

① See Guatemala – Issues Relating to the Obligations (U. S. v. Guatemala), Final Report, CAFTA – DR Arb. Panel (June 14, 2017), paras. 285 – 286.

② Ibid., para. 426.

③ Ibid., paras. 446 – 447.

未能有效执行此类法律的行为都会某种程度上影响贸易,从而影响从事贸易的雇主”。[①] 专家组坚称 CAFTA – DR 第 16.2.1(a)应该被解释为涉争议行为“必须通过赋予贸易雇主竞争优势来改变竞争条件”。易言之,必须证明在这种情形下的竞争优势在合理预期的范围内。[②] 最终,仲裁庭认为“美国已经证明,危地马拉在至少 8 个工作场所涉及 74 名劳工的问题上遵照法院判令,造成未能有效实施劳动法的后果,但这些情况并不能构成影响贸易的不作为”[③]。

该裁决至少有三个方面值得关注:(1)对影响贸易的判断问题为此类问题的解决设置了门槛;(2)仲裁庭在贸易与劳工/人权的排序上,并未优先考虑劳工保护目的;(3)国际组织在处理劳工问题上可能发挥的作用。

作为首个依据贸易协定的劳工章节进行争议解决的案件,仲裁庭的决定对劳工保护倡议者来说无疑是沉重的打击,让人不得不质疑劳工保护章节的可行性。从该案的裁决来看,仲裁庭对“影响贸易”的解释无疑为解决贸易中的劳工问题设置了门槛。尽管依据 CAFTA – DR 中的表述仲裁庭需作出上述解释,但它仍然说明了此类案件中对该定义进行了限缩解释。不仅需要证明贸易受到了影响,还必须要证明对贸易的影响是由于“持续或经常性的作为或不作为”造成的。[④] 从该案的经验来看,这一证明过程并不容易。

该案仲裁小组指出了 CAFTA – DR 劳工章节的三个目的“保护、提高和实现基本劳工权利”,“促进自由贸易领域的公平竞争”以及“努力确保第 16.8 条规定的国际公认的劳工权利受到各缔约方法律承认和保护”。但是仲裁庭决定优先考虑“自由贸易的公平竞争”,这与劳工章节的中心目标相背。

---

① See Guatemala – Issues Relating to the Obligations (U. S. v. Guatemala), Final Report, CAFTA – DR Arb. Panel (June 14, 2017), paras. 478 – 479.

② Ibid., para. 480.

③ Ibid., para. 594.

④ Ibid., para. 504.

尽管 CAFTA－DR 是国家之间签订的协议，但该案中最初提请仲裁的主体是工会。这说明在涉及劳工保护问题上，工会以及非政府组织等角色可能发挥重要作用。

2. Piero Foresti 等诉南非案

矿产开发是南非吸收外国投资的重要来源，也是该区域创造就业的重要途径。面对南非矿业的开采发展不均衡问题，同时考虑到历史上存在殖民和种族隔离的因素，南非通过一些“本土化立法”来对其矿业进行规制。① 这种立法规制行为引发了部分投资争议。该案涉及两个“本土化立法”成果：《广义黑人经济振兴法》（B－BBEE）和《矿产和石油资源开发法》（Mineral and Petroleum Resources Development Act, MPRDA）。为使南非当地人参与到经济活动中，南非设立了黑人经济振兴委员会（B－BBEE Commission）和“黑人经济振兴”的立法框架，对在南非运营的企业提出了贡献黑人经济的要求。② 南非矿产资源开发部门据此出台了《矿产和石油资源开发法》，对外国投资者提出了更为具体的要求：实现所有权和管理权的可持续变化；帮助社区、工人、合作社和其他集体企业拥有管理的能力，增加参与经济活动、基础设施建设和技能培训的机会；增加黑人妇女拥有和管理企业的机会，促进投资发展，使黑人有意义地参与经济发展，以实现可持续发展和总体繁荣。③

根据南非《矿产和石油资源开发法》的规定，外国投资者在该国从事矿业开发投资时，投资企业要雇用黑人或其他因历史原因处于不平等地位的南非人担任经理，并转售他（们）26% 的公司股权。2007 年 8 月，意大利投资者 Piero Foresti 及其公司以该法违反了南非

---

① 参见董晓方：《南非矿业在国民经济中的作用》，载《中国国土资源经济》2012 年第 6 期；于立新、王寿群、陶永欣主编：《国家战略：“一带一路”政策与投资——沿线若干国家案例分析》，浙江大学出版社 2016 年版，第 205－207 页。

② 参见国家发展和改革委员会国际合作中心编：《中国双向投资发展报告 2014》，中国市场出版社 2015 年版，第 695－697 页。

③ 参见杨立华：《南非的民主转型与国家治理》，载《西亚非洲》2015 年第 4 期。

与意大利—卢森堡 BIT 中的征收和公平公正待遇条款为由，提请国际投资争端解决中心仲裁。

申请人主张，由于 MPRDA 于 2004 年 5 月 1 日生效，该法案导致原有的某些矿权被废止，结合 2004 年 8 月 13 日的“矿业宪章”①，对申请人运营公司增加了强制股权剥离的要求。② 申请人还主张 MPRDA 和“矿业宪章”构成了南非与意大利—卢森堡 BIT 项下公平公正待遇和国民待遇的违反。

在最终裁决中，仲裁庭并未优先考虑东道国所应承担的劳工保护的国际义务，认为东道国构成了对公平公正待遇的违反。由于投资者成功挑战了南非本土化立法，南非的贸易与工业局在审查了南非签订的 BIT 后，认为 BIT 不仅损害了南非的公共利益，还破坏了社会和经济发展的优先政策，BIT 对投资者的过度保护与南非宪法保护南非人利益的理念相违背。③ 南非前所未有地终止了与欧盟国家和阿根廷签订的多份 BIT。考虑到曾遭遇过的种族问题，南非不得不对人权问题格外重视，将涉及公共利益的投资争端通过国内仲裁或诉讼解决。此外，南非还出台了相关法律，为外国投资提供与本国投资平等的待遇。④

此案引出了国际投资仲裁中的重要问题：国际投资条约义务与人权保护义务发生冲突时该如何选择适用。前述 Piero Foresti 诉南

---

① “矿业宪章”全称《采矿和矿产行业基础广泛的社会经济赋权宪章》，是在 MPRDA 第 100(2)(a)条基础上对其进行了细化。

② See Piero Foresti, et al. v. Republic of South Africa, ICSID Case No. RB (AF)/07/1, Award of the Tribunal (August 4, 2010), paras. 49, 51.

③ See Erika George & Elizabeth Thomas, *Bring Human Rights into Bilateral Investment Treaties: South African and a Different Approach to International Investment Disputes*, Transnational Law and Contemporary Problems, Vol. 27:2, p. 403 – 450(2018).

④ 2015 年南非《投资保护法》(Investment Protection Act) 规定，其目的是依据宪法，以平衡公共利益和投资者的权利、义务的方式保护投资；南非宪法中的人权保护内容和该投资法的内容适用于所有的投资者和投资；投资争议可以由争端任一方提交南非法庭解决。

非案中,东道国以其本国承担的国际强行法义务特别是保护人权的国际义务作为抗辩理由,然而遗憾的是仲裁庭依据国际投资协定中的外资保护义务作出裁决,忽视了作为主权国家的国际义务。无独有偶,在类似的案件中也可以看出仲裁庭在处理此类问题时的偏向性。以 Azurix Corp. 诉阿根廷案为例,该案的申诉方 Azurix 是一家美国公司设在阿根廷的子公司,1996 年布宜诺斯艾利斯市将卫生局服务私有化后,供水服务需要被授予特许经营权,该公司与阿根廷布宜诺斯艾利斯签订了一份特许经营合同,根据合同内容,Azurix 拥有了 30 年的供水服务特许权。受阿根廷经济危机影响,东道国政府实行了管制措施,其中包括拒绝了原告对供水价格调高的要求。Azurix 公司主张东道国政府的行为构成了征收,阿根廷提出了抗辩,认为东道国负有人权条约下的国际义务,应保护消费者权利,这与双边协定对投资者保护义务发生了冲突。阿根廷还提交了 Solomoni 博士的专家意见,该意见书认为,当条约义务与人权条约义务发生冲突时,应优先考虑人权条约的内容。其背后的逻辑是:Azurix 公司的权利属于私人利益,而东道国保护的消费者权利则属于公共利益,在二者发生冲突情形下,前者应让步于后者。仲裁庭并未采纳专家意见,而是支持了申请人的主张。① 仲裁庭认为,阿根廷政府并没有对申请人的主张展开充分抗辩,特别是缔结的投资协定中条约义务与东道国人权保护义务之间存在的冲突内容并未得到充分的论证,仲裁庭更是无从了解东道国两种义务的不一致。②

除了提供专家意见,在阿根廷作为被申请方的其他涉及“公共服务”特许经营合同案件中,法庭之友意见书还尝试用《维也纳条约法公约》第 31.3(C)条的解释路径来解决这一冲突问题。在 Suez 诉阿根廷案中,非政府组织向仲裁庭递交了法庭之友意见书,主张阿根廷

---

① See Azurix Corp. v. Argentine Republic, ICSID Case No. ARB/01/12, Award (July 14, 2006), para. 254.

② Ibid., para. 261.

所采取的措施是国家的合理行为,是人权保护义务的行使。法庭之友意见书中强调了《维也纳条约法公约》第31.3(C)条“是国际法体系的体系原则的体现……该原则的适用,使人权法能够充实BIT的待遇标准内容……从某种意义上来说,协调解释有助于人权法和投资法之间的融合和相互支撑”①。然而,仲裁庭的裁决中并未采纳法庭之友意见书的内容,认为阿根廷所主张的人权义务优于投资条约义务并不存在法律基础。②

仲裁实践中很多仲裁庭在处理劳工问题时秉持审慎的态度,当东道国试图援引国际义务进行抗辩时,仲裁庭很难正面予以承认。

3.欧韩劳工分歧处理案

韩国—欧盟自由贸易协定是欧盟在劳工条款上的首次尝试,在“贸易与可持续发展”章节中包含了专门的劳工和环境内容。该章节在实体上密切联系了国际劳工组织劳工标准,在程序上通过专门的分歧处理机制处理涉可持续发展的争议。

由于韩国未履行韩国—欧盟自由贸易协定所规定的劳工保护承诺,欧盟于2018年年底提出磋商请求,是为本案的开始。双方磋商无果后,2019年7月欧盟提出成立专家组请求,争议随后被交由专家组审议。2021年1月专家组公布报告,裁定韩国违反韩国—欧盟自由贸易协定下的劳工规则。此案是国家在劳工条款方面的重要胜利,对于国际投资中的劳工保护问题具有重要启示。另外,我国对《中欧全面投资协定》非常重视,而《中欧全面投资协定》中涉及劳工

① Suez, Sociedad General de Aguas de Barcelona S. A., and Inter Aguas Servicios Integrales del Agua S. A. v. The Argentine Republic, ICSID Case No. ARB/03/17, Amicus Curiae Brief (April 4, 2007), para. 13. Cited from Daniel Rosentreter. Article 31 (3) (c) of the Vienna Convention on the Law of Treaties and the Principle of Systemic Integration in International Investment Law and Arbitration, Baden - Baden, Nomos Verlagsgesellschaft, 2015:343.

② See Suez, Sociedad General de Aguas de Barcelona S. A., and InterAguas Servicios Integrales del Agua S. A. v. The Argentine Republic, ICSID Case No. ARB/03/17, Decision on Liability(July 30, 2010), para. 240.

问题的规定实际上是韩国—欧盟自由贸易协定的延续，因此，对该案的研读也是对中欧全面投资协定中劳工规则的重要参考。

该案的实质争议焦点主要围绕韩国—欧盟自由贸易协定第13.4.3条展开。缔约方“承诺”（commit to）国内法“尊重、促进和实现”（respecting, promote and realising）有关基本权利的原则。专家组肯定了“承诺”的约束力，缔约方应该承担该条中所提出的“尊重、促进和实现”基本权利的法律义务。① 接下来，专家组针对该条款项下结社自由权利的内涵进行了说明。主要澄清了两个问题，一则国际劳工组织文件包括宪章、基本公约和1988年宣言与韩国—欧盟自由贸易协定之间的关系；二则国际组织文件规定的劳工保护标准在本案中的适用问题。

结社自由是国际劳工组织的“宪章原则”（constitutional principle），专家组认为这一“宪章原则”理应得到成员国的遵守，无须考虑成员国是否批准了基本公约。尽管该案中韩国没有批准第87号、98号公约，专家组仍然认为其有遵守宪章义务——结社自由原则。② 该案专家组在解释劳工标准时引用了案例汇编等国际劳工组织文件的内容，提供了非贸易标准进入贸易领域并具有法律约束力的可能性。③ 这一解释路径将国际组织劳工标准成功转化为缔约方所承担的协定义务，类似地，国际投资协定也存在这一解释路径的适用可能性。

除此之外，韩国—欧盟自由贸易协定第13.4.3条还包含了“各方将为批准国际劳工组织的基本公约以及被国际劳工组织列为‘最新’的其他公约作出持续、不断努力”（Continued and Sustained

---

① See Panel of Experts Proceeding Constituted under Article 13.15 of the EU - Korea Free Trade Agreement, paras. 127 - 129.

② Ibid., paras. 107 - 110.

③ See Louis Koen & Elmarie Fourie, *The Role of International and Regional Instruments with Reference to the Labour and Social Protection of Women Workers in the Informal Economy*, in Stefan van Eck, Pamhidzai Bamu & Chanda Chungu, Celebrating the ILO 100 Years on: Reflections on Labour Law From a Southern African Perspective. Juta and Company, 2020, p. 147 - 172.

Efforts)的规定。欧盟认为韩国缺失了此项义务。韩国辩称该内容的措辞使用了“将”(will),而不是 shall 或 must,意味着此内容并非是一项义务,仅仅是表达了一种意象。① 专家组否定了韩国在措辞上的主张,肯定了该项内容应是一项具有法律约束力的义务,进一步地,专家组分析了该条款义务的要求,认为韩国所作的努力并未低于该条款所表达的标准,并未违反该项条款规定。本案中“持续、不断努力”义务被专家组认定为一项行为义务,由于条款本身并未包含具体的努力形式或成果,专家组以一种谨慎的态度将努力的合理范围控制在高于最小举措或不采取行动的程度。② 这与欧盟委员会副主席 Federica Mogherini 所持观点一致,即“持续、不断努力”的程度是“未批准的国际劳工组织基本公约正进入批准的阶段,各阶段在本质上同属于一个完整的批准进程,而非各自孤立的行为”③。

该案专家组对于劳工规则适用边界和缔约国所承担的义务进行了分析,对理解《中欧全面投资协定》中的劳工条款具有重要意义。《中欧全面投资协定》在继承前者的基础上,有着更为细致和具体的要求,特别是该案所提出的劳工标准对我国有着巨大的现实意义,需未雨绸缪。

经过长时期的发展,劳工权与人权已经紧密联系在一起。作为社会中具有特定身份的群体,劳工权益保护从根本上说是保护劳动关系中的人权。传统国际投资仲裁实践中,国际投资协定是仲裁庭法律适用的主要依据,仲裁庭对人权保护问题鲜少触及。然而在涉及劳工权益/人权保护议题时,劳工条约、人权规则的适用是无法回避的问题。在东道国为其管制行为抗辩时,国家所承担的劳工保护/

---

① See Panel of Experts Proceeding Constituted under Article 13. 15 of the EU – Korea Free Trade Agreement, paras. 282 – 286, 263 – 267.

② Ibid., paras. 277.

③ European Parliament, *Parliamentary Questions – Answer Given by Vice – President Mogherini on Behalf of the Commission*, European Parliament (Feb. 15, 2017), https://www.europarl.europa.eu/doceo/document/E – 8 – 2017 – 003615 – ASW_EN.html.

国际人权义务会成为重要的抗辩理由,如何处理条约义务与劳工权保护等国际义务的关系是投资仲裁实践中的重要问题。

(二)公共健康仲裁实践

Philip Morris 诉乌拉圭国际投资仲裁案

Philip Morris(以下简称 PM)是一家烟草行业的大型跨国公司,拥有多个卷烟加工厂和销售机构,该公司生产的卷烟在全球范围内多个国家和地区销售。旗下品牌“万宝路”是国际烟草市场上的著名品牌,除此之外,PM 还拥有其他品牌如“菲利普 · 莫里斯”“子爵”“万利”等。本案申诉方是 PM 旗下“PM 品牌”、“PM 产品”和“PM 品牌”全资子公司 Abal。早在 19 世纪 70 年代集团就在乌拉圭从事卷烟制品行业,20 世纪上半叶作为集团的全资子公司 Abal 在乌拉圭正式成立,公司主营业务包括卷烟的生产销售和出口,“PM 国际”在 1979 年正式收购了 Abal 公司,并在 2010 年成为 Abal 的直接所有人,与其达成了多个品牌的生产和销售许可协议,Abal 公司因此在乌拉圭销售多个品牌卷烟以及一些乌拉圭商标烟草制品。

该案主要涉及两个措施:“单一外观要求”(SPR)和 80/80 规则。① 根据乌拉圭政府出台的“单一外观要求”,某一注册品牌只允许使用单一外观。这意味着 Abal 投放市场的卷烟产品在同一商标下只能使用一种包装。这一规定内容直接影响了 Abal 等级商标策略。在原有的等级商标策略下,企业可以根据商品的质量、规格、等级等情况在同一商品上视情况使用相同或不同商标,这一策略有助于区分不同商品质量。由于各国采取日趋严格的控烟措施,在等级商标策略下,烟草企业可以在同一商标下选择不同子品牌的卷烟产品,这对严格控烟大趋势下的烟草企业极为有利。在人们对公共健

① See Philip Morris Brands Sàrl, Philip Morris Products S. A. and Abal Hermanos S. A. v. Oriental Republic of Uruguay, ICSID Case No. ARB/10/7, Award (July 8, 2016), para. 153.

康认识逐渐加深的情形下，人们对健康危害小的香烟需求与日俱增，进而催生了一些焦油和尼古丁含量低的子品牌，这些子品牌通常以不同的包装呈现。而根据出台的单一外观要求，所有在乌拉圭市场投放的产品不得不以同一品牌包装呈现。受此影响，申诉方旗下的几个子品牌不得不退出乌拉圭市场。据此，该案申诉方主张乌拉圭政府的行为构成了对 1988 年瑞士—乌拉圭 BIT 项下义务的违反，乌拉圭政府出台的措施影响了公司商标价值，并损害了公司使用商标获取收益的权利。

该案涉及的另一措施 80/80 规则源自乌拉圭公共健康部门颁布的规定，卷烟产品的外包装需包含主要展示区域面积 80% 以上的健康警示内容，在此之前对警示面积的要求是 50% 。申请方认为乌拉圭政府违反了 1988 年瑞士—乌拉圭 BIT 项下的义务。①

该案的申请人 PM 公司涉及国际投资领域关于公共健康的诉乌拉圭（此处讨论的案例）和诉澳大利亚的案件。该案争议涉及间接征收、公平公正待遇、保护伞条款、法庭之友多个问题，此处本研究仅就其中涉及公共健康问题的内容进行剖析。

该案争议点之一是东道国警察权力的行使与 1988 年瑞士—乌拉圭 BIT 第 5.1 条项下条约义务的关系。申请方认为，1988 年瑞士—乌拉圭 BIT 第 5.1 条禁止所有形式的征收，除非以与该条一致的方式作出。而该条内容并不包含保护公共健康这一内容，因此东道国在该案中出于公共健康保护的目的并不能免除政府的赔偿义务。进一步说，东道国警察权力的行使无法构成征收的抗辩理由，不能免除其赔偿责任。在此问题上，仲裁庭提出了不同的观点。仲裁庭主张依照《维也纳条约法公约》第 31.3（C）条的内容来解释 1988 年瑞士—乌拉圭 BIT 第 5.1 条，需要将习惯国际法等调整当事方的

---

① See Philip Morris Brands Sàrl, Philip Morris Products S. A. and Abal Hermanos S. A. v. Oriental Republic of Uruguay, ICSID Case No. ARB/10/7, Award (July 8, 2016), para. 175.

所有国际法规则都纳入考量范围内,当然也包括演进中的习惯国际法。而公共健康保护是国家警察权力核心职能这一内容已经得到了承认,1988 年瑞士—乌拉圭 BIT 第 2.1 条也规定了缔约国以保护公共健康的目的不批准投资的内容。在该案仲裁庭看来,被诉的两项措施完全符合国家警察权力行使的要求:保护公共利益的真实意图、非歧视和比例原则。[①] 单一外观要求和 80/80 规则都是东道国为了保护公共健康而采取的非歧视性措施。两项措施出台后产生的负面影响对于目标的实现是合理的。被诉措施是保护公共健康的有效措施。对于仲裁庭来说,该案中的国家警察权力可以对抗申诉方在 1988 年瑞士—乌拉圭 BIT 第 5.1 条项下的主张。[②]

在认定公平公正待遇问题上,仲裁庭表现出了对东道国公共健康问题举措的绝对尊重。仲裁庭认为东道国采取涉案举措的背景是人类对烟草危害身体已经达成了科学共识,因此应当尊重东道国的举措。针对申请方提出的对 1988 年瑞士—乌拉圭 BIT 第 3.2 条的违反及理由,仲裁庭一一予以驳斥。首先,申请方认为立法具有武断性,东道国出台的法律并非出于公共目的却损害了烟草企业的利益。仲裁庭援引了 ELSI 案中"武断"的标准,即"有意忽略正当程序,撼动或者至少冲击了正义感、秩序感的行为",认定东道国采取的措施并不是武断的。此外,东道国所采取的措施和公共健康之间的密切联系已经得到了世界卫生组织和泛美卫生组织法庭之友意见的认可。[③] 其次,申请方主张东道国出台的两项规定破坏了其投资预期,破坏了其国内法律体系的稳定性。该案中乌拉圭并未对申请方作出

---

① 国家警察权已经在投资条约中有所体现并在投资仲裁实践中得以应用,如美国 2012 年 BIT 范本,加拿大 2012 年 BIT 范本,既往仲裁实践中 Methanex 诉美国案、Chemtura 诉加拿大案均支持了国家享有警察权。

② 参见全小莲:《Philip Morris 诉乌拉圭国际投资仲裁案解读》(上),载《仲裁研究》2019 年第 1 期。

③ Philip Morris Brands Sàrl, Philip Morris Products S. A. and Abal Hermanos S. A. v. Oriental Republic of Uruguay, ICSID Case No. ARB/10/7, Award (July 8, 2016), paras. 390,395 - 396.

保证,且在烟草控制的大环境下,对烟草制品投资环境的期待应是日益严格,且1988年瑞士—乌拉圭BIT第3.2条也并未排除政府出台新规则的权力。仲裁庭最终裁定乌拉圭并未违反1988年瑞士—乌拉圭BIT第3.2条合理预期及法律稳定性的规定。①

该案仲裁庭对东道国的警察权表现出了极大的尊重,特别是该案涉及的公共健康问题具有极强的借鉴意义。仲裁庭详细地说明了涉案措施的背景、烟草控制框架公约在乌拉圭的履行情况、东道国国内控烟政策法规的演进,充分肯定了在公共健康问题上主权国家享有的自主权。同时,该案对作为《世界卫生组织烟草控制框架公约》的缔约国之一的我国也有一定的借鉴意义。根据该公约,缔约国国内公共场合应采取禁烟措施,各种形式的直接烟草广告应受到严格限制,间接烟草广告如烟草冠名体育赛事、体育场馆或扶贫教育基金等也同样受到限制,同时缔约国政府应保护公共健康免受"二手烟"等影响。缔约国还应提供国内司法救济,保护公共健康免受不法烟草广告的侵害。与之相应的,我国的国内法应与国际条约相衔接,有效保护公共健康。

三、小结

直接援引劳工等涉公共利益内容发起仲裁的案例并不多,仲裁实践中以间接征收、公平公正待遇等实质性条款中公共利益作为东道国行使管制权的合理理由更为常见。本部分所涉及的劳动/人权和公共健康实践展示出了公共利益案件裁决的不同特点。就劳动/人权案件而言,无论是新近的美国和危地马拉仲裁还是较早的涉人权问题的仲裁,都显示了实现保护目标的重重困难。首先,当国家需要同时承担投资条约义务和国际人权义务时,投资仲裁庭否定了人

① Philip Morris Brands Sàrl, Philip Morris Products S. A. and Abal Hermanos S. A. v. Oriental Republic of Uruguay, ICSID Case No. ARB/10/7, Award (July 8, 2016), paras. 408 –410.

权义务优先的解释路径；其次，在美国和危地马拉涉及劳工仲裁案件中，尽管劳工章节有效融合了劳工保护与贸易，仲裁庭却通过对影响贸易的解释来设置了高门槛。从仲裁结果来看，劳工保护前景并不明朗。PM 诉乌拉圭案涉及实质性条款间接征收、公平公正待遇条款，仲裁庭判断的实质内容是管制权的合理范围和条件。该案裁决能够实现利益平衡，《维也纳条约法公约》第 31.3(C)条的解释路径发挥了重要作用，同时也说明了基础条约的重要性。该案与美国诉危地马拉案都显示了非政府组织在投资仲裁中实现可持续发展目标上可能发挥的作用。世界卫生组织和泛美卫生组织为 PM 诉乌拉圭案提供了法庭之友意见，在劳工保护一案中，美国劳工联合会—产业联合会和危地马拉的工会发挥了重要作用，尽管在进入仲裁程序过程中，其发挥的空间被严重限缩，但依然可以对非政府组织在公共利益保护上有所期待。

人权/公共健康议题在新冠疫情背景下意义凸显。为防止病毒大肆传播，我国采取了各种限制措施，如交通管制、部分公共场所的关闭、对国际航班的流量限制，严重地区还采取了“封城”的措施。这些措施不可避免地会为外资企业带来负面影响，部分企业的长时间强制关闭，可能带来财产国有化或征收的风险；因配合管控措施而停工停产，不可避免地会对投资者的投资利益带来损失，甚至可能部分外资企业走向破产倒闭。这些国际投资法的重点关注内容，极易引发投资者与国家间争端。① 因此，机构和学者认为可能会有大量投资争端发生。②

---

① See UNCTAD, *Investment Policy Monitor: Investment Policy Responses to the COVID – 19 Pandemic* 12, UNCTAD (Apr. 4, 2020), https://unctad.org/en/PublicationsLibrary/diaepcbinf2020d3_en.pdf.

② See Nicholas J. Diamond, *Pandemics, Emergency Measures, and ISDI*, Kluwer Arbitration Blog, http://arbitrationblog.kluwerarbitration.com/2020/04/13/pandemics – emergency – measures – and – isds/; Ahmed Bakry, *The COVID – 19 Crisis and Investment Arbitration: A Reflection from the Developing Countries*, Kluwer Arbitration Blog, http://arbitrationblog.kluwerarbitration.com/2020/04/21/the – covid – 19 – crisis – and – investment – a rbitration – a – reflection – from – the – developing – countries/.

根据经贸协定或投资合同的仲裁条款,投资者有权就投资相关争端提起投资仲裁,此为东道国卫生措施仲裁讨论的起点。作为东道国,可选择一般例外条款、根本安全例外和特定条款的例外三条路径来进行抗辩,主要取决于各条约的内容安排。[①] 东道国或可援引"人类、动植物生命或健康""公共秩序和安全"等条约内容实现条约义务的豁免。若要成功援引此类例外,东道国需要证明本国为应对疫情所采取措施满足特定的要求。对于一般例外而言,通常要满足"合理性"和"必要性"的要求;根本安全例外条款则取决于条款的自裁性,在缺乏自裁性内容时,取决于个案的仲裁情况;特定条款中的例外,如间接征收和公平公正待遇条款中,东道国通常需要证明几个方面,包括公共利益的合法性、管制措施是善意的,且以非歧视的方式行使,对于管制措施合理性的判断可结合比例原则。

由于新冠疫情的严重性,东道国在应对过程中可能采取了较为严苛的应对措施,这些措施是否能够构成特定条款中的"极少数情况"存在极大的不确定性。

这些条款的援引前提在于条约文本内容的具体安排,对我国而言,"公共卫生和公共健康"例外在现行有效的经贸协定中占比较低,同时例外条款的纳入也不必然意味着东道国责任的豁免。PM 诉乌拉圭案证明了《维也纳条约法公约》第 31.3(C)条能够成为平衡东道国公共利益与投资者经济利益的重要路径。根据该条款内容,其他国际法规则可以被纳入考量。《国家对国际不法行为的责任条款草案》第 5 章中规定了几种排除事由。[②] 新冠疫情的背景下,东道国可以进行不可抗力、危难情形、紧急情况三种情形的抗辩,根据习惯国际法的内容,这些特定情形下的国家不法行为可以被免除国家责任。但是基于这些抗辩的既往实践分析,这些理由在应对新冠防控措施

---

① 参见张倩雯:《新冠肺炎疫情下的国际投资保护与公共卫生治理——以例外条款的适用为视角》,载《人权》2021 年第 4 期。

② 参见漆彤:《新冠疫情下的国际投资仲裁危机及其应对》,载《武大国际法评论》2020 年第 3 期。

引发的仲裁中成功抗辩也并非易事。

基于总体上例外条款的文本性缺位、条约解释路径和其他国际法规则抗辩的困难,我国可考虑从两方面来应对:其一,在经贸协定中加快纳入公共健康等例外条款,在缺位的情形下,扩大解释的根本安全例外条款也可提供合法性抗辩。鉴于例外条款的重要性,其内容的纳入和升级是我国亟须解决的问题之一。其二,新冠疫情之严重,我国不得不采取较为严苛的防疫措施,各级政府在出台相关政策时需控制合理范围和实施措施的正当性。无论何种解释进路,都对东道国管制权提出了一定要求,只有满足一定要求的管制措施才能够豁免责任。

第六节　企业社会责任条款的发展

企业社会责任是对企业施加义务的重要路径,近年来,学界普遍意识到投资者在国际投资活动中承担责任的必要性,对于可持续发展原则的融入而言,企业社会责任条款具有重要意义。

一、企业社会责任之定义与内容

目前对于企业社会责任尚无普遍接受的定义,但通常将其理解为私营企业、组织或其他实体的一种自愿的自我约束行为,它包括了社会在特定时期对该企业/组织的经济、法律、伦理、自主性或慈善方面的期望。企业社会责任涉及多领域内容,包括人权、环境保护、反腐败及其他广泛的社会责任,与可持续发展关系密切。企业社会责任对实现可持续发展目标的促进作用已经得到了主权国家的支持。①

---

① 欧盟在2002年就发布了题为“企业社会责任:对可持续发展的商业贡献”的文件。See *Corporate Social Responsibility: A Business Contribution to Sustainable Development*, European Commission(Aug. 17, 2011), https://ec. europa. eu/transparency/documents – register/detail? ref = COM(2002)347.

一向专注于可持续发展要素的经济合作与发展组织调查显示，“企业社会责任”的表述极少直接出现在条约文本中，但近年来此类表述出现的频率开始提升。[①] 条约语言中的企业社会责任可能以多种形式呈现：条约序言、政策保留空间、不降低标准、缔约国承诺在企业社会责任方面合作、企业社会责任和投资者—国家争端解决之间联系、维持或实施国际公认标准、承诺采取行动打击腐败、鼓励尊重企业社会责任标准等。这些条约语言存在共同的特点，即并非直接规范投资者，而是通过建议或国内法律政策的形式来实现施加企业社会责任这一目标，从这一角度来说，东道国及其母国是企业社会责任重要的监管主体。

从企业社会责任规则的具体纳入路径来看，国际投资协定中的企业社会责任通常包含直接和间接纳入两种形式。前者直接对外国投资者和东道国施加企业社会责任义务，如 2007 年挪威 BIT 范本第 32 条规定了企业社会责任，主要是参照《经合组织跨国企业准则》(OECD Guidelines for Multinational Enterprises)。该条款明确提及了两个与企业社会责任相关的法律文书，《经合组织跨国企业准则》和联合国全球契约，从而将投资协定与企业社会责任的国际法紧密联系起来。但是由于其未将企业社会责任以义务的性质强加给投资者，因此，该条款本质上仍然属于软法范畴。此外，“缔约方同意”“鼓励”这样的措辞表明企业社会责任的实现依赖于缔约国在管辖范围内的具体执行。

2016 年阿根廷与卡塔尔之间签订的 BIT 的第 12 条规定了有关企业社会责任的内容，与《泛非投资守则草案》中的内容相比，该协定中规定的缔约双方“应该努力……”的措辞少了些强制性，相应地降低了投资者的要求。但此类规定依然能够为未来的争议提供一条解

---

① OECD Organisation for Economic Co – operation and Develop, *Employment and Industrial Relations — 2008 Annual Report on the OECD Guidelines for Multinational Enterprise*, OECD,2009.

决路径，即在投资者完全忽略企业社会责任标准的情形下，此类规定能够提供给东道国一个充分正当的理由来指责投资者经营违反条约义务。

同时，不可否认将企业社会责任规则直接纳入协定的形式存在充分的现实基础和优势：其一，投资者对企业社会责任并不陌生，企业社会责任已然通过企业准则的形式植根于诸多跨国企业的公司价值观内，投资者对于条约中的企业社会责任条款已经有了一定程度的认识；其二，许多国家的法律已经包含了企业社会责任的内容；其三，企业社会责任的国际规则存在大量的软法内容，具有较高的灵活性，各国可根据自己的需要进行调整，与耗时冗长的《国际投资协定》谈判相比更为高效。

国际投资协定中另一形式的企业社会责任规则以间接方式纳入。这些条款的目的是保护东道国在采取企业社会责任相关措施时的监管权。企业社会责任与可持续发展的诸多要素存在内容上的重叠，包含了投资者在环境、劳工权利、人权等方面应承担的责任，因此国际投资协定中的环境、劳工权利、人权条款也可以视为企业社会责任的形式之一。

二、企业社会责任的演进

企业社会责任最早由英国学者 Oliver Sheldon 在 1923 年提出，他在《管理的哲学》一书中将企业社会责任与满足产业内外各种人类需要的责任相联系，并提出企业社会责任包含了道德因素。历经演进，企业社会责任已将可持续发展的原则和目标纳入了核心价值中。[①]加拿大政府直接将可持续发展融入了企业社会责任的概念中，

---

① See Michale Kerr, Richard Janda & Chip Pitts, *Corporate Social Responsibility: A legal analysis*, LexisNexis, 2009, p. 23.

将企业社会责任定义为“企业对可持续发展的追求”①。随着可持续发展目标在全球范围的普遍接受,各国纷纷承诺加强可持续发展伙伴关系并实现企业社会责任价值。可持续社区的建设、可持续的消费和生产模式构建、促进持续、包容和可持续的经济增长和工业化等都是承诺目标的内容。②

与此同时,随着全球对话的加深,出现了商业主体与可持续发展议题的深度结合。《工商企业与人权:实施联合国“保护、尊重和补救”框架指导原则》(UNGPs)的通过、联合国全球契约(UNGC)的成立体现了国际社会在社会责任方面的努力。UNGPs 标志着国际工商业与人权的融合,文件阐明了在人权保护方面国家与工商企业的关系及各自发挥的作用。为了推动全球性的可持续商业运动,UNGC 致力于帮助企业将全球契约 10 项原则融入其战略和运营,并得到了很多公司的响应。

从演进历程来看,企业社会责任经历了几个重要的发展阶段。第一阶段以 20 世纪二三十年代的伯利多德论战为标志,伯利(Adolf A. Berle)教授与多德(E. Merrick Dodd)教授就“股东至上”原则、“利益相关者”主义之间的冲突展开了讨论,吸引了学者和企业家的关注和加入,对此后企业社会责任的发展影响深远。多德教授认为企业有义务在获取利润的同时服务社会,然而这一阶段该领域内的主流意识仍然是市场经济下的利润最大化思想。第二阶段从 20 世纪 70 年代开始,企业视利润最大化为其首要任务的意识开始动摇,企业社会责任的概念开始引发大范围关注,1971 年美国经济发展委员会制定的《工商企业的社会责任》中提出了企业社会责任概念的最初模型

---

① Michael Hopkins, *Corporate Social Responsibility: What Is It? What's the Point? How Does It Work?*, in Trends and Issues in Global Tourism, Springer, 2011, p. 281 - 291.

② See Nojeem Amodu, *Corporate Social Responsibility and Economic Globalization: Mainstreaming Sustainable Development Goals into the AfCFTA Discourse*, Legal Issues of Economic Integration, Vol. 47:1, p. 71 - 104(2020).

"三个同心圆"，同一时期，英国的 Elkington 提出了"三重底线"理论，即企业应该满足经济底线、环境底线和社会底线。三重底线理论影响较为深远，其内容得到了一致认可，企业社会责任原则在这一阶段得以逐步确立。在第三个阶段，自 20 世纪 90 年代，随着全球范围的资本流动，企业社会责任原则被推广至世界各地，得到了各国国内立法和国际立法的广泛支持。经济合作与发展组织成员国致力于促进本国跨国公司在海外投资过程中的可持续发展，并纷纷出台相关政策，这些政策内容通常包含两个方面：其一，通过设置激励措施鼓励跨国公司进行可持续性海外投资，同时通过相应的职能部门对其进行监管；其二，为跨国公司履行社会责任设定行为标准，并将此标准设定为获得激励措施的申请条件，行为标准通常包括国内标准和国际组织制定的标准。①

进入 21 世纪，关注企业社会责任的主体在范围上有所突破，如联合国提出的"全球契约"（global compact）指出了企业在追求经济利益的同时应当遵循的 10 项原则，《世界人权宣言》、国际劳工组织的《关于工作中的基本原则和权利宣言》、《里约环境与发展宣言》以及《联合国反腐败公约》为这 10 项原则提供了蓝本；国际标准化组织在其 ISO 26000 文件中指出，企业发展的过程中应考虑可持续发展、社会福利和人类的健康；世界银行在 2016 年批准了在环境和社会责任框架中纳入全面的劳工和工作条件保护标准、非歧视性原则和社区医疗及安全措施等内容，这一全新的环境和社会责任框架有助于脆弱人群和环境的保护。② 此外，世界银行还将环境因素纳入了贷款、投资和风险评估程序。发展至今，企业社会责任已经成为国际投资治理中的重要关注点，并成为国际投资协定中的内容之一。这一

---

① See Riva Krut, Ashley Moretz, *Home Country Measures for Encouraging Sustainable FDI*, UNCTAD/CBS Project, 1999.

② See Operations Division of New Development Bank, *Environmental and Social Framework*, New Development Bank (Mar. 11, 2016), https://www.ndb.int/wp-content/themes/ndb/pdf/ndb-environment-social-framework-20160330.pdf.

过程中,国际组织扮演着重要角色。

这种关注现象的背后存在多重原因:其一,跨国公司在东道国的经营活动区别于本国企业,将对投资母国与东道国之间的关系产生影响;其二,企业的社会责任与可持续发展密切相关;其三,国际社会已经越来越认识到企业社会责任的履行对解决国际发展问题至关重要;其四,随着人权法等相关国际法的长足发展,跨国公司面临越来越多企业社会责任方面的法律要求。①

三、企业社会责任的新发展与借鉴

企业社会责任呈现出法律责任、道德责任和软法责任的多元化形式。② 在国际投资领域,企业社会责任通过对投资者施加义务,平衡东道国与投资者利益。国际投资语境下,现有企业社会责任的内容对投资者的法律约束力存疑。从国际法相关规定的形式来看,企业社会责任大多以建议、软法的形式出现,投资中重要的协定对企业社会责任的具体措辞也使实际法律约束力存疑。

可持续发展国际研究所(IISD)在2006年版《可持续发展国际投资协定范本:谈判者手册》中“投资者和投资义务、责任”部分规定了公司社会责任,在重申了环境、人权、劳工等议题相关国际法规范的基础上,此文件中的企业社会责任对这些国际最低义务进行了补充性规定;2015年联合国贸易和发展会议发布的投资政策框架中为投资者义务提供了若干可选方案,其中包括“鼓励投资者遵守企业社会责任的相关要求”“缔约方之间就企业社会责任开展合作”,联合国贸易和发展会议的投资框架中企业社会责任的内容具有鼓励性质,法律约束力不强。

---

① See Jennifer A. Zerk, *Multinational and Corporate Social Responsibility: Limitations and Opportunities in International Law*, Cambridge University Press, 2007, p. 151 - 160.

② 参见黄志雄、左文君:《企业人权责任的新发展——从2003年〈责任准则〉草案到2011年〈指导原则〉》,载《哈尔滨工业大学学报(社会科学版)》2012年第3期。

我国在 2021 年正式提交了加入《全面与进步跨太平洋伙伴关系协定》申请的书面信函,其中的企业社会责任内容对我国具有重要意义。《全面与进步跨太平洋伙伴关系协定》第 9.17 条为“企业社会责任”,其内容为“缔约方重申每一缔约方鼓励在其领土内运营或受其管辖的企业自愿将该缔约方赞同或支持的企业社会责任的国际公认标准、指南和原则纳入其内部政策的重要性”。“鼓励”“自愿”的措辞说明条约对缔约方和企业施加的此项义务很难达到强制执行的程度。对于缔约方来说,只要“重申”企业社会责任标准、指南和原则纳入内部政策的“重要性”,即达成了条约义务,对企业社会责任履行情况的监督、实施等内容则不在此条约义务范围内。此外,《全面与进步跨太平洋伙伴关系协定》的其他公共利益条款中也涉及企业社会责任的内容,如《全面与进步跨太平洋伙伴关系协定》第 19 章是劳工章节,第 19.7 条规定了“每一缔约方应努力鼓励企业自愿采用该缔约方批准或支持的关于劳工问题的企业社会责任倡议”。该协定环境部分同样包含企业社会责任的内容,第 20.10 条规定了缔约方“鼓励”跨国企业“自愿在政策和实践中采取与环境相关的企业社会责任”。在特定章节中的企业社会责任条款同样显示了协定并未对企业社会责任的实现施加“强制性”义务,缔约国和企业在该项下的义务较易履行。

在国际法尚未对企业社会责任形成强有力约束情形下,各国国内法成为企业社会责任落地的重要路径。印度因其将企业社会责任融入国内法的实践而被视为“金砖五国企业社会责任立法的奠基石”①。2013 年印度将社会责任条款纳入公司法,为企业社会责任赋予了严格的法律约束力。该法规定一定规模的企业需要设置企业社会责任委员会,委员会应制定实施企业社会责任的策略并向董事会

---

① Caroline Van Zile, *India's Mandatory Corporate Social Responsibility Proposal: Creative Capitalism Meets Creative Regulation in the Global Market*, Asia – Pacific Law & Policy Journal, Vol. 12:3, p. 269 – 304(2012).

汇报策略及花费情况,同时该法律对社会责任的支出比例也提出了要求。在企业既没有承担企业社会责任,也没有合理解释的情形下,将处以5万—250万卢比的罚款,董事也可能被处以监禁和罚款。在印度公司法案颁布实施后,法学家、经济学家对其实施效果进行了系统分析,结果显示尽管印度强制性企业社会责任在一定程度上提高了印度企业社会责任水平,但仍存在一定弊端。首先,印度强制性企业社会责任对企业社会责任的促进水平并不及预期;其次,印度强制性企业社会责任出台导致企业和股东价值减损,遭到商界诟病。①

我国与印度同为发展中国家,印度的实践经验对我国有着重要借鉴意义。现阶段我国企业社会责任的国内立法层面主要包含以下两方面内容,其一,强制性法律中的原则性规定,如《公司法》规定了公司社会责任的承担,但并未对其细化,股东、董事等不承担企业社会责任方面的强行法责任;其二,建议性规定,如国有资产监督管理委员会《关于中央企业履行社会责任的指导意见》(已失效)规定了"定期发布社会责任报告或可持续发展报告,公布企业履行社会责任的现状、规划和措施"。

对印度经验的借鉴与否和借鉴程度应在综合考察的基础上展开。首先,就企业社会责任作为国内强行法本身来看,印度企业社会责任的提高以对企业及其股东利益受损为代价,此举极易带来恶性循环,企业利益减损导致其用于可持续发展方面的支出减少,继而对后者的实现带来重重障碍。与此同时,发达国家的跨国企业却可以通过跨地区的投资活动转移此种企业社会责任压力,满足高水平企业社会责任的要求同时又不损害本公司利益。对我国而言,低廉的劳动成本、低企业社会责任支出水平和较低的法律约束依然是当前吸引外资的重要着力点,因此,我国无法全盘照搬印度的实践,而应选择构建与当前经济水平相匹配的企业社会责任法律体系。

---

① 参见华忆昕:《印度强制性企业社会责任立法的中国启示》,载《华中科技大学学报(社会科学版)》2018年第3期。

其次，印度强制性企业社会责任的重要背景之一是对外国投资的妥协。安然事件之后，西方资本对印度可能存在的风险颇为关注，提出企业社会责任方面的诉求，加之社会责任标准（SA8000 标准）的出台为这一诉求增加了砝码。修改后的公司法案一方面被媒体加以美化，另一方面印度对外资的需求也是法案说服议会通过的重要原因。① 在此特定环境下发展起来的印度强制性企业社会责任制度更像是“国际势力舆论压迫和国内社会高度不稳定环境下揠苗助长的产物”②。作为新兴市场的我国与印度面临的问题在有一定共性的基础上同时也有所区别。中欧投资协定的内容显示了我国对欧盟模式很大程度地包容，说明我国在国际投资问题上存在一定的妥协态度。同时，由于我国与印度在世界投资市场中的地位有所差别，因此我国在此问题上不必完全退让，应结合我国国情和特殊性，长远规划实现路径。

由于现阶段协定中对企业社会责任的要求较为宽松，义务的履行较为容易，我国对经贸协定中的企业社会责任立法可持开放态度。与此同时，我国需要关注相关的立法动态，欧盟近年来显示出加强可持续发展条款实施保障的趋势。2018 年欧盟出台了《15 点行动计划》，力求加强自由贸易协定中可持续发展条款的实施力度。在原争端解决模式不变的情况下，采取多重措施促进其实施，这些措施由欧盟负责实施，涉及 15 个方面，其中包含了要求企业承担社会责任的内容。③ 一旦企业社会责任的保障性规定被欧盟推动成为新一代经

---

① See Caroline Van Zile, *India's Mandatory Corporate Social Responsibility Proposal: Creative Capitalism Meets Creative Regulation in the Global Market*, Asia – Pacific Law & Policy Journal, Vol. 12:3, p. 269 – 304(2012).

② 华忆昕：《印度强制性企业社会责任立法的中国启示》，载《华中科技大学学报（社会科学版）》2018 年第 3 期。

③ European Commission, *Feedback and Way Forward on Improving the Implementation and Enforcement of Trade and Sustainable Development Chapters in EU Free Trade Agreements*, EU(Feb. 26, 2018), https://trade.ec.europa.eu/doclib/docs/2018/february/tradoc_156618.pdf.

贸协定的内容之一，将不可避免对我国企业社会责任的立法带来挑战。国内法层面，我国在企业社会责任问题上已经达成了基本共识，并得到了6大相关方的认可，包括政府层面通过多种方式引导、行业为企业提供专项服务、企业主动多元化实践企业社会责任、社会层面的支持以及国际合作层面的互相促进和发展。现阶段我国应立足国情，明确长期立法目标，包括企业社会责任法律体系的构建。短期内可考虑先细化公司法中对企业社会责任的规定，包括对股东会和董事会施加部分企业社会责任，以及增加企业对企业社会责任自主选择权的内容等。

本章小结

可持续发展原则在国际投资领域的融入，对国际投资条约范式提出了要求。除了可持续发展章节、规则的纳入之外，一些关键的实体规则对于可持续目标的实现具有重要意义。本章通过对这些实体规则和仲裁实践的批判和解构发现：国际投资条约需通过规则的合理设置来保护东道国警察权，同时应考虑对投资者施加劳工保护、环境保护等方面的责任。

范式的重构应立足规则现状，当前研究发现各规则呈现出不同特点：间接征收条款和公平公正条款都存在着与合法管制之间边界模糊的问题，需通过仲裁庭合理解释加以厘清，二者在甄别路径上有所区别。例外条款承担着安全阀的作用，为国家警察权的行使保留了空间，但仲裁实践显示该条款实际效果仍不理想。单独设置高水平公共利益条款的协定并不多，相关实践也显示了劳工保护目标的实现面临困难，发达国家近年来极力推动高水平劳工保护标准，各国家应根据实际情况进行选择。

关于平衡范式国际投资协定的讨论，离不开投资者义务问题。企业社会责任是施加投资者义务的理想路径，仅有少部分在国际投资协定中设置相关规则,这一新发展方向应引起重视。

本研究认为,不同实体规则将在可持续发展型国际投资中发挥不同的功能,应根据条款现状作出理性选择和规划,总体目标是构建平衡范式的国际投资条约。

第三章　国际投资法透明度条款：可持续发展融入的重要依托

可持续发展目标的实现离不开透明度条款的依托，国际投资仲裁涉及诸多公共利益保护案件，这些案件的仲裁过程、裁决结果需要达到东道国公共利益与投资者经济利益之间的平衡。这一目标的达成既离不开实体规则，同时也需要程序规则赋予其生命力。本章所讨论的透明度条款主要聚焦于投资者—东道国仲裁中的透明度，透明度至少能够从两方面发挥利益平衡作用：其一，仲裁过程中的透明度通过维护公众知情权的方式推动相关利益方维护公共利益；其二，法庭之友为第三方提供参与仲裁的机会，为仲裁庭提供相关信息。

在国际经贸规则转型过程中，程序规则也经历着变革，其中透明度是重要变革内容。《中欧全面投资协定》《全面与进步跨太平洋伙伴关系协定》《美墨加三国协议》等经贸协定的内容都体现了对该问题的重视，《中欧全面投资协定》体现了高透明度的要求，透明度规则成为贯穿协定始终的重要原则，缔约国政府在颁布劳工、环境法律法规的时候需要遵守协定透明度的要求。同时，该协定的可持续发展章节有专门的分歧解决规定，是我国签订的新一代经贸协定中的新颖内容。

尽管相关程序规则呈现出高标准发展的趋势，但从程序规则的全局来看，依然存在透明度要求程度不一、法庭之友缺乏统一标准以及仲裁庭的裁决也大相径庭的问题。本章以时间演进为基本线索，力图剖析规则现状及存在的问题，为我国提供政策指引。

第一节 透明度内涵及基本情况

透明度通常是指负有披露义务的一方,依据法律规定将信息对外公布,目标是消除信息的不对称,确保受信息影响的公众知晓。① 透明度规则在国际法领域尚不存在明确界定,从经贸规则发展来看,争端解决透明度和实体义务透明度是其应有之义。前者主要指投资者—国家争端解决机制中涉及的透明度问题,后者则涉及法规政策、信息提供和公开。

尽管学界对于投资透明度尚无公认的定义,但是透明度却是可持续发展目标实现中不可回避的重要内容。投资者与国家间投资争端的本质是二者之间在公共利益问题上的纷争,因此必须重视程序的公开透明,克服传统投资仲裁对保密性过分强调的缺陷。② 梁丹妮在对《北美自由贸易协议》投资争端仲裁程序透明度的研究中指出,公众希望争端解决程序公开、披露更多信息,特别是在涉及公共利益的领域如环境保护、公共健康等,同时,非政府组织和利益团体应作为法庭之友参与到仲裁过程中。③ Catherine A. Rogers 在其《国际商事仲裁的透明度》(Transparency in International Commercial Arbitration)一文中将透明度分为三个层面来论述:一为公众参与;二为公共信息的披露;三为"透明度"。④ 国外研究认为透明度呈现出了范围

---

① 参见张建军:《国际投资协定之透明度规则研究》,中国社会科学出版社 2016 年版,第 26 页。

② See Van Harten G. , *Investment Treaty Arbitration and Public Law*, Oxford University Press, 2007, p. 45 – 151.

③ 参见梁丹妮:《国际投资争端仲裁程序透明度研究——从〈ICSID 仲裁规则〉(2006)和〈UNCITRAL 仲裁规则(修订草案)〉谈起》,载《国际经济法学刊》2010 年第 1 期。

④ See Catherine A. Rogers, *Transparency in International Commercial Arbitration*, Kansas Law Review, Vol. 54, p. 1301 – 1337(2006).

扩大的趋势,最初只强调基本的信息交换,现在已经突破了原有的范围,主体从事的活动的参与也是透明度的应有之义。[①]

透明度原则发轫于贸易规则,并向投资领域不断延伸,近年来在区域性贸易协定和投资协定中呈现出基础性地位不断增强的特点。投资规则中的透明度原则经历了从法规公开原则性规定到内容不断丰富、操作性不断提高的过程。[②] 有学者认为透明度已然发展成为投资协定中的"法定义务"。[③] 考虑到本研究主题,本节重点聚焦在法庭之友和信息公开问题上。

一、法庭之友的基本情况

法庭之友(amicus curiae)作为法律术语最早见于罗马法,根据布莱克法律词典的定义,法庭之友通常充当临时法律顾问或协助解决问题的角色,包括对案件中的法律问题陈述意见或提醒法官某些法律事项。[④] 在诉讼过程中,法庭之友是独立于诉讼参与人的第三人,通常是与案件诉讼标的或最终结果有一定利害关系的第三人。[⑤] 法庭之友在涉及公共利益的诉讼中较为多见,与可持续发展密切相关。

梳理该制度的发展历程可以更好地理解法庭之友在投资仲裁中的出现及发展现状,接纳法庭之友的第一案 Methanex 案仲裁庭是以 1976 年《联合国国际贸易法委员会仲裁规则》第 15 条第 1 款规定的广泛自由裁量权为法律基础的。根据该条款,仲裁庭在仲裁程序的合适阶段应给各方当事人陈述案情的机会。同时,受《联合国国际贸

---

① See Jose E. Alvarez & Karl P. Sauvant, *The Evolving International Investment Regime, Expectations, Realities, Option*, Oxford University Press, 2011, p. 308.

② 参见林进:《国际经贸规则重构中的透明度原则——以中欧投资协定为视角》,载《中国外资》2022 年第 5 期。

③ 参见齐湘泉、姜东:《国际投资争端解决中的透明度原则》,载《学习与探索》2020 年第 2 期。

④ See Black Law's Dictionary (9th ed.), West Group, 2009, p. 98.

⑤ 参见肖永平、李韶华:《美国法庭之友制度的价值纬度与实证研究》,载《东方法学》2011 年第 4 期。

易法委员会仲裁规则》第 25 条第 4 款规定的限制,仲裁庭拒绝了法庭之友的其他要求。根据该案的裁决可以看出仲裁庭的基本态度,即仲裁庭无意突破仲裁的意思自治,而是在仲裁规则的权限内行使了仲裁庭对法庭之友的权限,并力图在公共利益和程序保密性之间达到一定的平衡。

国际投资仲裁实践中,法庭之友的类型呈现多样性。非政府组织、东道国当地居民、行业协会、学者或研究机构等都可能成为法庭之友。其中,非政府组织是法庭之友最早也是最常见的一类主体。非政府组织的成立目的往往与公共利益密切相关,部分非政府组织会对本国甚至国际规则发挥重要作用。例如,国际环境法中心、国际可持续发展研究院在透明度规则的起草过程中发挥了重要作用,在非政府组织的推动下透明度规则才得以成为联合国国际贸易法委员会工作组的工作议题之一,成为仲裁规则的修改中优先推进的工作内容。① 在国际投资仲裁中,东道国居民的利益未得到全面保护的情形下,当地居民可以法庭之友的身份参与仲裁,如 Glamis Gold 诉美国案中,受案件影响的居民和矿业组织就由非政府组织的代表来提出参与仲裁的申请。

在 Eli Lilly 诉加拿大案中,加拿大和美国的行业协会、商会主张仲裁裁决对自身或所从事行业可能带来重大影响,另有学者、研究机构等主体也提出了法庭之友申请,最终美国制造业协会和 7 名学者作为法庭之友提交了书面意见。② 在 PM 诉乌拉圭案中,世界卫生组

---

① See UNCITRAL, *Report of Working Group Ⅱ(Arbitration and Conciliation) on the Work of its fiftieth session(New York, February 9 – 13,2009)*, UN Document A/CN. 9/669.

② See Eli Lilly v. Government of Canada, Case No. UNCT/14/2, Amicus Curiae Submissions by the Canadian Generic Pharmaceutical Association, Amicus Brief of the National Association of Manufacturers(February 12, 2016). Application for leave to file a non-disputing party Amicus Curiae submission by intellectual property law professors(February 12, 2016).

织也申请以法庭之友的身份参与仲裁。①

学者考察国际投资条约对法庭之友参与仲裁的要求后归纳出以下几点:其一,申请者能够为仲裁庭的裁决过程提供帮助,包括在事实或法律方面的帮助;其二,申请者需要提交与仲裁争议相关的内容;其三,申请者与案件争议存在利害关系;其四,仲裁案件是否涉及公共利益。除此之外,法庭之友的参与不得妨碍仲裁的正常进行。②从文本层面来看,投资条约中对法庭之友的要求与投资规则的要求基本一致,只在个别规则中存在细微差别,如2006年版《国际投资争端解决中心仲裁规则》第37条并未提及仲裁案件涉及公共利益的要求,而中国国际经济贸易仲裁委员会《国际投资争端仲裁规则(试行)》第44条、斯德哥尔摩商会仲裁院(SCC)仲裁规则附录三中法庭之友的规定与其基本相同。

二、信息公开的基本情况

投资仲裁的信息公开通常是指仲裁案件有关的信息的披露。根据《贸易法委员会投资人与国家间基于条约仲裁透明度规则》(以下简称《透明度规则》)中的分类,投资仲裁公开的信息共有以下三类:仲裁程序启动时公布的信息、仲裁程序中的文件和庭审信息。国际投资条约中的公开条款是实现仲裁程序公开的最直接做法,晚近投资仲裁公开条款以"美加范式"和"欧盟范式"为典型代表,对仲裁程序公开化发挥了重要推动作用。2004年加拿大发布的《外国投资促进与保护协定》第38条是对投资仲裁公开的直接规定,根据该规定,仲裁的庭审和裁决均要公开;除当事人达成合意外,仲裁庭发出的和当事人提交给仲裁庭的文件原则上公开。美式范本公开程度更高,

---

① See Philip Morris v. Oriental Republic of Uruguay, ICSID Case No. ARB/10/7, Written Submission (Amicus Curiae Brief) by the World Health Organization and The WHO Framework Convention on Tobacco Control Secretariat (January 28, 2015).

② 参见刘璐:《论国际投资仲裁中法庭之友的参与》,载《经贸法律评论》2021年第3期。

2004年美国BIT范本对公开内容设置了较为广泛的范围，包括庭审、仲裁程序中的相关文件和裁决公开，可以说几乎涵盖了整个仲裁过程的全部文件。根据2004年美国BIT范本第29条第1款和第2款的规定，被申请国“应当”在收到仲裁意向书、仲裁通知、诉状、备忘录及其他争议方提交仲裁庭的重要文件，按照第28条第2款（非争端缔约国的意见）、第3款（法庭之友意见）及第33条（合并仲裁）提交的书面文件、仲裁庭庭审笔录（如有）、仲裁庭的命令、决定和裁决后，及时发送给非争端缔约国，并向公众公开上述文件。

与美加范式相比，欧盟范式中信息公开的范围更加广泛，规定的内容更为完善。不仅将仲裁前的磋商请求、专家报告和证据等作为信息公开的内容，同时将仲裁员的回避纳入了信息公开的范围，表明了欧盟对仲裁公信力的重视。

美加范式、欧盟范式对其他国家和地区的信息公开产生了重要影响。作为美国范本的忠实拥护者，澳大利亚在和智利、韩国签订的贸易协定中极大程度地吸收了美国的做法，从设计理念和文本内容上与美国2004年BIT和2012年BIT范本高度相似。影响的波及范围远不止于此，2016年我国香港特别行政区与智利签订的BIT充分借鉴了澳大利亚—智利自由贸易协定中透明度的规定。由于发达国家在双边条约中的优势地位，更便于其影响其他国家特别是发展中国家在信息公开上的立场。例如，在加拿大2014年、2017年签订的数份双边条约中都能够清晰看到其在信息公开问题上的倾向性。①

投资仲裁实践中，仲裁规则在解决信息公开问题上能够发挥重要作用，根据历年数据可以推断绝大部分投资争议适用《国际投资争端解决中心仲裁规则》《联合国国际贸易法委员会仲裁规则》推进仲裁。在投资协定存在信息公开内容缺失的情形下，仲裁规则能够有效弥补这种缺失。

在晚近投资仲裁透明度改革推进下，仲裁规则开始逐步推进信

① 参见丁丁、刘璐：《论国际投资仲裁的公开》，载《国际法研究》2019年第1期。

息公开化。在早期阶段特别是2003年前,仲裁相关的信息公开内容仅限于“仲裁存在”的信息。自国际投资争端解决中心设立后,国际投资争端解决中心秘书处依据其组织规定公开登记信息、程序终止的信息,对于重要仲裁的裁决内容态度则十分谨慎,裁决的公开必须经当事人同意。从2003年开始,国际投资争端解决中心对待信息公开的态度开始转变,仲裁庭适用法律规则的部分内容得以被公开。1986年版、1984年版、2003年版的《国际投资争端解决中心仲裁规则》均对仲裁口头程序的参与人进行了限定,只有仲裁庭、争议双方及其代理人、律师、证人和专家可以参加。而2006年版《国际投资争端解决中心仲裁规则》有所放宽,咨询秘书长后,仲裁庭可以决定其他成员参与庭审,包括非争议双方、代理人、律师、证人或专家。易言之,庭审的私密性有所突破。尽管规则层面信息公开实质性突破的过程较为迟缓,但仍能看出国际投资争端解决中心在此方面的努力。2006年版《国际投资争端解决中心仲裁规则》第48(4)条规定了文件公布需要以双方同意为前提,且对公布的内容有所限制,以程序性文件居多。2019年版拟修订的仲裁规则扩大了文件公开的程度:第一,在之前规则以当事人同意为前提公开仲裁裁决基础上,增加了“视为同意”内容。“文件发送后的60天内,若当事人都未反对文件的公开,则视为同意公开。”第二,若仲裁当事方不允许文件公开,秘书长在当事方拒绝的60天内向当事方提交摘录,各当事方可向秘书长提交意见,秘书长在收到并考虑意见后有权将裁决文件摘录公开。

联合国国际贸易法委员会的《透明度规则》对信息表现出更为开放的态度,根据2013年《联合国国际贸易法委员会仲裁规则》第1条第4款的规定,在满足《透明度规则》第1条规定的情况下,《联合国国际贸易法委员会仲裁规则》将合并适用《透明度规则》。

联合国国际贸易法委员会还设立了已公布信息储存处,大大提高了公开文件的获取便利度。在启动仲裁程序后,信息储存处收到申请人和被申请人的仲裁通知副本后,需要立即公开争议的基本信息,包括当事人名字、争议所涉行业和申请人依据的协定。对仲裁程序中收到、发出的文件内容,包括对其中受保护文件内容合理处置后,都要尽早发送至信息储存处,再由后者将信息进行公开。仲裁庭与争议各方通过协商决定庭审的公开与否及公开程度。此外,还可以在规则基础上增加新的信息公开内容,如美国 BIT 范本(2012 年)和欧盟—加拿大全面经济贸易协定就通过增加补充性规定来实现信息公开,分别增加了仲裁意向书(Notice of Intent)和仲裁员回避程序的内容。

第二节　透明度规则的仲裁实践

一、法庭之友仲裁实践

《北美自由贸易协议》第 11 章下的投资透明度是关于透明度讨论的源头。20 世纪 90 年代,一些非政府组织开始要求积极参与到以《北美自由贸易协议》为法律基础的投资仲裁程序中,增强投资仲裁的透明度。而这些仲裁案件与可持续发展下的议题息息相关,如环境保护、公共健康等公共利益问题。非政府组织能否参与到投资仲裁程序引发争议。

(一)Methanex 诉美国案:接受法庭之友书面意见的第一案

Methanex 公司是世界范围内甲醛生产和销售的重要商业主体,而甲醛是生产甲基叔丁基醚的主要元素。该案源于加利福尼亚州颁布的一项甲基叔丁基醚的汽油添加剂禁令。在该州发布了禁令之后,Methanex 公司援引了《北美自由贸易协议》第 1102 条、第 1105 条、第 1110 条提请仲裁,仲裁适用《联合国国际贸易法委员会仲裁规则》。国际组织积极参与了该案的仲裁,美化环境联合会(Communities for a Better Environment, CBE)、国际可持续发展研究所(International Institute for Sustainable Development, IISD)和地球岛研究所

(Earth Island Institute, EII)向仲裁庭提交了一系列参与庭审的申请。①

非政府组织提出了几方面意见支持己方的申请。国际可持续发展研究所的主张内容包括:其作为法庭之友的参与将凸显公共利益的重要性;树立公众对投资争端解决机制的信心;有效监督投资争端解决机制对公共利益的维护情况。非政府组织以法庭之友身份参与仲裁,对于《北美自由贸易协议》投资规则的"正当性危机"也能起到一定的缓解作用;依据《联合国国际贸易法委员会仲裁规则》第15(1)条,在不违反《联合国国际贸易法委员会仲裁规则》的前提下,仲裁庭有选择仲裁方式的权利。该条款赋予了仲裁庭自由裁量权,仲裁庭有权决定是否允许法庭之友参与仲裁,而《北美自由贸易协议》并未明确禁止法庭之友递交书面意见。②

对此主张,Methanex 公司提出了反对意见:根据《联合国国际贸易法委员会仲裁规则》第25(4)条,除非当事方另有约定,开庭应采取不公开的形式,且仲裁庭可以在证人作证时,命令其他证人退出。据此,Methanex 公司反对非政府组织以法庭之友的身份参与仲裁。此外,依据《北美自由贸易协议》,仅有协议第1128条规定了缔约方有权就协定的解释问题提交书面意见,协议不曾赋予非缔约第三方提交书面意见的权利,仲裁庭未经其同意而允许法庭之友提交书面意见将构成越权。③

美国、加拿大支持法庭之友参与仲裁,而墨西哥则对此持反对意

---

① See Methanex v. United States of America, UNCITRAL.

② See Methanex Corporation v. United States of America, Amended Petition of Communities for a Better Environment, the bluewater network of Earth Island Institute, and the Center for International Environment Law to appear jointly as Amici Curiae (October 13, 2000), paras. 9 - 12.

③ See Patrick Dumberry, *The Admissibility of Amicus Curiae Briefs by NGOs in Investors - States Arbitration: The Precedent Set by the Methanex Case in the Context of NAFTA Chapter* 11 *Proceedings*, Non - State Actors and International Law, Vol. 1:3, p. 201 - 214(2001).

见。美国认为《北美自由贸易协议》和《联合国国际贸易法委员会仲裁规则》均未明文禁止法庭之友参与仲裁,仲裁庭可以选择适当方式进行仲裁,只需确保仲裁程序中双方当事人权利平等,且不会因此损害任何一方的利益,造成显失公平的结果。同时,由于该案的被申请人是主权国家,而非一般的商事仲裁案件,案件影响范围会超出争端双方,法庭之友能够提供对案件裁决有益的知识和经验。加拿大同样认为仲裁程序的透明度增加将有利于争端的解决。墨西哥与美国和加拿大持相反意见,究其原因可能是法庭之友制度在墨西哥的法律中并不存在。

仲裁庭在2001年回复了非政府组织的申请,决定接受法庭之友的书面意见。仲裁庭依据《联合国国际贸易法委员会仲裁规则》第15(1)条的规定,认为该规则赋予了仲裁庭自由裁量权,但首先需要确认其裁量权的范围。广泛的自由裁量权并不代表仲裁庭有权赋予第三方实质性权利,而程序问题上仲裁庭是能够行使自由裁量权的。法庭之友意见的接受与否属于程序性问题,接受法庭之友意见并不意味着赋予第三方实质性权利。① 仲裁庭还借鉴了世界贸易组织上诉机构在法庭之友方面的实践并注意到了该仲裁案件涉及的公共利益问题。仲裁庭最终决定接受法庭之友提交的书面意见。②

尽管仲裁庭同意了非政府组织递交法庭之友书面意见的申请,但拒绝了听审和获取当事方相关材料的申请。其一,仲裁庭援引了《联合国国际贸易法委员会仲裁规则》第25(4)条,除非当事人同意,否则庭审不公开的规定,在该案中,庭审并不公开,据此仲裁庭拒绝了非政府组织口头听审的申请。其二,仲裁庭认为由于争端双方在仲裁程序开始时签订了保密协议,因此第三方不能获取当事方递交的相关材料。③

---

① See Methanex Corporation v. United States of America, Decision of the Tribunal on Petitions from Third Persons to Intervene as "Amici Curiae" (January 15, 2001), para. 30.

② Ibid., paras. 33,49.

③ Ibid., para. 46.

(二)自由贸易委员会发布关于第三方参与的声明

2003年,在Methanex案件仲裁过程中,《北美自由贸易协议》自由贸易委员会发布了一份第三方参与的声明。① 该声明中明确承认了第三方有权提交书面意见,仲裁庭可自行判断是否接受,但法庭意见不能够影响成员国在《北美自由贸易协议》第1128条项下的权利。由于接受法庭之友意见可能会对《北美自由贸易协议》第11章的实践带来影响,因此,《北美自由贸易协议》为仲裁庭接受法庭之友书面意见设置了相应的形式和内容上的标准。

在该声明发布后,仲裁庭对接受法庭之友书面意见开始更加确定。一个涉及加利福尼亚州沙漠的矿业项目Glamis诉美国案中,仲裁庭就接受了法庭之友的意见。根据加利福尼亚州法律,金属矿开采之后需要回填修复洞口,申请人Glamis主张相关法律对其投资利益构成了侵犯。被申请人则辩称,这些立法的目的是将被开采的土地恢复至可使用的状态,并确保对公众健康及安全不会构成威胁。在该案件中,协会和国际组织提交了法庭之友书面意见。由于该案发生在自由贸易委员会声明发布之后,仲裁庭顺理成章地接受了法庭之友的书面意见。

(三)国际投资争端解决中心投资仲裁实践

《北美自由贸易协议》透明度的改革侧面推动了国际投资争端解决中心投资透明度改革。2004年国际投资争端解决中心秘书处提交的一份讨论稿中涉及增强投资透明度的内容。② 2006年,国际投资争端解决中心修改了仲裁规则,其中透明度方面较之前有了重大的突破。根据修订后仲裁规则第32条的规定,仲裁庭可以允许第三方

① See NAFTA, Statement of the Free Trade Commission on non – disputing party participation, http://www.sice.oas.org/tpd/nafta/commission/nondispute_e.pdf.

② See ICSID Secretarist, Possible Improvements of the Framework for ICSID Arbitration, Discussion Paper (October 22, 2004), p. 7 – 11.

参加庭审,除非争端双方明确反对。此外,在修订后仲裁规则第37条中明确了仲裁庭有权接受法庭之友书面意见,对可接受情形也进行了规定:其一,第三方能够提供与当事方不同的角度,而这些内容对仲裁庭解决事实和法律问题有帮助作用;其二,能够在争议范围内提出新问题;其三,该仲裁案件涉及其重大利益。

在国际投资争端解决中心仲裁案件中,涉及非争端方参与的第一个案件是SA公司诉玻利维亚案。该案中仲裁庭拒绝了法庭之友提交书面意见的申请。投资争端源于玻利维亚颁布的污水处理服务的私有化政策。SA公司与玻利维亚签订了特许协议并开始投资项目,但很快遭到当地居民的反对。玻利维亚政府随后撤销了特许协议,申请人最终不得不放弃该项投资,SA公司由此提起仲裁。仲裁庭确立不久,私人和非政府环保组织提交了一系列申请,包括参与仲裁、以当事人参与庭审或者申请获取参与庭审的权利、提交法庭之友书面意见,以及公开案件资料。仲裁庭认为这一系列申请超出了自由裁量的权利范围,故一致拒绝了全部请求。①

仲裁庭援引《国际投资争端解决中心仲裁规则》第32条,未经过争端双方同意,只有当事方及其代表、顾问、证人和工作人员可以参与庭审。据此仲裁庭认为,没有争端双方的同意,仲裁庭无权允许第三方参与庭审或公开相关材料。仲裁庭还认为在当前阶段不需要第三方书面意见的帮助,故而拒绝了法庭之友书面意见的请求。

但是在国际投资争端解决中心后续的两个案件Suez/Vivendi案(ICSID Case No. ABR/03/19)和Suez/InterAguas案(ICSID Case No. ARB/03/17)中,仲裁庭改变了态度,依据《国际投资争端解决中心公约》第44条的规定支持了两个案件法庭之友书面意见的申请。仲裁庭主张法庭之友书面意见的申请满足《国际投资争端解决中心公约》第44条的规定,且该案件涉及公共利益,因此有必要接受法庭

---

① See Aguas del Tunari, S. A. v. Republic of Bolivia, ICSID Case No. ARB/02/3. Letter by NGO to Petition to Participate as amici curiae(January 29, 2003).

之友意见。

Suez/Vivendi 案中,国际投资争端解决中心仲裁庭首次支持了法庭之友书面意见的申请,且为法庭之友意见的接受设置了条件。Suez/InterAguas 案则是国际投资争端解决中心仲裁庭第二次接受法庭之友书面意见的案件,案件涉及污水处理问题,与公共利益和可持续发展密切相关。该案仲裁庭组成与 Suez/Vivendi 案相同,因此两个仲裁庭推理的逻辑进路也大致相同。仲裁庭提出,《国际投资争端解决中心公约》及仲裁规则均不存在对法庭之友书面意见的专门授权或禁止条款,2005 年 5 月 19 日前仲裁实践中也没有接受法庭之友书面意见的先例。仲裁庭认为,根据《国际投资争端解决中心公约》第 44 条的规定仲裁庭有权决定未作规定的程序问题,而法庭之友意见的接受属于程序问题的范畴。对于法庭之友书面意见的标准,该案的仲裁庭采取了与 Suez/Vivendi 案相同的"三标准":其一,案件主题内容是否合适;其二,第三方在案件过程中提交书面意见是否合适;其三,法庭之友书面意见的程序应满足要求。

SA 公司诉玻利维亚案中,由于第三方提供的书面意见不满足"三标准"的要求,仲裁庭因此拒绝了法庭之友的书面意见,但是仲裁庭同时也指出,只要第三方能够提供具有说服力的理由,仲裁庭仍然可以接受其书面意见。对于第三方提出的参与庭审和公开案件材料的请求也被仲裁庭以同样的理由拒绝了。尽管该案中第三方提出的请求未被仲裁庭通过,但是该案仲裁庭首次承认了其有权接受法庭之友书面意见,同时仲裁庭的陈述也表明了其对法庭之友书面意见的积极态度。此阶段的国际投资争端解决中心投资实践显示出仲裁庭对透明度规则态度上的转变。①

---

① See Saravanan A. & S. R. Subramanian, *The Participation of Amicus Curiae in Investment Treaty Arbitration*, Journal of Civil & Legal Sciences, Vol. 5:4, p. 1 – 6(2016).

二、信息公开的仲裁实践

前述《透明度规则》对信息公开的规定堪称国际投资领域的高水平典范，尽管其适用范围限于 2014 年 4 月 1 日后缔结的条约提起的案件，但其影响范围远不止于此，各国在条约起草中纷纷以《透明度规则》为范本。如 2014 年希腊—阿联酋 BIT 和格鲁吉亚—瑞士 BIT 都明确了《透明度规则》的适用；欧盟与加拿大全面经济贸易协定将《透明度规则》的适用向前推进一步，不仅明确了《透明度规则》的适用，还在其基础上将信息公开的范围进行扩大。同时，针对前述《透明度规则》存在的局限性，《联合国投资人与国家间基于条约仲裁透明度公约》（以下简称《透明度公约》）对《透明度规则》进行了补充性规定：针对 2014 年 4 月 1 日前签订的国际投资协定，只要是《透明度公约》的缔约国，无论案件选择适用何种仲裁规则，都以《透明度规则》作为程序准则，除非缔约国予以保留。

在 BSG 能源公司诉几内亚案中，仲裁庭的程序性命令中明确了国际投资争端解决中心案件与《透明度规则》的兼容性，在争议双方达成合意的情况下可以适用《透明度规则》，与《国际投资争端解决中心仲裁规则》合并适用作为程序性规则。①

我国在信息公开问题上一贯持审慎态度。从签订的投资协定来看，我国缔结的包含信息公开内容的投资协定极为少见。《中华人民共和国政府和墨西哥合众国政府关于促进和相互保护投资的协定》（2008 年）和《中华人民共和国政府和加拿大政府关于促进和相互保护投资的协定》（2012 年）中纳入了投资仲裁信息公开的内容，由于墨西哥和加拿大均为《北美自由贸易协议》成员国，而《北美自由贸易协议》在投资仲裁案件中表现出的高透明度，可以推定这两份条约的缔结是我国作出的让步。即使在这两份投资协定中，我国在具体

---

① See BSG Resources Limited v. Republic of Guinea, ICSID Case No. ARB/14/22, Procedural Order No. 2 (September 17, 2015), paras. 9 – 10.

的承诺内容上依然持保守态度，确切承诺的内容仅限于仲裁裁决内容，而非《北美自由贸易协议》的全面公开，如我国与墨西哥、加拿大签订的BIT都作出了类似的规定。在中国—加拿大BIT中还强调了公共利益作为其他信息公开和庭审公开的理由，其中第28条第1款规定了其他文件信息公开的限定条件是为了“公共利益”的目的，第28条第2款规定了庭审的公开也是出于“公共利益”的原因。

在我国作为仲裁争端当事方的几起案件中，总体上公开的信息内容较少。2011年国际投资争端解决中心秘书处登记了马来西亚Ekran Berhad诉中国的仲裁请求（伊佳兰公司诉中国案）①，此案中我国政府首次成为国际投资争端案件的被告，由于其重要的意义而引发广泛讨论。但是争议双方均未公开披露案件情况，仅有媒体通过对申请人背景信息分析得出该争议的标的、所涉及的行业等信息。加之该案的争端方很快就达成了调解，因此大众得知的公开信息甚少。

第二起案件即广为人知的“安城案”，2014年10月7日，申请人韩国安城公司依据中国—韩国BIT向国际投资争端解决中心提请仲裁。该案并未进入实质问题审理阶段，仲裁庭在2017年3月9日作出了裁决，裁定安城的仲裁请求明显缺少法律依据（manifestly without legal merit），中国大获全胜。从信息公开方面考察，我国与安城公司就仲裁庭的裁决、决定或命令的公开达成一致，但强调了双方并未同意公开程序中提交的答辩状、庭审记录及其他文件。②

2017年6月21日，德国公司Hela Schwarze GmbH（以下简称海乐公司）依据《中华人民共和国和德意志联邦共和国关于促进和相互保护投资的协定》（2003年）在国际投资争端解决中心提起对中国的投资仲裁请求，该案是我国所涉几个案件中公开程度较高的一例，在

---

① See Ekran Berhad v. People's Republic of China, ICSID Case No. ARB/11/15.

② See Ansung Housing Co. ,Ltd. v. China, ICSID Case No. ARB /14 /25, Award (March 9, 2017), para. 22.

国际投资争端解决中心官网可以看到该案的基本信息,包括仲裁庭信息、仲裁程序、仲裁程序令等内容。该案在提请国际投资争端解决中心仲裁前已经经历了中国国内的行政诉讼,而该案早期公开的信息并不多,因此前期对该案的讨论较多依赖我国国内判决的内容。2020年我国共有两起涉仲裁案件,也是较新的两起涉仲裁案件,分别为日本投资者 Macro Trading 和新加坡 Goh Chin Soon 诉中国案,这两起案件的仲裁程序已被中止,目前可以查到案件的基本信息,包括仲裁庭组成、仲裁程序等内容。

三、小结

直接将东道国诉诸仲裁是众多国际投资者解决投资纠纷的首选方案。过去一段时间内,国际投资协定数量增加的同时,国际投资仲裁案件也激增。投资者将诉东道国作为首选主要有两方面的优势:其一,外国投资者不必需要东道国用尽当地救济,投资争端解决具有了“国际化”的特点;其二,国际投资仲裁可以免除母国对投资者行使外交保护,外交保护的行使只能发生在裁决被东道国拒绝执行的情形中,因此投资争端的解决拥有了“去政治化”的路径。但是不得不关注的是投资仲裁程序及裁决结果不仅对当事人同时为东道国可持续发展目标的实现带来了广泛影响。首先,国家采取的管制措施、政策等都可能成为裁决内容。在既往仲裁案例中,既有对政府环境政策的裁决内容,又有涉及危险废物出口禁止的裁决。[①] 其次,投资仲裁的费用和标的额巨大,会直接造成国家的财政负担,仲裁及裁决结果与一国公民之间存在不可分割的利益关系。[②]

---

① See Methanex Corporation v. United States of America, UNCITRAL, Final Award of the Tribunal on Juri iction and Merits (August 3 2005); Stockholm Chamber of Commerce, Case Summary No. 7.

② See Manjiao Chi, *From Europeanization toward Americanization: The Shift of China's Dichotomic Investment Treaty – Making Strategy*, Canadian Foreign Policy Journal, Vol. 23:2, p. 158 – 170(2016).

透明度条款的以下特点对可持续发展目标的实现具有重要意义:其一,从近年来的协定签订内容来看,作为解决当前国际投资仲裁合法性危机的重要举措之一,协定中纳入透明度条款已成趋势。其二,不同投资协定中的透明度规则存在透明义务的程度差异,一种为实质的透明度,如信息的公开,此种程度上的透明度已经被国际投资协定所广泛接受;另一种为程序方面的透明度规则,包括了第三方参与、仲裁文件公开、法庭之友书面意见等内容。后者对公共利益保护意义重大,也对具有保密性特点的传统投资仲裁带来了挑战。其三,有别于其他国际投资条款内容,透明度条款的发展不仅依赖于国际投资协定的制定,还与国际法其他规则内容息息相关,如多边协定、仲裁规则等内容。

从投资仲裁来看,尽管法庭之友在仲裁中的参与度和获得仲裁庭的认可度逐年增加,但仲裁中法庭之友的参与很难对裁决产生实质影响,仲裁庭对可持续发展问题仍未足够重视。法庭之友若要真正在保护公共利益上发挥作用,除了能够形式上参与仲裁过程,更重要的是对仲裁案件的裁决发挥实质性影响。从总体来看,早期仲裁规则和投资条约对于采纳法庭之友意见缺乏详细规定,而实践中仲裁庭对法庭之友提交的内容并未给予足够的重视。① 法庭之友提交的要点很少在裁决的推理部分出现,而在小部分采纳法庭之友意见的裁决中,法庭之友的核心意见经常得不到直接回应。例如,在 Biwater 案中,尽管仲裁庭在裁决中对法庭之友书面意见进行了详细说明,并认可了其意见对案件的审理发挥的作用,但对法庭之友提出的可持续发展问题却选择了忽视。②

尽管信息公开得到了不少发达国家的拥护,但由于现行有效的国际投资协定中存在相当一部分签订于早期的内容,而投资协定的

---

① See Tomoko Ishikawa, *Third Party Participation in Investment Treaty Arbitration*, The International and Comparative Law Quarterly, Vol. 59:2, p. 373 - 412(2010).

② 参见黄世席:《国际投资争端中投资规则与人权规则适用的冲突与挑战》,载《当代法学》2018 年第 4 期。

重新谈判和签订需要主权国家之间的合意,这意味着内容上的更新迭代并非一蹴而就,加之发达国家和发展中国家在信息公开问题上立场不一致,因此依靠投资协定推进投资仲裁信息公开的进程较为迟缓。结合投资协定文本与我国涉国际投资仲裁案件的实践考察,可以基本断定既往我国在信息公开问题上持谨慎态度。而经贸协定重构背景下,新签订的协定呈现出透明度提高的趋势,这将对我国带来一系列挑战。中欧投资协定谈判过程已经显示出我国对标欧盟高标准透明度的态度转变,我国需积极应对这些新发展带来的后续履约挑战。

第三节　经贸协定转型背景下的争端解决透明度规则

一、透明度提升的动因

投资仲裁制度早期较大程度上继承了商事仲裁的特点,而国际投资仲裁与商事仲裁的巨大差异在涉及可持续发展议题时体现得尤为突出,投资仲裁的结果会为国家公共利益带来巨大影响,而商事仲裁的影响范围仅限于争端双方,基本不会涉及第三人利益。从仲裁结果来看,裁决不仅影响投资者利益,更关乎国家的公共利益。在仲裁保密性的要求下,东道国国民无法知晓仲裁过程,更无法参与和保护本国公共利益,由此引发公共利益保护和保密性之间的冲突。

学者将传统商事仲裁对投资仲裁的影响称为"投资仲裁的商事化"①。由于商事仲裁遵循私法自治理念,受其影响颇深的投资仲裁也具有了保密性和私密性,这也是特定时期仲裁极具吸引力的重要原因之一。一般来说,仲裁保密是指争议当事人、仲裁员和仲裁机构

---

① 蔡从燕:《国际投资仲裁的商事化与"去商事化"》,载《现代法学》2011 年第 1 期。

有义务不向第三方和公众披露有关仲裁程序的信息或文件，包括但不限于双方提交的仲裁的争议、仲裁程序中产生的文件、裁决以及仲裁员的裁定等。仲裁的保密性依赖于国内法以及适用的仲裁规则，特别是在仲裁保密性上缔约方合意起到了重要作用。然而当仲裁案件涉及公共利益时，仲裁的保密性应被突破，公众的知情权应优先于仲裁的保密性。正如《雷德芬与亨特论国际仲裁》中所述的那样，"公共利益和公众的'知情权'优先于仲裁的保密性"①。

在国际投资仲裁中，引入透明度的最初目的是针对投资仲裁制度中的"合法性危机"。合法性危机包含了实体和程序两方面内容：一方面，国际投资条约中投资者权利内容的模糊性导致国际投资法不具备可预见性；另一方面，由于仲裁庭是临时组建的，且程序缺少审查机制，导致裁决的不一致性。除此之外，仲裁程序的设计偏向投资者（只允许投资者作为仲裁申请方），对主权国家构成了挑战也限制了其规制权。② 这些"合法性危机"的存在引起了广泛的重视。联合国国际贸易法委员会工作组将"可持续发展的改革"作为工作议题之一，出台了改革措施，透明度改革是其中的重要措施之一。实现正当性和可靠性的关键就是要增加透明度。③ 透明度能够从三个方面推进国际投资危机的解除，一是通过规范制定过程中的信息公开和相关利益者的参与来实现，二是通过授权投资者以透明度缺失为由提起诉讼，三是通过争端解决程序的公开。④

国际社会对投资领域透明度的重要性也达成了更广泛的共识，

---

① Nigel Blackaby, Constantine Partasides et al., *Redfern and Hunter on International Arbitration*, Oxford University Press, 2015, p. 30.

② 参见刘璐：《国际投资仲裁透明度问题研究》，对外经济贸易大学 2019 年博士学位论文，第 19 页。

③ 参见张庆麟：《欧盟投资者——国家争端解决机制改革实践评析》，载《法商研究》2016 年第 3 期。

④ See Esmé Shirlow, *Three Manifestations of Transparency in International Investment Law: A Story of Sources, Stakeholders and Structures*, Geottingen Journal of International Law, Vol. 8:1, p. 73 – 79(2017).

正如B. Stern所指出的,建立在缔约方同意的私人合法(private legitimacy)基础上的国际投资仲裁似乎在寻求公共合法性(public legitimacy),而后者需要通过对公民社会一定程度的开放才能获得。① 本研究认为,至少有4点动因促使透明度提高:其一,国际投资仲裁往往以涉及公共利益的国家管制措施为目标,如果国家在仲裁中败诉,则不得不支付相应赔偿,而国际投资仲裁裁决的执行还可能涉及外交政治因素;②其二,国际投资仲裁裁决的不一致性频遭质疑,而提高透明度有助于裁决一致性的实现;其三,国际投资仲裁中的仲裁庭成员由争端方任命,意味着缺乏民主合法性的仲裁庭需要对国家行使公共权力的合法性进行审查,而透明度提升有助于解决当前投资仲裁体系中存在的民主赤字(democratic deficit)问题;③其四,公众参与国际投资仲裁的呼声一定程度上促进了透明度的提升。④

二、争端解决透明度的新发展及问题

随着投资争端机制改革持续推进,透明度作为改革重点内容之一,已经形成了部分里程碑式的规则和协定内容。规则方面以《透明度规则》为代表,显示了投资友好型向平衡模式的转变,欧美范式经贸协定的内容则显示了主权国家对高标准透明度的追求。近年来仲裁规则的新发展及新签订经贸协定的具体内容均显示了程序透明度

---

① See Brigitte Stern, *Civil Society's Voice in the Settlement of International Economic Disputes*, ICSID Review - Foreign Investment Law Journal, Vol. 22:2, p. 280 - 348 (2007).

② See Alessandra Asteriti & Christian J. Tams, *Transparency and Representation of the Public Interest in Investment Treaty Arbitration*, in Steven W. Schill, International Investment Law and Comparative Public Law, Oxford University Press, 2011, p. 787 - 816.

③ See Stephan W. Schill, *Enhancing International Investment Law's Legitimacy: Conceptual and Methodological Foundations of a New Public Law Approach*, Virginia Journal of International Law, Vol. 52:1, p. 57 - 102(2011).

④ See Eugenia Levine, *Amicus Curiae in International Investment Arbitration: The Implications of an Increase in Third - Party Participation*, Berkeley Journal of International Law, Vol. 29:1, p. 200 - 225(2011).

问题上的重要共识，但是这一共识背后依然存在重要问题，其中两大问题将阻碍可持续发展目标的实现。其一，仲裁规则在处理当事人意志上的严重分歧；其二，法庭之友对公共利益保护的功能未得到充分发挥。

（一）仲裁规则处理当事人意志的分歧

《透明度规则》于2014年生效，该规则的颁布是透明度转型进程中的里程碑式事件，但是对该规则的适用和效力问题出现了分歧。联合国国际贸易法委员会第二工作小组发生了内部的激烈讨论，部分成员国代表主张《透明度规则》隶属于《联合国国际贸易法委员会仲裁规则》，只要投资协定中约定投资争端可以依据《联合国国际贸易法委员会仲裁规则》解决，则《透明度规则》应得到适用，该条约缔结时《透明度规则》的颁布情况在所不问。易言之，持有这种主张的代表认为国家接受《联合国国际贸易法委员会仲裁规则》就代表着对规则的整体接受，该规则出现的变动也应被视为接受。另一部分谈判代表对待规则变动持谨慎态度，主张对缔约时约定的《联合国国际贸易法委员会仲裁规则》应采取限缩解释，对《透明度规则》的适用需要以国家的明确同意为前提。① 联合国国际贸易法委员会工作组最终采纳了后者，且协定内容约定依照《联合国国际贸易法委员会仲裁规则》处理需要解决争端的案件。

《透明度规则》的谨慎适用必然带来投资领域的透明度出现差异化，为扩大《透明度规则》的适用范围，联合国国际贸易法委员会起草了《透明度公约》。根据公约内容，签署加入该公约的国家，将适用《透明度规则》，除非作出保留。这一内容大幅扩大了《透明度规则》的适用范围。

---

① See United Nations Commission on Trade Law, *Preparation of A Legal Standard on Transparency in Treaty - based Investor - State Arbitration* (A/CN. 9/WG. II/ WP. 176), Feb. 4, 2013.

从内容上看，《透明度规则》对投资仲裁信息公开的规定非常详尽。在公开范围上包括了仲裁程序启动后的所有重要文件，仲裁程序启动时的信息要公布，在仲裁的全过程中生成的文件也需要公开。公开的文件内容涵盖了仲裁通知、仲裁通知的答复、仲裁申请书、当事方答辩内容以及书面陈述/材料、证物清单、非争议条约缔约方及第三人提交的所有书面材料、审理笔录（如果有的话）以及仲裁庭的命令、决定和裁决。[①] 此外，《透明度规则》使用了“及时”“尽快”的措辞，可以看出其对公开的高要求。在效力方面，根据《透明度规则》第1条的规定，除非国际投资条约另有约定，争议当事人不得合意排除透明度规则的适用，在《透明度规则》与其他仲裁规则合并适用发生冲突时，应优先适用《透明度规则》。易言之，《透明度规则》的效力优先于当事人意思自治和其他商事仲裁规则。同时，《透明度规则》的效力要低于国际强行法和国际投资协定，呈现出“半强制性”的特点，[②]这种效力上的特点也使其区别于商事仲裁规则的意思自治。

《国际投资争端解决中心仲裁规则》在其修改过程中也逐步提高了透明度要求。在2006年版的《国际投资争端解决中心仲裁规则》中，公开的内容包括仲裁庭推理的主要内容，非争端方有权提交书面材料，其他仲裁文件和程序的公开须以争端方同意为前提。[③] 2016年，在《国际投资争端解决中心仲裁规则》修订过程中，透明度是重要议题，2020年发布的国际投资争端解决中心第四号工作报告显示了这方面的成果，仲裁规则中增加了“公开、参与仲裁程序和非争端方递交材料”。新增内容对公开范围和非争端方递交材料提出了更为详细的要求。

仲裁裁决的公开需要以争端当事方的同意为前提，且当事方有

---

① See Article 3 of UNCITRAL Rules on Transparency in Treaty - based Investor - State Arbitration.

② 参见丁丁、刘璐：《论国际投资仲裁的公开》，载《国际法研究》2019年第1期。

③ See Article 48(4), Article 32(2), Article 37 of ICSID Arbitration Rule.

权对裁决公开内容进行编辑。在争端方反对的情况下,国际投资争端解决中心仅能公开裁决的摘要。裁定以及仲裁过程中提交的其他文书的公开,同样以当事方的同意为前提。① 仲裁庭在第三方递交材料的问题上享有决定权,该报告细化了仲裁庭在决定时的考量因素,且规定了争端当事方有权利查看第三方递交的材料。②

以时间为线索,近年来国际组织和仲裁机构出台的规则显示出了对高透明度的追求,内容更加细化,规定更加全面。但国际投资争端解决中心与联合国国际贸易法委员会在《透明度规则》中的争端当事人意志与透明度措施的关系处理上却存在重要分歧,这一分歧将对透明度的实现产生实质性影响。国际投资争端解决中心显示出高度尊重当事人意志的特点。在当前改革草案下,仅需争端一方当事人提出异议,即可带来仲裁庭公开受限或无法公开的结果。

(二)经贸协定对法庭之友的制约

经贸协定中透明度的新发展主要体现在《全面与进步跨太平洋伙伴关系协定》《美墨加三国协议》《中欧全面投资协定》等协定内容中,这些协定的内容多沿袭了发达国家在这一问题上一贯秉持的态度。

《全面与进步跨太平洋伙伴关系协定》的投资章节中有专门的透明度规定。首先,信息公开主体包括争端当事方和仲裁庭,公开范围包括了仲裁通知、书状、听证记录和裁决等内容。其次,针对法庭之友提交内容的规定在该协定第9.23条中有所体现,仲裁庭对法庭之友材料的接受需要满足一定要求。仲裁庭在与争端当事方进行磋商后可接受或考虑法庭之友的书面陈述,书面陈述需要披露利益关系且遵守形式要求,仲裁庭还需要给争端双方回应的机会。仲裁庭还

---

① See ICSID, *Proposals for Amendment of The ICSID Rules* (*Working Paper#4*), February, 2020.

② See ICSID, *Proposals for Amendment of The ICSID Rules* (*Working Paper#4*), February, 2020.

有责任和义务保证书面陈述既不会干扰或造成仲裁程序的不当延迟,同时也不能对争端方带来不公正损害。《美墨加三国协议》中美国与墨西哥关于争端解决透明度的规定与《全面与进步跨太平洋伙伴关系协定》基本一致。《全面与进步跨太平洋伙伴关系协定》投资章节并未直接提及《透明度规则》,对于接受法庭之友书面意见的标准缺位,可能导致实践中需要援引仲裁规则来判断是否允许法庭之友参与仲裁。

在投资争端机制改革问题上,尽管欧洲和美国都对透明度秉持高标准的态度,但欧盟采取了与美国不同的进路,欧盟近年来大力推广投资法庭制度并将其作为长期目标,希望最终以此取代现有的投资者—东道国争端解决机制。聚焦在透明度问题上,欧盟投资法庭机制提出了更为严苛的透明度要求,在欧盟与加拿大签订的《综合性经济贸易协定》中,《透明度规则》被直接纳入了投资法庭的程序规则。[①] 该协定的投资争端解决章节包含了非争端方条款,其中对非争端方意见的审查与《透明度规则》的要求相差无几,规定了被申请人向非争端方移交的材料范围,非争端方依据《透明度规则》递交书面意见、仲裁庭听证记录(如方便)及仲裁庭命令、裁决裁定等内容。在非争端方参与的问题上,《综合性经济贸易协定》较《透明度规则》的重大进步在于,仲裁庭可主动邀请非争端方通过口头或书面的形式参与。[②]

《中欧全面投资协定》中关于法庭之友的规定可见于争端解决章节附件1中,规定内容较为详尽,显示了对该问题操作性的重视。内容包括书面意见递交的时间,专家组组成之后10天内应收到书面意见。对书面意见的内容也做了规定,包括:应该与议题具有直接相关性,内容中应有对提交人情况的详细陈述,披露与缔约方的联系等内容。同时专家组还有责任确保法庭之友意见不得扰乱分歧解决程序

---

① See Article 8.36 of Comprehensive Economic and Trade Agreement.

② See Article 8.38 of CETA.

或对双方带来不合理负担或不公平损害。该规定无疑为专家组增设了责任。

经贸协定中有关法庭之友的现行规定严重限制了公共利益保护目标的实现。首先,协定规定对法庭之友主体的范围、提交书面内容和利益关系方面的限制极为严格,导致符合要求的主体范围受限,很难代表广泛的利益要求。而涉及公共利益的争端中,裁决的影响会波及东道国的公众群体,理应保障广泛群体参与到相应争端中。其次,法庭之友无法"深度"参与仲裁过程。尽管当前协定似乎为法庭之友提供了参与仲裁的渠道,但未能保障法庭之友必要的知情权和表达权,而这两种权利却是实现公共利益保护目的的基础。法庭之友在信息获取上受限,如依据《透明度规则》非争端方对仲裁庭听证记录的获取是附条件的,同时仲裁庭拒绝法庭之友意见无须对其主张一一回应,仅提供概括性理由即可。再次,法庭之友的参与对仲裁庭施加了一定的义务要求,仲裁庭要保证法庭之友不会干扰或造成仲裁程序的不当延迟,同时不能对争端方带来不公正损害,这一规定无疑为仲裁庭增加了负担,为法庭之友目的的实现带来负面效应。最后,法庭之友对于可持续发展融入的重要意义在于,为仲裁庭提供涉及公共利益的更多信息,这些信息应尽量以全面、公正的视角呈现。而法庭之友的实践显示这一理想状态并不容易达到,一些非政府组织本身就有着利益趋向性。因此,法庭之友在仲裁过程中的参与程度并非越高越好,而是应控制在合理的范围内。

第四节　透明度规则新发展

除了前述的争端解决透明度问题对可持续发展目标有着重要影响,近年来缔结的经贸协定所呈现出的程序规则新特征也需要我国积极应对。对于实现可持续发展目标而言,我国需重点关注两点:《中欧全面投资协定》可持续发展章节中的分歧解决机制以及透明度规则“法定义务”下我国的因应。

一、《中欧全面投资协定》可持续发展章节中的分歧解决机制

《中欧全面投资协定》的可持续发展章节中设置了专门的分歧解决机制,内容包括了分歧解决的基本流程:政府磋商、组成专家组及案件审理、专家组报告、报告后的磋商及磋商结果的公布,以及程序透明度和法庭之友。《中欧全面投资协定》对分歧解决机制的规定主要呈现两个特点:其一,分歧解决程序较严格和透明,包括分歧解决过程的透明度要求以及法庭之友的详细规定;其二,规定了比欧式自由贸易协定更短的时限,提高了分歧解决的效率,实现了程序公正。

分歧解决过程中的透明度规定了信息公开的详细要求,根据协定内容,除保密信息外,递交的材料、声明都应向专家小组公开。专家组的听证会以不公开为例外,对于听证会的公开形式也作出了规定,公众应在听证会所在地的独立视听室通过闭路系统来观看,参与听证会的公众需要进行登记,且不得通过音频视频、拍摄及网络形式传输听证会内容。

尽管该章节专门规定了分歧解决,但由于裁决没有强制执行力,导致该章节事实上无法得到强制性保障,合理推论公众舆论监督可能成为重要的执行方式。由于《中欧全面投资协定》暂处于搁置状态,具体实施效果有待未来检验。

二、透明度规则“法定义务”化

近年来影响较大的区域经贸协定,如《美墨加三国协议》《全面与进步跨太平洋伙伴关系协定》《区域全面经济伙伴关系协定》等协定内容中,透明度已经发展成为贯穿始终的基本内容,因此有学者认为透明度原则成为投资协定中重要的“法定义务”。[①] 这一规则上的

① 参见齐湘泉、姜东:《国际投资争端解决中的透明度原则》,载《学习与探索》2020年第2期。

重要变化对可持续发展目标的实现有着重要的促进作用,同时也为我国带来了一定挑战。

《美墨加三国协议》《全面与进步跨太平洋伙伴关系协定》《区域全面经济伙伴关系协定》都规定了缔约方在法律政策的公开、信息提供等事项上所承担的义务,对公开的方式也提出了要求,如《美墨加三国协议》规定了信息公开的方式是有可以稳定访问的公共、免费互联网网站。《区域全面经济伙伴关系协定》第 17 章第 4 条规定了一缔约方应在他方请求时针对法规、程序和行政决定进行“答疑”。《区域全面经济伙伴关系协定》投资章节下还规定了缔约方采取措施提高投资便利性,如投资相关法规政策的传播,以联络点的形式提供投资咨询和帮助。

在《中欧全面投资协定》中,透明度堪称高标准的代表。从内容安排和具体功能两个维度的考察可确定其在协定中发挥的原则性功能。

从内容安排来看,该协定从序言到正文均涉及了透明度内容。序言对投资环境提出了“非歧视、公平竞争、透明”的要求,并表明透明度“对于所有参与者利益的重要性”。基于序言在协定中的基础性地位,可以认为透明度在《中欧全面投资协定》中具有重要地位。正文中涉及透明度的规则范围广泛,投资自由化、监管架构、投资补贴、可持续发展和争端解决等诸多方面均包含透明度规则的内容。可以说《中欧全面投资协定》对透明度的规定内容全面且广泛。

从功能考察来看,《中欧全面投资协定》显示了义务范围的扩大、功能范围的扩张。透明度义务的主体明显扩大,纳入了“涵盖实体”。根据该协定第 2. 3 条之二第 4 款的规定,在缔约方认为本国利益遭受另一方“涵盖实体”侵害的情形下,认为受损失的缔约方可书面要求另一方公开“涵盖实体”的相关信息。由于“涵盖实体”包含了国有企业,因此这一范围的扩大将对我国信息公开制度带来一定挑战。功能范围上的扩张主要体现在《中欧全面投资协定》在既有政策法规信息公开的要求基础上,发展出了“补贴透明度”“针对特殊情形的透明度制度安排”等内容。特别是“补贴透明度”堪称《中欧全面投资协定》的重大创新，显示了投资规则透明度原则的重要完善并将对贸易规则起到积极促进作用。①

在经贸规则重构的内容中，透明度的发展为我国带来挑战的同时，也带来了深入参与规则重构的机遇。我国应立足国情，积极应对。在我国已签署的投资协定中，仅有为数不多的协定包含较为全面的透明度内容。其中，中国—加拿大 BIT 对透明度的规定较为全面，涉及实体义务透明度和仲裁程序中的透明度，相较于《中欧全面投资协定》中全面系统的透明度规则相去甚远，此次中欧协定的内容显示了我国在该问题上对标高标准的决心。国内法方面，《外商投资法》及实施条例包含了透明度条款，其中的主要类型基本涵盖了传统经贸规则中透明度的核心内容，因此我国对标高水准透明度规则已有一定的基础。我国需要更加关注的是国内法缺位的内容，《中欧全面投资协定》扩大了透明度义务主体范围，尽管高透明度对可持续发展目标的实现有益，但仍需关注国有企业后续如何处理透明度义务与商业秘密保护之间的关系。

本章小结

作为一种制度性常识，透明度规则是可持续型国际投资治理的重要保障。信息公开与法庭之友在保障可持续发展目标实现的着力点上有所区别，前者主要通过保证公众知情权来实现，后者则落脚在公共利益诉求的表达。

透明度规则并无固定范式，尽管这一规则内容在国际投资领域表现出较强的生命力，成为协定中的制度性内容之一，但迄今为止仍

---

① 参见林进：《国际经贸规则重构中的透明度原则——以中欧投资协定为视角》，载《中国外资》2022 年第 5 期。

未发展出一套系统的规则体系。从规则发展来看,透明度规则总体上呈现范围扩大、要求提高的趋势。从具体规则内容来看,透明度规则区域间差异明显。这一过程中,几个重要透明度规则的出台加速了规则的深化和改革。透明度规则在为可持续发展带来便利的同时,仍存在不足,本研究认为仲裁规则在处理当事人意志上存在的分歧,以及法庭之友未能在保护公共利益上发挥理想效果是当前的症结所在。

近年来新签订的部分经贸协定显示出对高透明度的追求,如《全面与进步跨太平洋伙伴关系协定》和《美墨加三国协议》均表达了对公众参与的较高要求,但从透明度规则的现状来看,区域间依然存在较大差异,特别是发达国家与发展中国家之间仍存在透明度上的不平衡。我国签订的经贸协定中,以发达国家为协定对象的协定内容与其他国家签订的协定相比存在明显差异。低水平的透明度仅对信息公开作了规定,而高水平的透明度对于规定范围、规定的严格程度、规则的细节都有较为详细、具体的说明。

我国对于经贸规则重构的内容,需立足国情,积极应对。《中欧全面投资协定》扩大了透明度义务主体范围,尽管高透明度对可持续发展目标的实现有益,但仍需认识到其潜在的风险。

第四章　国际投资法中可持续发展融入的挑战与建议

通过对投资协定的考察发现，国际投资协定体系仍处于平衡范式的更新换代进程中，当前的实体、程序规则仍无法充分满足可持续发展目标的需求。在协定尚不能充分表达缔约国可持续发展需求的情形下，仲裁庭可寻求必要理论工具的帮助，实现东道国与投资者利益平衡。

第一节　国际投资协定体系的反思

晚近，国际投资法出现了一系列变革，投资协定体系的范式转换是热点之一。从可持续发展视角来看，片面强调投资保护和投资自由的国际投资法体系终于得以纠偏、回归正途。当前的发展现实是国际投资法正处于范式转换的过程中，需正视面临的现实障碍。

一、国际投资协定的平衡范式：可持续发展的必然选择

作为当代国际投资法的重要内容，国际投资协定的发展变革是理解晚近投资发展趋势的切入点。在国际投资协定出现之前，国际投资主要由东道国法律进行规制，在征收、国有化等问题的处理上，外国投资者与东道国公民并无差别。国际层面的外国投资保护主要

通过国家责任的习惯规则和对待外国公民的习惯规则来实现。[①]显而易见,东道国国内法和习惯国际法规则保护国际投资存在极大的局限性。在国家层面,东道国拥有颁布、修订和废除法律的权力。一国的法律变更可能会对外国投资者及其投资带来不可预测的深远影响。19 世纪下半叶和 20 世纪上半叶多国发生的国有化行动对国际投资带来了巨大冲击。[②] 由于国有化是东道国依国内法采取的措施,外国投资者很难在东道国法院寻求补偿。在 Lena Goldfields 案中,苏联就试图依据国民待遇来证明其无须对外国投资的征收进行补偿。[③] 在国际法层面,最低待遇标准也遭到质疑,一些国家认为外国人不应该得到比东道国国民更优厚的待遇。拉丁美洲国家一度盛行的卡尔沃主义正是例证。尽管投资者母国可能对其投资者行使外交保护,但其实现也面临重重困难。外交保护的理论依据是对一国国民的伤害即构成对国家的伤害,据此,它可以要求任何负责任的国家赔偿。然而,国际法中的外交保护被视为国家的权利而非义务,因此是否行使外交保护通常由母国自行决定。即使母国行使外交保护权利也需要满足严苛的条件,如投资者必须拥有母国国籍且用尽东道国当地救济。[④] 归根结底,外交保护的决定是一项政治决定,而投资者母国可能会出于非法律的考虑拒绝行使。

国内法和习惯国际法在外国投资保护方面的先天不足导致投资者母国只有两个选择。诉诸非法律机制,特别是适用军事力量,不同

---

① See Stephen Hobe, *The Law Relating to Aliens, the International Minimum Standard and State Responsibility*, in Marc Bungenberg, Jörn Griebel et al., International Investment Law: A Handbook, Nomos Publishing, 2015, p. 6 – 22.

② See Andrew Paul Newcombe & Lluis Paradell, *Law and Practice of Investment Treaties*, Kluwer Law International B. V., 2009, p. 18 – 19.

③ See V. V. Veeder, *The Lena Goldfields Arbitration: The Historical Roots of Three Ideas*, International and Comparative Law Quarterly, Vol. 47: 4, p. 747 – 792 (1998).

④ See United Nations, *Article 44 of Draft Articles on Responsibility of States for Internationally Wrongful Acts with Commentaries*, UN Document, 2008.

于当今世界,在第二次世界大战之前,国际投资主要就是在殖民扩张的背景下发生的。① 这就导致外国投资保护在国际协定中成为一个被忽视的问题,非法律的军事力量和外交手段是外国投资保护的主要手段。② 第二次世界大战后,《联合国宪章》只允许在特定情形下使用武力。这些国际法规则的出现导致保护投资的非法律手段无法实现。因此,发展一个独立于东道国旨在保护外国投资的国际法体系成为唯一选择。在此背景下,发达国家为回应新独立的发展中国家提出的征收补偿问题创设了双边投资协定。③

1959 年德国与巴基斯坦缔结的 BIT 被认为是现代 BIT 的开端。20 世纪 60 年代,许多欧洲国家紧随德国纷纷与发展中国家缔结 BIT。1974 年通过了《建立新的国际经济秩序宣言》,该宣言确认了各国对自然资源享有的永久主权,包括有权利实行国有化和对外国投资所有权的转移。④ 为保护海外投资,发达国家在 20 世纪 70 年代开始着手 BIT 的制定。在 20 世纪 80 年代,发展中国家对外国投资的态度开始发生转变,发展中国家也开始积极主动制定 BIT 以吸引外资,导致 BIT 的数量激增。⑤ 早期的国际投资立法不平衡现象严重,发达国家与发展中国家在谈判中存在地位的不平等。作为资本输出国的发达国家极力主张投资自由化和投资保护,而发展中国家

---

① See M. Sornarajah, *The International Law on Foreign Investment*, Cambridge University Press, 2010, p. 19.

② See Kenneth J. Vandevelde, *A Brief History of International Investment Agreement*, University of California at Davis Journal of International Law and Policy, Vol. 12:1, p. 157 - 196(2005).

③ See Kenneth J. Vandevelde, *A Brief History of International Investment Agreement*, University of California at Davis Journal of International Law and Policy, Vol. 12:1, p. 157 - 196(2005).

④ See United Nations, Declaration on the Establishment of a New International Economic Order, UN Document: A/RES/S - 6/3201.

⑤ See Kenneth J. Vandevelde, *A Brief History of International Investment Agreement*, University of California at Davis Journal of International Law and Policy, Vol. 12:1, p. 157 - 196(2005).

力求在吸引外资的同时对其拥有一定的管控空间。但现实却是发展中国家不得不在一定程度上放弃管制权从而吸引外国投资。作为双边谈判成果的 BIT 理论上应为缔约双方提供同等的法律保护,事实上 BIT 的投资保护标准却在很大程度上取决于谈判双方实力。

这种严重不平衡的局面随着国际投资格局的转变而发生变化。发展中国家开始进行资本输出国和资本输入国间的双重角色转变。发达经济体由于频频被提起诉讼,也开始摆脱从资本输出国考虑国际投资问题的单一视角。国际投资中发达经济体和发展中经济体的身份混同使国际投资协定的内容呈现趋同化。此背景下投资者和东道国之间的平衡问题成为国际社会的关注焦点。[①]

在国际投资法语境下,平衡涉及多个层面:其一,缔约双方之间的关系,其中发达国家与发展中国家之间的平衡尤为重要;其二,投资政策目标之间的关系,如外资保护与促进的关系、保护外资与管制外资的关系以及缔约双方经济目标与其他公共或社会目标之间的关系。[②] 以“迈向新一代投资政策”为题的联合国贸易和发展会议《2012 年世界投资报告》提出了“可持续发展的投资政策框架”(Investment Policy Framework for Sustainable Development, IPFSD),表明了新一代投资政策将趋向于“可持续发展”。IPFSD 提出的可持续发展涵盖了环境、社会发展、企业社会责任等内容,强调外国投资应纳入东道国的可持续发展战略,倡导各国签订“可持续发展友好型”(sustainable - development - friendly)国际投资协定。在 IPFSD 中,“协定要素”的内容佐证了“可持续发展”与“平衡”之间的关系,“可持续发展”作为新一代国际投资的实现目标,“平衡”是其实现的重要路径。

IPFSD 核心原则 1 为“可持续发展的投资”,明确表示投资决策

---

① 参见单文华、张生:《从“南北矛盾”到“公私冲突”:卡尔沃主义的复苏与国际投资法的新视野》,载《西安交通大学学报(社会科学版)》2008 年第 4 期。

② 参见曾华群:《“可持续发展的投资政策框架”与我国的对策》,载《厦门大学学报(哲学社会科学版)》2013 年第 6 期。

的首要目标是促进包容性增长(inclusive growth)和可持续发展的投资。核心原则9为“投资促进与便利”,规定投资促进与便利政策应符合可持续发展目标。IPFSD通过核心原则5直接阐述了“平衡”概念:平衡权利与义务,规定了投资政策应给予整体发展利益,平衡国家与投资者的权利与义务。“各国指南”的内容也突出了“平衡”的重要性,如提及了投资政策与可持续发展目标的结合,要求体现“平衡”的“具体投资政策和法规的设计”以及“最大限度减少投资潜在负面影响”等内容;促进负责任投资(responsible investment)的政策,保证投资符合国际核心标准。① “协定要素”为国际投资协定制定者提供了实现“核心原则”的选项,其内容也突出了“平衡”的重要性,如在“征收条款”中规定公共政策目标的非歧视性善意管制不构成间接征收,强调了投资者责任,需要遵守东道国法律,促进投资者遵守普遍原则或企业社会责任标准。“协定要素”通过新的或更强力度的条款来平衡投资者的权利和责任,促进负责任的投资。

早期国际投资协定强调经济发展,晚近国际投资协定将可持续发展要素纳入条约中已渐成常态。以我国签订的条约为例,早期BIT偏重经济发展目标。近几十年,中国签订的BIT呈现“环境友好”的特点。② 一些国际投资协定明确将可持续发展作为条约目标,如中国—加拿大BIT序言规定,“需要根据可持续发展原则促进投资”。一些国际投资协定中尽管没有直接使用“可持续发展”一词,但是列出了其中的关键要素。例如,中国、日本、韩国声明,“在不放松普遍适用的健康、安全和环境措施的情况下,实现这些目标”。国际投资条约平衡范式的转变是可持续发展的必然要求和实现路径,随着国际社会持续面临的可持续发展方面的挑战,这一议题将在未来国际投资协定制定中获得更多的关注,并在国际投资协定的解释

---

① See UNCTAD, *World Investment Report* 2012, United Nations, 2012.

② See Manjiao Chi, *The "Greenization" of Chinese BITs: An Empirical Study of the Environmental Provisions in Chinese BITs and Its Implications for China's Future BIT-Making*, Journal of International Economic Law, Vol. 18:3, p. 511-542(2015).

中得到更普遍的适用。

二、国际投资协定平衡范式面临的困境

(一)国家缔约情况差异导致经贸协定可持续发展内容参差不齐

国际投资协定的内容与多重因素有关系。在可持续发展语境下,发达国家和发展中国家的态度差异较大。欧盟、美国经历过资本积累初始阶段,已经进入追求平衡发展的新阶段,对兼顾环境、劳工、人权等多元可持续发展目标更具有迫切性。而发展中国家,对外国投资的期待依然以促进经济发展为首位。这一差异必然带来缔约谈判过程中对可持续发展条款的不同倾向。

国际投资协定作为实现本国投资利益的重要载体,还承载了实现缔约国竞争优势的重要作用。欧盟在环境、劳工保护上处于传统的优势地位,2006 年欧盟委员会发布的文件《全球的欧洲:在全球竞争》中将《自由贸易协定》视为重要的提升全球市场竞争力的战略手段,并将促进可持续发展内容作为《自由贸易协定》战略目标之一。[①]我国及东南亚国家在国际投资中自然优势和劳动力优势较为明显,在这两个问题上,我国及东南亚国家一直采取保守态度。

除了考虑本国需求和利益追求,缔约国谈判的实力差距也会影响协定内容。美国在长期的缔约实践中形成了自己的协定模板,欧盟也有较为稳定的缔约模式,加之在长期缔约实践中积累的谈判技巧,能够更好地实现其缔约目的。而大部分发展中国家尚未形成体系性的协定模板,在谈判技巧上的积累较发达国家也是欠缺的。

---

① See European Commission, *Global Europe: Competing in the World: A Contribution to the EU's Growth and Jobs Strategy*, EUR – Lex(May 20, 2009), https://eur – lex. europa. eu/EN/legal – content/summary/global – europe – competing – in – the – world. html.

故此,处于不同发展阶段的缔约国出于不同的利益考量、囿于自身谈判能力等因素,导致国际投资协定中内容安排及权利义务的规定参差不齐。①

(二)国际法碎片化限制了投资领域可持续发展目标的实现

将可持续发展目标融入国际投资领域,意味着国际投资法需要承载多重目标,既包含固有的促进经济发展目标,还囊括了东道国环境保护目标,以及在投资活动中对劳工、人权的保护目标等内容。当前的国际投资协定体系无法满足这一多重目标的要求,这背后的深刻原因在于国际法的碎片化。

国际法碎片化被国际法委员会认为是国际法多样化和扩张所引发的重要问题。国际社会日益增长的多元需求导致国际法对多元目标的追求,并呈现出向新领域扩张的态势。② 国际法语境下,国际投资法、国际环境法、国际人权法等部门各自调整相应的法律关系。国际投资法主要发挥调整国际投资法律关系的作用,而涉及可持续发展议题的法律关系则主要由国际环境法、国际人权法等部门调整。这一功能划分为可持续发展目标融入国际投资法设置了障碍,由于国际法各部门之间功能的独立,可持续发展目标在国际投资领域的融入需要经历较长的规则调整阶段。为克服碎片化所带来的障碍,需要重视国际法体系内规则和机构的自我矫正功能。③

---

① 参见徐崇利:《经济全球化与国际经济条约谈判方式的创新》,载《比较法研究》2001 年第 3 期。

② See International Law Commission, *Fragmentation of International Law: Difficulties Arising from the Diversification and Expansion of International Law*, ILC, 2006.

③ 参见莫世健:《国际法碎片化和国际法体系的效力》,载《法学评论》2015 年第 4 期。

第二节 国际投资仲裁实践的再思考

国际投资仲裁出现与可持续发展不一致的裁决,首要原因在于裁决依据的缺乏,这一症结无法短时间内彻底解决,在对既往案例的梳理中发现,部分仲裁庭通过适用理论工具实现了东道国合理管制权的保护。这其中,比例原则与系统整合解释路径具有较强的理论与现实意义,其适用有望帮助仲裁庭作出更为合理的裁决。

一、比例原则:平衡东道国与投资者利益的理论工具

(一)投资仲裁适用比例原则的可能性及问题

比例原则是约束国家公权力的一项重要宪法基本原则,随着理论界和实务界对比例原则的重视加深,其逐渐突破行政法,呈现出全球范围的流行趋势。① 亚里士多德较早地将比例与公正紧密联系起来:“公正就是某种比例。”②比例原则起源于18世纪末期的德国警察法学,起初被用来规制国家的警察权力。随着在各类行政执法过程中的适用,比例原则得以迅速发展。现在的比例原则是广受学界欢迎的法学教义,在国际法领域也有所适用和讨论。学者在理论层面的分析为比例原则的适用提供了依据。首先,比例原则在规制国家权力方面能够发挥重要作用,因此涉及国家权力的问题可以寻求该原则的适用;③其次,比例原则以保护人权为逻辑起点,高度契合宪

---

① 参见戴昕、张永健:《比例原则还是成本收益分析法学方法的批判性重构》,载《中外法学》2018年第6期。

② Aristotle, *Nicomachean Ethics*, trans. by Roger Crisp, Cambridge University Press, 2004, p. 86.

③ 参见于改之、吕小红:《比例原则的刑法适用及其展开》,载《现代法学》2018年第4期。

法的内在价值,[①]而人权保护也是可持续发展的重要内容之一;最后,由于比例原则能够为紧急状态下的公民提供“最小侵害”标准之保障,[②]这与投资争端投资者面临的情形高度相似。另外,比例原则以人权保障为起点,实质上是在国家为保护公共利益侵害公民权利时设置合理限制,即“权利限制的限制”[③],这与可持续发展视角下对国际投资的审查目标相一致,即警察权行使的合理性问题。

比例原则通常包含4个子原则:目的正当性原则、适当性原则、必要性原则及狭义比例原则。目的正当性原则要求行为者具有正当的目的,学者认为这是一个“门槛要求”[④],如果一个行为的目的明显不正当,则该行为可以被直接否决。适当性原则要求手段与目的之间存在实质联系,对于实质联系的程度并不苛求,即使采取的手段只是很小程度地促进目的,也符合该原则的要求。[⑤] 必要性原则要求争议措施具有必要性,措施所带来的损害应当最小。必要性本身具有丰富内涵,在比例原则的语境下讨论必要性,可能涉及对多个措施的比较,如果多个适当性措施都能实现同样的目的,则需要选择损害最小的措施。[⑥] 狭义比例原则也称均衡性原则,要求措施带来的损害与收益成比例,避免损益失衡,对此,当前实践中并无明确的判断标准,

---

① 参见杨登杰:《执中行权的宪法比例原则　兼与美国多元审查基准比较》,载《中外法学》2015年第2期。

② 参见戴激涛、刘薇:《政府应急处理中的人权保障——以比例原则为视角》,载《广州大学学报(社会科学版)》2008年第5期。

③ 赵宏:《限制的限制:德国基本权利限制模式的内在机理》,载《法学家》2011年第2期。

④ Aharon Barak, *Proportionality: Constitutional Rights and Their Limitations*, Cambridge University Press, 2012, p.246.

⑤ See Dieter Grimm, *Proportionality in Canadian and German Constitutional Jurisprudence*, University of Toronto Law Journal, Vol. 57:2, p. 383 – 397(2007).

⑥ 在进行多个措施的比较时,不能只注意措施的损害大小,还需注意不同措施的有效性差异。如果措施的有效性不同,在比较时则需要将其进行转化,再比较手段的损害大小,最终确定同样有效但损害较小的措施。参见刘权:《比例原则》,清华大学出版社2022年版,第24页。

需要在适用时进行价值衡量。比例原则的4个子原则体现了目的和手段两方面的规范内容,共同构成了递进式的分析框架。

前已述及,比例原则作为重要的理论工具在征收和公平公正待遇有关案件的仲裁中已经有所适用。在涉及公共利益的国际投资仲裁中,比例原则的适用为仲裁庭提供了重要的系统性评价工具,特别是帮助仲裁庭解决东道国与投资者之间的利益权衡问题。在可持续发展条款尚不完善的情况下,比例原则无疑是仲裁过程中保护东道国管制权的重要法律手段。仲裁庭对比例原则的部分或全部内容已有所尝试,但从总体上来看,效果仍不理想。

为使比例原则更好地发挥其作用,首要任务是厘清当前引入比例原则的现实基础及面临的问题。比例原则在各国国内法院以及国际法院和国际仲裁庭已有一定的适用,事实上已成了仲裁实践广为接受的法律工具。从法院/仲裁庭适用的实际情况来考察,与比例原则相关的仲裁实践多将其视为条约解释的辅助手段,仲裁庭往往通过比例原则的适用解决权益冲突的问题。① 国际投资的仲裁实践中,比例原则适用的案件多涉及征收条款、公平公正待遇条款。

仲裁庭在 Tecmed 案中适用了比例分析工具,为确定东道国的行为是否构成征收,仲裁庭考察了东道国采取的管制措施与所保护的公共利益及对投资者的保护是否成比例。② 在阿根廷经济危机引发的系列案件中,CMS、LG & E、Enron 和 Sempra 等涉及美国公司和阿根廷政府的案件中,都可以看到仲裁庭对比例原则的适用。在 LG & E案中,仲裁庭部分适用了比例原则,指出国家有权为公共利益目的而采取相应管制措施,此情形下,国家可不承担责任,除非国家

---

① 参见买木提明·热西提、沈伟:《间接征收语境下公共利益的多重维度及比例原则的解释路径》,载《中南大学学报(社会科学版)》2020年第4期。

② See Técnicas Medioambientales Tecmed, S. A. v. The United Mexican States, ICSID Case No. ARB (AF)/00/2, Award (May 29, 2003), para 108.

采取的措施与目的明显不成比例(obviously disproportionate)。[①] 但是,仲裁员并没有依据比例原则进行案件的推论。在 CMS 诉阿根廷一案中也涉及了比例原则的适用,阿根廷一方辩称所采取的管制措施是合理的且与所追求的目标是成比例的。[②]

随着可持续发展的融入,投资仲裁实践中比例原则的运用更加广泛,并呈现出多元化的特点。Siemens 诉阿根廷案多次提及比例原则。申请人主张,"依据阿根廷宪法,国家修改合同的权利受到比例原则的限制"。阿根廷在涉及征收问题上也提到了 Tecmed 诉墨西哥一案采取的比例测试,[③]申请人认为,比例原则可能在评估是否恰当征收方面发挥作用,但这些标准不影响征收的认定。申请人援引了 Waste Management Inc 诉墨西哥和 MTD 诉智利两个案件中的说明,而阿根廷将 Tecmed 诉墨西哥案作为例证说明仲裁庭应考虑争议措施的目的和成比例性。[④] 仲裁庭认为,双方所考虑的内容是认定征收的部分内容,但不是用来确定补偿范围的内容。[⑤] Novenergia Energy & Environment 诉西班牙案仲裁庭认可申请人主张的"平衡测试",并参考了 Electrabel 案、Saluka 案仲裁庭在平衡测试中的意见。Eco Oro 案中仲裁员 Horacio A. Grigera Naón 提出的分歧意见也强调了比例原则在间接征收认定上的重要性,并给出了自己的结论。分歧意见中对比例原则的分析是按照争议措施的影响、目的及措施与目的是否成比例的基本框架得出结论的。该仲裁员认为争议措施带来了申请人利益的严重损失,由于政府出台政策所依据的划界活动具有不

---

① See LG & E. Energy Corporation v. Argentina, ICSID Case No. ARB/02/1, Award(July 25, 2007), para 195.

② See CMS Gas Transmission Company v. Argentina, ICSID Case No. ARB/01/8, Award(May 12, 2005), para. 274.

③ See Siemens A. G. v. Argentina Case No. ARB/02/8, Award(February 6, 2007), para. 155.

④ See Siemens A. G. v. Argentina Case No. ARB/02/8, Award(February 6, 2007), para. 238, 285.

⑤ Ibid., para. 354.

确定性,他认为很难将争议措施的目标——保护生态系统视为一种善意追求,政府的行为与实现该目标是不成比例的,因而构成间接征收。①

从仲裁实践的适用情况来看,主要有几个特点:第一,争端方与仲裁庭在比例原则适用范围上存在分歧,如个案中对于能否将其直接适用于征收等问题的认定存在分歧。第二,投资仲裁庭适用比例原则的程度存在差异,如 Tecmed 案的直接适用;部分仲裁庭仅适用了比例原则中的某一(几)个要素,如阿根廷经济危机后发生的系列案件。第三,对于比例原则几个子原则的认定容易出现分歧,如 Eco Oro 案中仲裁员提出的异议。

比例原则的适用已经积累了一定的仲裁实践,但适用范围和适用程度依然有限,远未发挥其应有作用,有必要挖掘其深层次问题解决适用难题。现阶段比例原则无法充分发挥促进可持续发展的作用,主要存在两大症结:其一,比例原则(或其要素)的适用认定模式不一;其二,比例原则存在无法克服的自身局限性。

认定模式不一的问题在比例原则几个要素的适用中都存在,如对合法目标和适当性原则的适用案件中,仅有部分仲裁庭倾向于尊重东道国的管制权;在进行必要性审查的案件中,部分仲裁庭认可替代措施的方案,而部分仲裁庭则采取了更为严苛的标准,无论所采取替代措施的实际情况,均否定东道国采取替代措施。毫无疑问,采取灵活性认定方法的仲裁庭更加尊重东道国的管制权,为东道国保护本国公共利益保留了适当空间。② 仲裁庭对合法目标、适当性元素和必要性原则的认定模式基本都可以划分为两类:尊重东道国自主决策权的模式以及仲裁庭独立审查的模式。毫无疑问,前者对公共利

---

① See Eco Oro Minerals Corp. v. The Republic of Colombia, ICSID Case No. ARB/16/41, Partial Dissenting Opinion of Horacio A. Grigera Naón (September 9, 2009), paras. 18 – 26, 32.

② 参见秦晓静:《论比例原则在公平公正待遇有关仲裁案件中的适用》,载《东方法学》2021 年第 2 期。

益保护更为有利。

首先,比例原则存在的局限性体现在适用范围上,如果投资协定、合同或其他法律明确规定了东道国公共利益和投资者个人利益之间的优先顺序,仲裁庭则无法适用该比例原则进行裁决。其次,比例原则的弊端还体现在仲裁庭的裁量权无法精准控制,这也是实践中裁决不一致的重要原因之一。仲裁员在适用比例原则或其部分要素时,不可避免地要进行个案判断,如在对必要性要素的考察中仲裁庭需要对其替代方案的有效性进行判断,以及适用狭义比例原则进行价值判断时都不可避免地带入主观性因素。[1]

(二)比例原则的理性适用

通过对仲裁实践中比例原则的梳理,可以得出此结论:比例原则具有一定适用基础,但需寻求合理方式方能实现平衡东道国和投资者利益的目标。比例原则 4 个子原则对争议措施提出了不同的要求,需要对这些要求合理理解和适用,构建理性的"四阶"逻辑进路,方能解决比例原则当前适用的困境。

目的性审查被司法实践视作比例原则适用的第一阶段,是适用比例原则保护东道国警察权的首要前提。针对可持续发展议题所涉及的案件特点,首先仲裁庭需要判断东道国管制措施的目的是否为公共利益保护。在目的要素的认定上,仲裁庭需要查明争议措施背后的真实目的,而非政府所宣称的目的。为准确查明真实目的,需综合考虑管制措施的背景因素,如综合考虑法律的条款、行政文书、实际行为的内容等作出理性推断。目的要素判断的关键是要甄别东道国所宣称目的的真实性,如大流行病时期,政府防止疫情扩散而采取管控措施,需要考察管制措施的目的是不是公共健康保护,如果疾病流行和扩散属实,则政府管制措施就具有了目的正当性。反之,如果

---

① 参见张庆麟、余海鸥:《论比例原则在国际投资仲裁中的适用》,载《时代法学》2015 年第 4 期。

采取管制措施的事实背景并不存在，则政府所出台的管制措施就不具有正当性。

对管制措施的考察可以从适当性原则和必要性原则两个维度来进行。适当性和必要性考察内容的区别在于，前者以保护公共利益为导向，后者则偏重于保障个人利益的考察。通过对争议措施的双重考察，能够在有效保证东道国警察权的行使的同时，兼顾投资者个人利益。行政法领域已经积累了两个原则的司法实践经验，考虑到比例原则的适用限度和投资仲裁的自身特点，笔者认为应区别于行政领域的审查方法，对争议措施实施方式采取两个维度有机结合的考察方式。行政领域通常按照先适当性原则后必要性原则的先后顺序来进行，此举可以起到层层筛查、提高效率的效果。但是本研究所涉及的比例原则适用目标有别于前者，主要是为了构建一个有利于平衡东道国与投资者利益的分析框架，对实施措施的考察路径需将此视为首要目标，考虑到适当性和必要性考察的不同偏向，将两个维度作为有机整体来考察无疑是最佳选择。同时，适当性和必要性两个原则本身就具有紧密、不可分割的联系，甚至部分学者认为必要性原则本身包含了适当性原则的要求。综合来看，二者有机结合的框架更适合本研究背景下对争议措施的考察。

二者结合的考察内容应包括争议措施与公共利益保护是否具有实质性关联，争议措施是不是对投资者损害最小的措施。主观适当性审查可用来考察措施是否能够满足实质性公共利益保护的目标，该审查方法将措施出台时的情况作为考察内容，只要东道国在出台措施时能够满足公共利益保护的目标，则认为该措施具有适当性。此部分考察内容相对容易，而对必要性原则内容的考察更具挑战性。

对争议措施进行必要性考察时应对必要性进行狭义解释，即选择最小损害性原则，此种选择能够凸显投资者利益保护，同时也符合必要性原则适用所形成的既有习惯。① 最小损害原则要求东道国在

① 参见刘权：《比例原则》，清华大学出版社 2022 年版，第 126 页。

追求公共利益目标时,所选择的措施是损害最小的措施。投资仲裁中对于争议措施损害性的判断通常具有较强的主观性,这与比例原则在其他部门法中的适用特点一致,研究认为这一特点可归因于其缺乏可操作性。[①] 为解决仲裁中面临的这一问题,可以借用成本收益分析的办法来辅助仲裁庭进行判断,成本收益分析在美国已有相关实践并得到了认可。[②] 投资仲裁案件中,投资者收益损失部分较容易通过此方法准确计算损失,对于公共利益部分的收益计算则需要通过合理的货币化转换才能与前者进行比较。人们已经意识到了部分不易被量化的成本和收益,并提出了多种解决办法,如商谈性成本收益分析(deliberative cost - benefit analysis)。此方法通过商谈来促成公民形成对公共物品真实货币价值的认识,继而推动货币价值的认可,特别是有利于确定"适当的折现率与愿意支付的成本"[③]。在投资仲裁案件中,仲裁庭可考虑促成争端双方在涉及公共利益的问题上进行商谈,确定一个双方认可的公共利益货币价值,继而得出准确的受损价值。

对比例原则的适用中,狭义比例原则是关键。适用比例原则的目的是权衡公私法益,而均衡性是比例原则的精髓,被称为"狭义比例原则"[④]。投资争端所面临的情况是非常态意义上的国家公共利益与投资者利益,争端中的两个利益呈现失衡状态,需要仲裁庭进行合理判断,达到公私法益均衡的目标。均衡性判断规则(Law of Equilibrium)是进行狭义比例原则考察的基本准则,根据该规则,实施某种措施的总成本占总收益的比重越小,则该措施就更有可能具

---

① 参见刘权:《比例原则》,清华大学出版社 2022 年版,第 120 页。

② 例如,安吉特公司诉河流看护案中,最高法院就对成本收益持积极态度,法官在裁决中主张,只要无法律禁止,行政机关就可以适用成本收益分析。关于此案的分析参见 Marianne Kunz Schanor, *Administrative Law - The Supreme Court's Impingement of Chevron's Two - Step; Energy Corp. Riverkeeper, Inc.*, 129 *S. Ct.* 1498(2009), Wyoming Law Review, Vol. 10:2, p. 537 - 556(2010)。

③ Jennifer Nou, *Regulating the Rulemakers: A Proposal for Deliberative Cost - Benefit Analysis*, Yale Law & Policy Review, Vol. 26:2, p. 601 - 644(2008).

④ 刘权:《均衡性原则的具体化》,载《法学家》2017 年第 2 期。

有均衡性，相应地具有更高的可接受程度。① 该规则并未明确究竟比重精确达到多少才能符合均衡性的标准，投资仲裁实践中部分仲裁庭倾向于当损害结果与公共利益严重不成比例时才会认定违反该原则，为东道国保留了在特定情形下灵活制定政策的权力。如 EDF 诉罗马尼亚案中，仲裁庭认为只有在申请人“过度负担”的情形下，才能认定东道国构成对比例原则的违反；②Saluka 诉捷克案的仲裁庭认为管制措施“明显”不符合稳定性原则的情形，抑或不合理的程度达到“明显”的情形才构成公平公正待遇的违反。③仲裁庭此类判断无疑更有利于东道国利益，却难免招致批评或质疑，特别是仲裁庭对于“成比例性”的判断并无成法，对既往裁决中的内容也存在不同的态度，加重了仲裁庭在均衡性判断上的分歧。针对此问题，可以通过成本收益分析办法将双方所涉利益转化为货币价值，借助均衡性判断公式来实现精确化的目标。

$$E = \frac{C_r + C_f}{B} \tag{1}$$

公式 1 中 C_r 代表实施措施的权利损害成本，C_f 代表措施所需的财政支出，B 代表公共利益收益。④ 通过该公式能够清晰呈现均衡性判断规则所需的考察对象，为仲裁庭和争端双方提供更有说服力的证明内容。同时，考虑到投资仲裁的自身特点，在进行判断时要考虑到部分货币值的转化仍需促成双方合意达成一致意见。

尽管前述“四阶”比例原则能够为仲裁庭提供一个相对精准的分析框架，但由于其自身存在无法克服的弊端，因此存在部分情形下无

---

① 参见刘权：《比例原则》，清华大学出版社 2022 年版，第 182 页。

② See EDF (Services) Limited v. Romania (EDF v. Romania), ICSID Case No. ARB/05/13, Award (October 8, 2009), para. 292 – 294.

③ See Saluka Investments BV v. Czech Republic, UNCITRAL, Partial Award (March 17, 2006), paras. 304 – 310, 337.

④ 公式中涉及的具体计算成本可以借鉴成本收益分析中的具体办法。See John F. Cogan, *Cost – Benefit Analysis of Financial Regulation: Case Studies and Implications*, Yale Law Journal, Vol. 124:4, p. 882 – 10112 (2015).

法适用或无法合理适用的问题。在仲裁实践中比例原则的适用并不必然产生保护东道国警察权的裁决。在 Vivendi 案中,仲裁庭主张在专家对水浑浊度的影响存有分歧的情形下,政府应采取审慎态度,因此认定东道国政府对投资者发出的警告是不当行为。①本研究认为,比例原则仅能为案件审理提供程序性框架,仲裁庭可以借助这一框架实现充分论证,最终产生论证更加清晰、有力的裁决,但无法绝对保证平衡性裁决结果的得出。仲裁庭可以在国际投资法缺位情形下,通过比例原则提供的"程序性框架"来进行个案分析。更为理想的路径仍然是投资协定的更新。

二、系统整合解释法:构建相关国际法的密切联系

本研究议题下,投资仲裁实践面临的重要困境是很多情况下"仲裁庭不能妥善处理国际投资法规则与其他形态国际法规则之间的关系",特别是仲裁庭"不愿触及缔约国投资条约与其他国际条约义务之间的冲突"②。投资条约是仲裁庭适用的特别法,其中并不包含如何处理与其他国际条约之间的关系,仲裁庭很难将其他国际条约义务纳入考量。随着可持续发展理念在投资领域的不断深入,投资与环境、人权、劳工、卫生等议题将越来越多地交叉与融合,投资协定与相关国际规则、软法呈现更多的互动。投资仲裁将会持续面临此类问题:争议措施是否违反了协定内容,东道国在为实现可持续发展而违反条约义务时能否通过援引其他国际法内容保护本国警察权的行使?系统整合解释法可能成为仲裁庭解决这一问题的重要路径。在探讨投资仲裁适用的可能性及适用路径问题上,世界贸易组织在处理国际公法规则与冲突方面的实践具有借鉴意义。

非世界贸易组织规则是世界贸易组织专家小组和上诉机构进行

---

① See Compañía de Aguas del Aconquija S. A. and Vivendi Universal S. A. v. Republic of Argentina, ICSID Case No. ARB/97/3.

② 刘笋:《仲裁庭的条约解释权及〈维也纳条约法公约〉的引导与制约》,载《华南师范大学学报(社会科学版)》2021 年第 1 期。

解释条约时的重要参考内容,如欧共体—家禽案、美国—限制进口金枪鱼案、美国—海虾案、智利—价格评估体制案。这些案件的实践证实了非世界贸易组织框架条约有助于争议的解决,Pauwelyn 的研究指出,条约外其他国际法规则的引入能够真正避免冲突的产生,并提出了条约外相关规则的解释办法应遵循的基本原则:依据《维也纳条约法公约》第 31.3(C)条引入的"外部规则"发挥的是辅助解释功能,规则的引入不能改变原有的世界贸易组织规则。①世界贸易组织适用《维也纳条约法公约》第 31.3(C)条的实践显示,所引入的其他国际法规则具有多样性,条约条款、习惯国际法和符合条件的一般法律原则都可能成为引入对象。在 Loizidou 案中,在认定"国际社会对北塞浦路斯土耳其国家的认定"问题上,欧洲人权法院参考了国际组织决议。② 美国—海虾案的上诉机构则引入了一般国际法原则,包括诚信原则、禁止权力滥用原则。③

学者认为《维也纳条约法公约》第 31.3(C)条反映了系统整合解释的重要性,④国际投资仲裁实践中已有案例通过援引该条款成功引入国际法规则,为仲裁庭裁决提供了更加广泛的国际法基础。在 PM 诉乌拉圭案中,仲裁庭在对间接征收条款进行解释时以《维也纳条约法公约》第 31.3(C)条为依据,通过援引"其他国际法规则"⑤,证明了警察权学说(the police powers doctrine)作为习惯国际法的存在。⑥

---

① See Joost Pauwelyn, *Conflict of Norms in Public International Law – How WTO Law Relates to Other Rules of International Law*, Cambridge University Press, 2009, p. 287 – 290.

② See Loizidou v. Turkey, Reports 1996 – Ⅵ (December 18, 1996), para. 44.

③ See US – Shrimp Report of Appellate Body (October 12, 1998), para. 158.

④ See Campbell Wclachlan, The Principle of System Integration and Article 31(3)(c) of the Vienna Convention, 54 International and Comparative Law Quarterly 280 – 281 (2005).

⑤ 仲裁庭援引的国际法规则包括《国家对外国人损害之国际责任公约草案》(1961)、《美国对外关系法第三次重述》(1987)、经济合作与发展组织研究报告等。

⑥ See Philip Morris Brands Sàrl, Philip Morris Products S. A. and Abal Hermanos S. A. v. Oriental Republic of Uruguay, ICSID Case No. ARB/10/7, Award (July 8, 2016), para. 65.

仲裁庭通过援引条约范本及间接征收方面的实践,证明了各国通过条约实践在事实上已经确认警察权学说的法律地位,这也可以看作习惯国际法演进的证据。此案对于警察权学说的援引为间接征收的裁决提供了更加“自觉、严谨和有说服力”的推理过程,较好地平衡了东道国与投资者利益。①立足系统整合解释的现有实践及演进,《维也纳条约法公约》第31.3(C)条可能从两个方面辅助仲裁庭解决当前困境:一是密切联系条约与可持续发展相关国际法规则;二是还有可能通过补缺解释为投资者施加可持续发展相关义务。

(一)搭建条约与可持续发展相关国际法的密切联系

拉伦茨将系统整合解释法称为“法律的意义脉络”,并将意义脉络的考虑内容归结为三个方面:第一,“上下文脉络的关系”;第二,“条文间事理上的一致性”“法律的外部安排及其内在概念体系”;第三,“法律的目的及法律基本的‘内部体系’”。② 易言之,系统整合解释法不仅要求关注解释对象所处的条文内容,还要关注不同部门法或更大范围法律体系之间的联系。可持续发展问题往往涉及多个法律部门的内容,如环境法、劳动法、人权法等,这些不同法律部门与条约的密切联系是仲裁庭作出平衡性裁决的关键。《维也纳条约法公约》第31.3(C)条可从两个方面为仲裁庭提供解决办法:一是引入有关的国际法规则,将可持续发展相关议题纳入仲裁庭考量;二是不同规范之间可能出现内容的重叠甚至不一致或冲突问题,该款项能够为仲裁庭提供有效的解释工具。

从投资仲裁实践总体考察,像PM诉乌拉圭案仲裁庭对“其他国际法规则”给予充分尊重的案例总体并不多。国外学者的实证研究

---

① 参见王彦志:《国际投资仲裁中公共健康保护的条约解释进路——以Philip Morris v. Uruguay案中VCLT第31条第3款c项的适用为视角》,载《当代法学》2017年第6期。

② 参见[德]卡尔·拉伦茨:《法学方法论》,陈爱娥译,商务印书馆2003年版,第207页。

也印证了这一事实,在一份样本多达200多份的仲裁裁决中,仅有不足60个仲裁庭在解释过程中采纳其他国际法规则。[①] 因此,如何有效利用《维也纳条约法公约》第31.3(C)条成为关键问题。

考察既往投资仲裁实践,仲裁庭拒绝适用的情形包括认为东道国并未充分论证投资条约与其他国际法规则之间的联系,如 Azurix Corp 诉阿根廷案[②]和 Siemens 诉阿根廷案[③]的仲裁庭都给出了相同的观点;否定了居民水权义务优先的法庭之友主张,如 Suez 诉阿根廷案[④]。这三个案件的仲裁庭并没有充分讨论条约与其他国际法规则之间的关系,甚至对于《维也纳条约法公约》第31.3(C)条持"敬而远之"的态度,说理中或者否定人权义务与条约义务之间矛盾的存在,或者将问题转嫁给东道国论证不充分。在后续的 EDF 诉阿根廷案中,仲裁庭终于有所推进,不仅并未完全回避东道国所主张的人权义务,而且认可了人权与国际投资法之间存在的关联性。但是仲裁庭认为阿根廷在危机过后并未及时履行条约义务,纠正紧急措施打破的经济平衡。[⑤] 可见此案仲裁庭的观点是东道国承担其他国际法义务并不能减少其所应当承担的条约义务。

上述几个裁决中《维也纳条约法公约》第31.3(C)条无法合理适用的原因可从裁决当事方和仲裁庭两方面来理解。东道国和法庭之友未合理适用《维也纳条约法公约》第31.3(C)条,该条款的功能是

---

① See Trinh Hai Yen, *The Interpretation of Investment Treaties*, Brill Nijhoff, 2014, p. 106.

② See Azurix Corp. v. Argentine Republic, ICSID Case No. ARB/01/12, Award (July 14, 2006), para. 261.

③ See Siemens v. Argentina, ICSID Case No. ARB/02/8, Award(2007), para. 79.

④ See Suez, Sociedad General de Aguas de Barcelona S. A., and InterAguas Servicios Integrales del Agua S. A. v. The Argentine Republic, ICSID Case No. ARB/03/17, Decision on Liability(July 30, 2010), para. 240.

⑤ See EDF International S. A., SAUR International S. A. and Le León Participaciones Argentinas S. A. v. Argentine Republic, ICSID Case No. ARB/03/23, Awards (June 11, 2012), paras. 909 – 914.

引入相关国际法规则进行解释，而非将条约与其他国际法规则进行位阶排序，法庭之友提出居民水权具有优先性的主张已经超出了该条款的功能范围。与依赖单一条文的解释路径相比，系统整合解释的优越性在于其“融贯”性，同时避免出现违反其他条文的结果。这种解释路径对其他国际法规则的参考程度需要控制在合理的限度之内，条约依然是仲裁庭的主要裁量依据，当事方不能期望仲裁庭作出游离于条约文本之外的裁决。Vattenfall AB 诉德国案的仲裁庭也明确指出“条约优先于《维也纳条约法公约》所指的其他解释元素”①。

从裁决的结果来看，仲裁庭对《维也纳条约法公约》第 31.3(C)条的适用具有选择性，既往案例中比较容易接受的路径是通过该条款引入国家警察权。PM 诉乌拉圭案中，东道国通过援引《维也纳条约法公约》第 31.3(C)条引入警察权，主张争议措施是以公共利益保护为目标的警察权的合法行使，不构成间接征收的违反。仲裁庭通过援引相关的国际法规则和既往仲裁裁决证明了警察权的习惯国际法地位，支持了东道国的主张。② Saluka 诉阿根廷案的仲裁庭通过主动适用《维也纳条约法公约》第 31.3(C)条，引入警察权的概念来解决征收相关问题。③

通过对《维也纳条约法公约》第 31.3(C)条的适用的梳理可以得出结论，该条款的成功适用主要取决于两个关键要素：一为引入的“其他国际法规则”的内容；二为当事方或第三方对“其他国际法规则”的理解和适用程度。当前仲裁庭对于警察权学说持有较为积极的态度，在得到合理适用的案件中，当事方的主张均在合理范围之

---

① Vattenfall AB and Others v. Federal Republic of Germany, ICSID Case No. ARB/12/12, Decision on the Achmea Issue (August 31, 2018), para. 156.

② See Philip Morris Brands Sàrl, Philip Morris Products S. A. and Abal Hermanos S. A. v. Oriental Republic of Uruguay, ICSID Case No. ARB/10/7, Award (July 8, 2016), paras. 215 – 219.

③ See Saluka Investments B. V. v. The Czech Republic, UNCITRAL, Partial Award(2006), paras. 261 – 263.

内。故此,本研究认为,应持续重视可持续发展与国家警察权之间的密切联系,可以此为桥梁合理引入国际法规则对投资保护标准进行合理限定,平衡东道国和投资者利益。

系统整合解释法的适用应遵循特定规则,前述案例的尝试说明《维也纳条约法公约》能否辅助仲裁庭得出平衡性裁决有赖于各方和仲裁庭的合理适用。国外在研究世界贸易组织中该路径的适用主要指出了两个方面的限制:一是"适用于各缔约国之间关系"的限制,二是对于规则"相关性"的限制。①

考虑到国际投资的自身特点及现状,在适用系统整合解释时,应重点关注以下三点。首先,要准确把握适用条件,国际法委员会为处理条约与其他国际法规则之间的关系提供了两种假设:一种假设情形是依据条约无法解决的问题,可寻求一般国际法的解决路径;另一种假设情形则是条约缔约国不希望条约解释出现与一般国际法不一致的内容。② 据此,在解决条约义务和可持续发展义务冲突时,抑或缺乏条约依据承担可持续发展义务时,可尝试此路径。

其次,适用该解释路径时要合理理解"其他国际法规则"的范围。根据该款项的措辞"缔约国间关系之任何有关国际法规则",本身就存在至少三个限定要件:调整对象的一致性、与条约的关联性、对仲裁庭解释有启发意义。该解释方法的适用还需遵循恰当的规则,防止滥用,避免出现"可能会带来混乱"的情形。③ 各方在适用时需严格把握此限定条件。

最后,解释过程中依然要以条约内容为基本,特别是明确当事国

---

① See Joost Pauwelyn, *Conflict of Norms in Public International Law – How WTO Law Relates to Other Rules of International Law*, Cambridge University Press, 2009, p. 294 – 302.

② See ICL, *Conlusions of the Work of the Study Group on the Fragmentation of International Law, Difficulties Arising from the Diversification and Expansion of International Law*, UN Document (UN Doc A/61/10).

③ See Desierto A. Diane, *Nessity and National Emergency Clauses: Sovereignty in Modern Treaty Interpretation*, Martinus Nijhoff, 2012, p. 231.

的合意。“国际生活当中,国家仅遵循本国所做出的允诺,国家的允诺就变成了它所需要认可和遵循的规则。”①尽管保护东道国公共利益已经成为国际共识,但在个案裁决中,依然要以允诺背后的意图为基准,这也是《维也纳条约法公约》第 31 条“解释之通则”中所包含的内容。除此之外,条约本文、上下文、宗旨与目标等基本要素,也是条约解释过程中必不可少的考虑内容。系统整合解释法在适用过程中应与《维也纳条约法公约》第 31 条项下的其他内容构成整体协作的系统性工具,特别是出现国际法规则冲突的情形下,系统性工具的重要性更为凸显。系统整合解释将国际法作为整体来进行考虑,只有通过合理利用方能弥补投资仲裁在可持续发展问题上的局限。

(二)施加投资者义务的可能性

施加投资者义务是改善当前不平衡关系的重要内容之一,国际投资协定的改革中对此已有一定推进,如企业社会责任条款的发展。除此之外,部分研究还探讨了通过条约解释路径施加投资者义务的可能性。本研究认为,尽管此种路径存在一定可能性,但考虑到仲裁实践的现状,通过系统解释来实现投资者义务仍需要经历一定时间。

首先,通过系统解释法施加的“投资者义务”源自“其他国际法规则”中规定的义务,而“其他国际法规则”通常理解为具有约束力的条约、习惯国际法和一般法律原则。而跨国企业准则等文件由于不属于前述“国际法规则”,很难得到适用。软法在可持续发展治理中发挥着重要作用,由于该议题涉及多维度、广泛性内容,无法短期内全部发展为习惯国际法、一般法律原则。即使“其他国际法规则”存在演进解释的可能性,同样也要经历时间过程。

其次,对施加投资者义务持乐观态度的研究认为,Urbaser 诉阿根廷案仲裁庭认可了人权义务是投资条约的整体方案。尽管该案所援引的西班牙—阿根廷 BIT 中未规定投资者人权义务条款,但是仲

① 何志鹏:《以诺为则:现代性国际法的渊源特质》,载《当代法学》2019 年第 6 期。

裁庭适用《维也纳条约法公约》第 31.3 条,认为投资者应该承担人权方面的国际义务。研究认为该仲裁庭所采取思路极具创新性,将成为施加投资者国际法义务的开端。① 本研究认为,仲裁庭施加投资者义务的范围依然受限于"其他国际法规则"的内容,即使在 Urbaser 案中,仲裁庭所引入的也是国际人权条约。对于大量以软法形式存在的规范仍然很难纳入仲裁庭的考量范围。

综上所述,本研究认为,仲裁庭适用系统整合解释法可以警察权为切入点,通过引入"其他国际法规则",实现东道国和投资者利益的平衡。现有研究提出的通过《维也纳条约法公约》第 31.3 条实现施加投资者义务虽具有可能性,但需经历一定的时间过程。

与修改实体法和程序法规则相比,仲裁庭利用条约解释路径所付出的成本代价要远远低于前者,对《维也纳条约法公约》的合理适用具有重要的现实意义。法学教授 Herve Ascensio 指出,《维也纳条约法公约》第 31 条的严格适用能够提高国际投资法的一致性和可预测性,避免争议的产生和法律的误用。② 但是,系统整合解释法的局限性同样是不得不正视的现实问题,主要体现在两个方面:一是这一路径无法克服管辖权的有限性问题,二是对于文本主义的背离。

尽管争端解决机构在解释世界贸易组织协定或国际投资协定时可以援引其他国际法规则,但并不代表其享有与其他国际法规则相关的争端管辖权。争端解决机构可能会以管辖权受限为理由远离其他国际法规则,这一问题的根本解决仍依赖于协定文本,如程序性条款中明确可持续发展条款或义务属于争端解决机构的管辖范围。

由于该解释路径引入了外部国际法规则,一定程度上背离了传统的文本主义,在强调整合国际法的同时,引用的外部国际法规则不

---

① 参见张金矜:《国际投资仲裁实践中保护东道国人权的系统解释路径剖析》,载《国际经济法学刊》2019 年第 3 期。

② See Herve Ascensio, *Article 31 of the Vienna Conventions on the Law of the Treaties and International Investment Law*, ICSID Review – Foreign Investment Law Journal, Vol. 31:2, p. 366 – 387 (2016).

可避免地对条约内容带来了冲击，加之仲裁庭在进行援引时需作主观判断也是不可忽视的问题。这些弊端似乎也佐证了学者对于法律解释的怀疑态度。“所有这些人们寄予厚望的所谓解释理论和方法都不像人们想象的那样可以信赖，人类发现的一个又一个似乎完善的解释法律的方法并没有取得多大的进展。不仅其中任何一个都不可能充分有效，而且其加总也无法构成一套方法。”[①]苏力教授指出了解释方法的“不可靠性”，囿于解释方法的固有缺陷，单一依靠解释路径确实很难达到完美的平衡目标。

第三节 影响可持续发展融入之新要素

一、气候变化议题的深化

全球气候变化问题是近年来人类面临的紧迫挑战之一，而国际投资协定被认为是协同治理气候变化的重要载体。一方面，气候变化是全球性问题，解决这一问题必须从国际层面着手，需要世界各国的集体参与，这也是当前气候变化法治进程中国际法引领国内法的原因所在；另一方面，随着气候谈判的推进、法治化进程的加快，气候治理进程向前推进，已经逐渐形成了具体目标下涉及资金流动、技术转让、能源转型等不同要素的治理架构，多维度、多主体参与是当前治理架构的重要特点。[②] 这也使全球气候治理与国际投资法治具有关联性，且这种关联性逐渐增强。[③]

作为可持续发展议题的新议题之一，气候变化法律体系具有较

---

① 苏力：《解释的难题：对几种法律文本解释方法的追问》，载《中国社会科学》1997 年第 4 期。

② 参见陈小鼎、罗润：《亚投行气候投资的新实践：影响、挑战及其应对》，载《太平洋学报》2022 年第 10 期。

③ 参见陈红彦：《自由贸易协定：提升我国全球气候治理制度性话语权的新路径》，载《法学》2020 年第 2 期。

强的国际法引领特点,而气候变化的相关国际法文件也体现了可持续发展理念的基本内容。1992 年《联合国气候变化框架公约》(United Nations Framework Convention on Climate Change, UNFCCC)中所确立的共同但有区别的责任原则已经发展为国际社会应对气候变化问题的基本原则,1997 年《〈联合国气候变化框架公约〉京都议定书》(Kyoto Protocol)之后,《巴黎协定》进一步明确了《联合国气候变化框架公约》缔约国应对气候变化自主作出贡献(nationally determined contributions, NDCs),使碳排放尽早达到峰值。①

从气候治理的法律内容来看,已经明确了其与国际投资的协同治理。例如,《巴黎协定》中列出的气候治理长期目标中就包含对资金流动的要求符合温室气体低排放和气候适应型发展的路径。② 另外,《〈联合国气候变化框架公约〉京都议定书》第 10 条、《巴黎协定》第 10 条也都强调了技术开发和转移对气候治理的重要性。这些内容均指向了国际投资治理。外国直接投资承载技术的跨国转移,作为规制投资跨国流动的规则,国际投资协定体系通过承诺和信号效应的方式对投资的跨国流向发挥作用,继而影响相关技术的流动。当前气候治理主体的多样性也使国际投资治理与气候治理重叠加深。例如,《联合国气候变化框架公约》强调了"私人主体"在缔约方减排义务方面可能发挥的作用,如投资可再生能源、绿色交通等气候友好型项目。③ 作为可持续发展的当代内容之一,气候治理的主体和内容特点体现了其与国际投资治理的交叉重叠,需要通过完善国际投资的主要规则基础,增强二者之间的良性互动。④

---

① The Paris Agreement, United Nations, 2015.

② 《巴黎协定》第 2 条。

③ 《联合国气候变化框架公约》,UNFCCC 缔约方会议第二十一届会议报告,FCCC/CP/2015/10/Add. 1(2016 - 1 - 29)[2024 - 06 - 09],https://unfccc. int/resource/docs/2015/cop21/chi/10a01c. pdf;《格拉斯哥气候公约》第 19 条;《〈联合国气候变化框架公约〉京都议定书》第 6 条、第 10 条;《巴黎协定》第 6 条。

④ 参见邓婷婷、曹江琪、张庆麟:《国际投资协定的气候友好型改革:实践、目标与进路》,载《国际经济评论》2024 年第 5 期。

由于气候变化问题的紧迫性,国际投资领域已经提出了气候友好型的转型要求。世界银行公布的《2021—2025 年气候变化行动计划》(Action Plan on Climate Change 2021—2025)中重申了资金流动要与《巴黎协定》的目标保持一致。主要发达经济体的投资协定签订实践中,也逐渐意识到气候变化议题的重要性,积极将相关内容纳入考量范围。《综合性经济贸易协定》第 24 条承诺在共同关心的与贸易有关的环境问题上开展合作,列出了能源方面的环境产品类服务贸易与投资。① 显示出该协定对气候变化议题中与投资相关内容的关注。国际投资领域,已有国家开始了气候友好型条约改革的实践,根据联合国贸易和发展会议的统计,部分国家通过不同条款内容设置推行气候友好型条约改革(见表 3)。②

表 3　气候友好型条约改革的具体内容及占比

气候友好型条约改革的具体条款内容	占比/%(包含气候友好型条款的投资协定占总协定的百分比)
例外情形(禁止征收 + 禁止业绩要求 + 非歧视待遇)	67
不降低环境标准	20
东道国规制权	13
国际气候规制合作	8
企业社会责任	5
促进可持续投资	5

① See European Union – Canada Comprehensive Economic and Trade Agreement, Article 24(12),(a) –(f).

② See *The International Investment Treaty Regime and Climate Action*, UNCTAD (2022 – 9), https://unctad.org/system/files/official – document/diaepcbinf2022d6_en.pdf.

续表

气候友好型条约改革的具体条款内容	占比/%(包含气候友好型条款的投资协定占总协定的百分比)
国际环境义务的履行、尊重东道国环境法规	8

注:联合国贸易和发展会议选取了2010—2021年签署的347份国际投资协定进行分析。统计数据来源于IHEID, *International Economic Law Clinic Report* "*IIAs and Climate Action*", UNCTAD, May, 2022。

在气候友好型条约改革内容中,有部分改革内容与可持续发展型条约改革具有同质性,如不降低环境标准、东道国规制权、企业社会责任、国际环境义务的履行、尊重东道国环境法规等内容。部分改革内容具有气候治理的独特性,需要引起足够重视。例如,国际气候规制合作、例外情形的具体内容等。国际气候规制合作的达成要面临不同国家环境、气候、经济发展存在差异的现实,过大差异的合作意味着过高的成本,较易形成资金流动、技术流动的壁垒。此外,当前规制合作的深度和广度仍有待提高,如欧盟—安哥拉可持续投资便利化协定第32.2条包含缔约方在气候规制方面的合作内容,《中欧全面投资协定》和《促进发展的投资便利化协定》(Investment Facilitation for Development Agreement, IFDA)均规定了在促进负责任商业行为等方面交换经验的内容。《美墨加三国协议》第24.29条包含了各国通过交流以及必要时的合作来解决环境章节的问题。这些对于规制合作的条款规定主要局限于缔约方之间的经验、信息共享,尚未触及更深层次的合作。尽管对国际投资治理与气候治理的协同作用机制大多国家已经达成共识,但从国际投资协定体系的现状来看,现有体系仍无法满足气候治理需求,未来可持续发展型国际投资协定需要将气候变化这一问题作为重要的改革考量因素。

二、全球发展治理之变

可持续发展的实现需要全球不同主体共同参与,因此有学者在全球治理的基础上,提出了“全球发展治理”的概念,这一概念将发展问题置于全球视野下,强调了参与主体的多元性,包括各国政府、多边机制和私人机构,[①]以及协调合作的重要性。[②] 国际投资领域的可持续发展作为全球发展治理的重要一环,影响全球发展治理的关键因素必然也对国际投资的可持续发展转型产生重要影响。

一份针对性研究发现,比照联合国大会通过的《2030年可持续发展议程》,该议程中的近半数的目标偏离了预期,部分具体目标(超过30%)并未出现变化甚至出现了倒退。[③] 这一结果的出现与新冠疫情、全球经济、大国博弈和地缘政治冲突的升级等全球治理要素叠加有着密切联系。需要将这些因素进行客观分析,破解全球发展治理困境。

(一)世界格局变化对全球发展治理的影响

发达经济体在全球经济格局中长期占据优势地位,近年来,这一格局开始出现变化。新兴经济体的崛起缩小了发达国家和发展中国家经济实力差距。此种权力转移带来的诸多影响中至少有两方面与本研究探讨的问题有密切关系:一方面,面对新兴经济体的崛起,发达国家投入资源贡献全球发展治理的驱动力降低,直接导致国际公共产品供给水平降低;另一方面,经济实力崛起的国家贡献全球发展治理的驱动力增强,自身实力的增强意味着发展中国家更加具备公共产品供给能力,成为全球发展治理的重要主体并发挥更大作用。[④] 尽管发达国家和发展中国家之间的经济实力仍存在差距,但发达国

---

① 参见黄超:《全球发展治理转型与中国的战略选择》,载《国际展望》2018年第3期。

② 参见孙吉胜:《全球发展治理与中国全球发展治理话语权提升》,载《世界经济与政治》2022年第12期。

③ See United Nations, *The Sustainable Development Goals Report* 2023: *Special Edition*, UN Document, 2023.

④ 参见李晓霞:《全球发展治理的转型困境与中国的政策选择》,载《社会主义研究》2024年第2期。

家对当前阶段权力转移态势依然保持高度警惕性,即前述的消极影响将持续较长时间。

美国和欧盟作为众多国际经济规则和机制的重要推动者,退出了一系列国际协议或国际组织,如《跨太平洋伙伴关系协定》《巴黎协定》《开放天空条约》等国际协定,有意使国际贸易组织争端机制停摆,发动贸易战打压新兴经济体。种种迹象印证了世界格局变化将对全球发展治理带来一系列冲击,美国在逐步退出主导地位的同时,新兴经济体自身尚不具备主导能力,尚未掌握国际规则制定的主导权。国际法律秩序遭遇"权力空心化"危机。①

在此背景下,区域性治理在全球发展治理中的作用将更加凸显。2022 年,时任美国总统拜登宣布启动"印太经济框架",2023 年 5 月,"印太经济框架"第二次部长会议就互联经济、清洁经济、公平经济等议题达成了一致声明。2022 年美国、日本、印度和澳大利亚宣布设立"印太海域态势感知伙伴关系"(IPMDA),整合海上力量打击非法捕捞等行为。美国通过推动区域合作、主导区域国际规则制定的方式,依然能够发挥国际规则的引领作用。国际经济领域内区域性转移的特征也极为明显。2020 年,世界上最大的自由贸易协定——《区域全面经济伙伴关系协定》签订,签署国包括东盟 10 国及中国、澳大利亚、日本、新西兰和韩国在内的 15 个亚太国家。2018 年《全面与进步跨太平洋伙伴关系协定》签署,由于该协定内容体现了当前区域合作的最高标准,被认为将发挥引领国际经贸规则的作用。② 我国周边区域治理机制具有多样性,包括具有区域优势的亚洲区域组织,也有聚焦单个议题的区域组织,如《区域全面经济伙伴关系协定》、亚太经济合作组织等。当前不同区域组织的发展存在不均衡、碎片化等问题,

---

① 参见杨泽伟:《全球治理区域转向视域下国际法发展的新趋势及中国因应》,载《环球法律评论》2024 年第 4 期。

② See Gary Hufbauer & Jeffrey Shottm, *Fitting Asia - Pacific Agreements into the WTO System*, in Richard Baldwin & Patrick Low et al., Multilateralizing Regionalism: Challenges for the Global Trading System, Cambridge University Press, 2009, p. 612.

需要我国引起足够重视。

(二)科学技术对全球发展治理的影响

科技变革对全球发展治理的影响主要通过影响立法来实现。科学技术被认为是影响当代国际法发展的重要因素之一,[①]不仅加速了国际造法进程,也对习惯法的形成提供了助推力。[②] 人工智能、区块链、云计算、大数据等新技术的发展和加速应用,需要全球发展治理来应对。资源开发、国际经贸新议题、环境保护等可持续发展问题上也出现了新的立法博弈焦点。

各国关注的海洋资源开发问题,经过长时间谈判最终达成共识,形成了《国家管辖范围以外海洋生物多样性协定》(Agreement on Marine Biodiversity of Areas beyond National Jurisdiction)。自 2021 年联合国外空委空间资源工作组成立,外空领域有关立法也按下了开始键。鉴于国际塑料污染方面的严峻形势,联合国环境大会在 2022 年通过了建立政府间谈判委员会的建议,将就全球塑料污染问题开启立法历程。在人权的最新立法中,2019 年正式开启了"打击网络犯罪公约"的谈判,对于如何界定网络犯罪及其适用范围引发了激烈争议。[③] 这些国际立法的新内容反映了科技发展驱动的重要特点。

在国际经济法立法中科技驱动因素也有突出体现,近年来签订的协定文本中出现了既往协定中较少提及甚至未出现的内容,如电子商务、政府采购、竞争政策、知识产权、能力建设、透明度、反腐败等。这些内容在已生效的《跨太平洋伙伴关系协定》《中欧全面投资协定》中均有所体现。这些新内容正逐渐成为影响、制约国际经济法

---

① 参见杨泽伟:《晚近国际法发展的新特点及其影响因素》,载《中国法学》2000 年第 6 期。

② See Manfred Lachs, *Thoughts on Science, Technology and World Law*, The American Journal of International Law, Vol. 86:4, p. 673 – 699(1992).

③ 参见马新民:《当前国际法形势与中国外交条法工作》,载《国际法学刊》2023 年第 4 期。

立法进程的重要力量。

三、投资便利化的倡导

亚太经济合作组织的《投资便利化行动计划》将投资便利化定义为“为吸引外国投资、最大限度地提高行政管理的效率和效果,东道国政府在整个投资周期中采取的行动”①。联合国贸易和发展会议从投资者角度出发,将投资便利化定义为“以便利投资者设立、扩大投资及在东道国开展日常业务为目标,采取的系列政策和行动”②。投资便利化(investment facilitation)与可持续发展原则不谋而合,通过对国际投资全过程实施便利化措施,推动可持续发展型国际投资的实现。③ 分析亚太经济合作组织、经济合作与发展组织以及联合国贸易和发展会议等国际组织官方文本可知,投资便利化的成果是具有更高透明度、更高效率、调和利益的措施方案。④ 从投资便利化的出现到发展、初步形成多边规则的全过程来看,未来的便利化措施方案将成为指导可持续发展型国际投资重要的行动指南。

20 世纪 90 年代后期,投资便利化便成为广为关注的话题。早期的贸易便利化是重要先例,但贸易便利化仅涉及货物贸易问题,印度后续提交了《服务贸易便利化协定》提案。由于服务贸易与国际投资的天然密切联系,议题开始转向投资便利化。国际范围内对于投资便利化的讨论已经历了较长时间。1995 年至 2008 年是国际社会投资便利化的早期阶段,主要是贸易协定谈判的附属品。亚太经济合作组织 1995 年达成的《执行茂物宣言的大阪行动议程》中制定的便

---

① APEC, *Investment Facilitation Action Plan (IFAP)*, 2008, p. 1.

② UNCTAD, *Global Action Menu for Investment Facilitation*, 2016, p. 4.

③ See Chi Manjiao, *Investment Facilitation and Sustainable Development: Insufficiencies and Improvements of ASEAN Investment Treaties*, Journal of International Economic Law, Vol. 25:4, p. 611 - 626(2002).

④ See Novik Ana & Alexandre de Crombrugghe, *Towards an International Framework for Investment Facilitation*, OECD Investment Insights, 2018, p. 5.

利化仅涉及了海关程序、知识产权、人员流动和争端解决等内容。2008 年亚太经济合作组织针对投资便利化制定了行动计划及措施清单,包括了 8 项框架性原则和 59 项具体行动措施。亚太经济合作组织制定的投资便利化行动具有里程碑式意义,提供了前所未有的投资便利化明确方向和指导原则。

在投资便利化行动计划指导下,亚太经济合作组织成员经济体陆续采取投资便利化行动。这一阶段便利化的进展局限在亚太经济合作组织影响范围内,且进展缓慢。2010 年至 2015 年全球范围内引入的 173 项投资促进和便利化措施中,只有 23% 与投资便利化相关,签订的国际投资协定中,仅有巴西的合作与促进投资协定纳入了投资便利化。①

自 2015 年后,投资便利化的讨论的深度、广度均得以加强,这与国际投资可持续发展转型几乎同时发生。这一过程中,联合国贸易和发展会议、二十国集团和世界贸易组织的讨论最具有代表性。2015 年经济合作与发展组织发布的《投资政策框架》(the Policy Framework for Investment),标志着投资便利化成为经济合作与发展组织的单独议题。《国际投资体制改革路线图》发布后,国际投资加速可持续发展转型,联合国贸易和发展会议出台了 5 大改革目标:监管权力维护、投资争端解决机制改革、投资促进与便利化、企业社会责任的加强以及国际投资协定与其他国际法、国内政策的一致性。2016 年《投资便利化全球行动清单》出台,为各国国际投资协定范本的便利化条款提供了重要指导内容。二十国集团于 2016 年制定了全球首个多边投资规则框架《二十国集团全球投资政策指导原则》,尽管该文件并不具备强制约束力,但文件内容对于实现可持续发展具有重要作用。同时,该文件的顺利发布也凸显了新兴市场国家在推动投资便利化过程中可能发挥的重要作用。

① 参见郝宇彪、梁梦阳:《投资便利化的起源、发展与评估》,载《区域经济评论》2022 年第 5 期。

联合国贸易和发展会议与二十国集团通过一系列行动将投资便利化发展成为多边讨论的重要议题,但是这一系列行动的成果依然无法解决缺少法律约束力的要害问题,投资便利化逐渐转变成世界贸易组织的讨论内容。发展中国家和新兴市场国家成为投资便利化结构化讨论的主要推动力,2017 年由中国牵头,巴西、尼日利亚等发展中国家组成的“投资便利化之友”开展了相关讨论并形成了初步成果,达成了三份投资便利化联合声明,是投资便利化协定重要的前期基础。此后几年,投资便利化的法律化进程加速。2019 年,“投资便利化之友”成员国一致同意开启多边协定谈判。

即使新冠疫情大流行导致第 12 届部长级会议的无限期延长,投资便利化多边框架的讨论仍然继续。2021 年,中国和欧盟、俄罗斯、日本、智利、尼日利亚等 112 个世贸组织成员共同签署了投资便利化联合声明。2023 年 7 月,投资便利化协定文本谈判结束。

在 2024 年 2 月召开的投资便利化专题部长会议上,123 个世界贸易组织成员发布《投资便利化促进发展协定部长级联合宣言》,标志着《促进发展的投资便利化协定》(Investment Facilitation for Development Agreement,IFDA)最终文本的确定。该协定旨在通过透明度、行政程序简化等投资便利化措施促进可持续发展。其中,透明度要求、行政程序的精简、可持续投资是该协定的核心内容,也是对可持续发展具有重要推动力的内容。其中对于可持续投资主要通过三种途径实现:一是通过负责任行为原则、标准和准则纳入商业惯例或者内部政策;二是通过对腐败和洗钱行为的打击;三是通过各方在多领域,包括反洗钱和反腐败方面的信息、做法交流来实现。①

投资便利化多边治理规则的形成具有重要意义,由于综合性规则的签订涉及较多影响因素,导致国际投资领域综合性规则达成难

① See WTO, *Joint Ministerial Declaration on The Investment Facilitation For Development Agreement*, https://www.wto.org/english/tratop_e/invfac_public_e/invfac_e.htm p.6,27.

度较高,遑论多边平台达成的综合性投资规则。由此诞生了特定领域的多边投资规则,如《国际投资争端解决中心公约》。然而随着国际投资的发展,当前的规则体系无法摆脱困境,仲裁机制的改革方案始终无法在多边范围内达成一致。投资便利化议题的引入,成功使仲裁机制的改革方案在多边层面上达成了一致。究其原因,离不开投资便利化改革所具有的深刻可持续发展内涵、顺应国际投资转型贡献的可持续的全球治理方案。

《促进发展的投资便利化协定》主体结构分为6个部分,核心内容包括投资措施的透明度要求、行政程序的简化和高效以及可持续投资的促进三个核心内容。这些内容和可持续发展原则在内容上存在多维度重合(见表4)。

表4 《促进发展的投资便利化协定》的核心内容清单

投资便利化措施	投资便利化具体措施	具体协定条款	协定具体要求
投资措施的透明度要求	投资相关措施和信息的公布	第6条、第9条和第12条	公布信息的时间、方式和途径
	东道国投资相关信息的提供	第7条	信息提供的范围和方式
	公众参与评议	第7.1条、第10条	措施公布到实施的中间应预留合理时间,为利益相关方提供参与的机会
	单一信息门户(Single Information Portal)	第8条	鼓励成员通过单一信息门户公布和提供信息,包括电子出版物和相关网站

续表

投资便利化措施	投资便利化具体措施	具体协定条款	协定具体要求
行政程序的简化和高效	实施措施的合理性(reasonable)、客观性(objective)和公正性(impartial)	第13条	合理性涉及流程、时间、费用等;客观性主要指适用标准的客观、行政机关及投资措施实施部门的客观;公正既涉及公平公正待遇等实质性内容,也包括形式和程序的公正
	行政程序的救济和改善	第20条、第21条	可问责的纠错机制设置
可持续投资的促进	企业商业责任	第37条	鼓励性质的规定,涉及国家层面、企业/投资者层面的落实
	反腐败措施	第38.1条	补充了反腐败的国际承诺

注:根据《促进发展的投资便利化协定》内容整理。

投资便利化由于包含着深刻的可持续发展内涵,因此成为修正国际投资体制固有顽疾的重要路径,对于调和国际投资体系原生矛盾、平衡东道国与投资者利益等具有重要意义。① 联合国贸易和发展会议发布的《投资便利化全球行动清单》序言也点明了投资便利化对于"可持续发展和包容性增长"具有"至关重要"的作用。② 联合国贸易和发展会议在2018年《国际投资体制改革方案》中进一步指出投资便利化是国际投资协定转型过程中的重要环节,对于保证国际投

① 参见毕莹、俎文天:《从投资保护迈向投资便利化:投资争端解决机制的"再平衡"及中国因应》,载《上海财经大学学报》2023年第3期。

② See UNCTAD, *Global Action Menu for Investment Facilitation*, United Nations, 2017.

资体系可持续发展转向具有重要意义。[①]

多边投资治理下可持续发展内涵关注到更加广泛的主体需求，除了传统的投资者与东道国，还包括不同经济体的差异性需求及其他利益相关第三方的需求。投资便利化倡导通过对发展中经济体提供援助等方式实现国际投资的良性流动。

随着晚近投资便利化的倡导，投资便利化措施也呈现出令人震惊的发展速度，根据2023年《世界投资报告》公布的数据，投资便利化措施在有利于投资措施中占比约52%。2022年，至少有40个发展中国家实施了促进便利化措施。[②] 投资便利化措施的纳入对可持续发展具有重要意义，投资便利化措施能够促进国际投资的可持续发展，减少投资过程中尤其是决策环节的腐败风险，通过填补政策可能带来的信息空白为投资者提供清晰的公共行政和政策。[③]

晚近关于国际投资争端解决机制改革的讨论愈演愈烈，国外研究已经关注到了改革与可持续发展之间的密切关系，并尝试构建投资者与东道国之间的良性关系。[④] 投资便利化包含着深刻的可持续发展内涵，[⑤]它不仅顺应晚近投资体制改革，取得了实质性进展，还得到了世界贸易组织多边层面的确认。与传统投资争端解决机制相比，投资便利化的改革思路具有较大创新性，通过争端处理从“争端后”向“争端前”的转移，投资便利化改革成功引入预防性的争端解决思路，从而实现投资者与东道国之间利益的平衡。

---

① See UNCTAD, *Reform Package for the International Investment Regime* (2018 edition), United Nations, 2018.

② See UNCTAD, *World Investment Report*, United Nations, 2023.

③ See OECD, *Policy Framework for Investment*, OECD Publishing, 2015.

④ See Haden Choiniere & Vladislav Maksimov, *Investor – State Dispute Settlement and Sustainable Development: Negative Externalities and a Need for Reform*, AIB Insights, Vol. 22:1, p. 1 – 5(2022).

⑤ See Ahmad Ghouri, *Served on a Silver Platter? A Review of the UNCTAD Global Action Menu for Investment Facilitation*, Indian Journal of International Law, Vol. 58, p. 139 – 170(2018).

一直以来,我国不仅是投资便利化的重要倡导者,也是投资便利化多边化进程的重要推动力量。作为2016年G20第11次峰会轮值主席,我国全力促成了《二十国集团全球投资政策指导原则》,意味着投资便利化开始在多边层面达成国际共识。2017年,由我国牵头,巴西、阿根廷、尼日利亚等多个发展中国家组成的"投资便利化之友"(FIFD)启动了相关讨论。同年世界贸易组织第11次部长级会议上,我国出席了投资便利化发展会议,和欧盟、俄罗斯、日本、智利、巴西、尼日利亚等112个世贸组织成员共同签署了投资便利化联合声明,强调继续坚持发展导向,推进谈判,最终达成投资便利化的多边协定。2019年,在世界贸易组织第12届部长级会议(MC12)上,时任我国常驻世界贸易组织代表张向晨强调了投资便利化的重要性,"投资政策的可预测性、透明度和效率"有利于投资贸易环境,同时"投资便利化的国际合作能够刺激投资"。[①] 我国在敏感问题上采取了合理回避态度,排除支持贷款、信托、保险措施的补贴适用。我国的建议最终在《促进发展的投资便利化协定》文本中得到了体现。

投资便利化的法律化过程是我国参与国际投资治理的重大实践,同时我国也是可持续发展进程的支持者。投资便利化规则势必将成为新一代国际投资协定的重要内容设置,我国应通过具体规则的设置实现便利化目标。

第四节　经贸协定转型背景下可持续发展的建议

经贸协定的转型是可持续发展目标实现的良好契机,通过转型能够将可持续发展目标深度融入国际投资领域。前已述及,理论工

---

① See Opening Remarks by H. E. Ambassador Dr. ZHANG Xiangchen at the 8 th China Round Table 4 December 2019, ZB/oL(Aug. 23, 2024), https://www.wto.org/english/thewto_e/acc_e/opening_remarks_by_ambassador_zhang_xiangchen_at_8th_china_roundtable.pdf.

具仅能发挥辅助性功能，投资协定体系的范式转型是可持续发展目标实现的根本路径，本研究在对现状分析基础上，提出实体和程序规则的构建方向。

一、实体条款：运用多重工具平衡投资者与东道国利益

（一）投资协定中国家警察权界限的明晰

仲裁庭在公平公正待遇、间接征收认定上存在界限模糊、裁决不一等问题的重要原因之一是相关条款的具体规定并不明晰。通过实体条款明晰国家警察权与间接征收、公平公正待遇的界限，将为仲裁庭的裁决提供最直接的法律依据，有助于将仲裁庭的自由裁量权限制在合理范围内。通过提高裁决的可预见性，一方面保护了投资者的合理预期；另一方面避免了东道国在执行本国公共利益相关决策时的不必要担忧。

近年来，随着国际投资协定的更新换代，其中的实体条款被重新拟定。《综合性经济贸易协定》文本在间接征收、公平公正待遇上的安排可以借鉴。该协议在美国 BIT 范本（2012 年）的基础上明确了间接征收的规定，除了美式 BIT 范本中的内容之外，还规定了法庭应考虑措施的期限，以及在确定和考虑措施的性质时应考虑的内容。此外，该协议对罕见情况也进行了说明，如在投资章节通过限制性列举对公平公正待遇标准概念进行了限定，明确了违反公平公正待遇标准的 5 大类情形，且规定了兜底条款。这一做法既通过列举、限定的方式搭建起公平公正概念的框架，又为未来缔约方在该条款的发展预留了空间。①

例外条款对于保护国家警察权具有重要意义，赋予了国家对特定目标实行监管的权力，然而既往关于例外条款的仲裁案例较少，侧面反映了该条款的适用难度较大。《综合性经济贸易协定》在例外条

---

① 参见石静霞、孙英哲：《国际投资协定新发展及中国借鉴——基于 CETA 投资章节的分析》，载《国际法研究》2018 年第 2 期。

款的安排上借鉴了世界贸易组织规则的做法，该协议第 28.3(1)条阐述了部分允许措施的含义，规定保护人类、动物或植物生命或健康所必需的措施中包括了环境措施，“穷尽的自然资源保护”适用于穷尽的生物和非生物自然资源保护。这些措施的阐释更加精准，为缔约方提供了更多保证。①

实体条款的明晰将有助于澄清国家警察权的界限，通过限制仲裁庭的自由裁量权对裁决的一致性起到积极作用。对于实现可持续发展目标而言，间接征收、公平公正待遇条款可借鉴《综合性经济贸易协定》负面列举加兜底条款的安排，同时可以考虑细化例外条款的规定，使其在投资仲裁中更易适用。

(二)推动可持续发展章节广泛纳入投资协定

对间接征收、公平公正待遇条款的精准化规定，以及对例外条款的细化，是通过明晰东道国警察权力来达到促进可持续发展型投资的目的。更为直接的做法是将可持续发展章节广泛纳入投资协定。可持续发展条款在国际投资协定中的表现形式、内容呈现出差异化特点，甚至在部分投资协定中仍为空白。根据联合国贸易和发展会议的统计数据，数千份的国际投资协定中，绝大多数并不包含与可持续发展目标直接相关的条款。② 在包含可持续发展条款的协定中，不乏通过序言及例外条款等“间接形式”体现可持续发展内容的协定。鉴于此，欧盟在经贸协定中采取的可持续发展章节可作为投资协定中的内容加以推广，该章节的具体内容需依缔约国的不同情况和缔约目的进行取舍。

可持续发展章节是欧盟新一代自由贸易协定的重要内容，主要包含了调整劳工和环境保护的内容，基本采取统一的立法模式。《中

---

① 参见唐海涛：《论国际投资条约规则的精准化发展——以 CETA 和 TTIP 为视角》，载《中国海洋大学学报(社会科学版)》2018 年第 1 期。

② See UNCTAD, *World Investment Report 2020*, United Nations, 2021.

欧全面投资协定》的可持续发展章节也沿袭了这一模式。这一模式下的规则通过将劳工标准和环境标准具体化的方式实现可持续发展目标，如对劳工组织基本公约的列举和明确。由于其文本措辞中包含"努力达到""促进"等内容，因此具备了部分软法特征。但本研究认为这一特征为缔约方保留了适当的政策空间，具有积极作用。同时，国际法中软法的功能不容小觑。《中欧全面投资协定》可持续发展章节设置了分歧解决机制，并对时限做了规定，这一设置为争议提供了更为快速和缓和的解决办法。该设置符合欧盟在处理可持续发展问题争端方式的一贯温和、合作的模式，相比美国模式，更容易被缔约方所接受。①

尽管当前可持续发展章节及其实现尚存争议，但欧盟在经贸协定中大力推广可持续发展章节的态度，显示了欧盟对其远期效应的重视。在国际投资转型背景下，可以预见对可持续发展原则的融入必然会更加深入，对实现目标的要求也会逐步提高。而可持续发展章节的纳入是实现这一目标的最直接手段。由于各国所处的发展阶段存在差异这一客观事实，各缔约国可依据具体情形来确定是否纳入可持续发展章节及具体内容的安排。

（三）设置投资者义务条款

以保护外国投资者为宗旨的传统国际投资协定并未设置投资者义务内容，随着可持续发展议题在国际投资领域的融入，投资协定中开始出现了投资者义务的安排。对于解决投资协定偏重投资者保护的传统缺陷，投资者义务条款的设置有助于平衡投资者与东道国的利益。这一内容也是国际投资法改革中的重要议题，已经具有了一定的条约实践基础。

---

① 参见蒋小红：《欧盟新一代贸易与投资协定的可持续发展条款——软性条款的硬实施趋势》，载《欧洲研究》2021 年第 4 期。

2015年《可持续发展投资政策框架》提出了新一代投资政策，该报告的“国家投资政策指引”中提出，要将投资义务的内容纳入投资保护与促进的政策中，核心内容是明确“负责任的投资标准”。同时，该报告“国际投资协议的政策选择方案”中增设了“投资者义务与责任”内容，提供了投资者条约义务的可参考方案。① 投资者义务条款中企业社会责任是较为常见的形式，《全面与进步跨太平洋伙伴关系协定》投资章节的第9.17条就是企业社会责任条款，部分双边投资条约中也有类似规定。在文本上，投资者义务条款通常包含了“重申”的措辞，显示出法律约束力并不强。另一种通过投资协定直接施加投资者义务的形式较为少见。2015年印度的投资条约范本中规定了投资者义务，包含遵守东道国法律和公司社会责任两个层面的义务。该范本条文中明确了投资者应当承担企业社会责任，显示出了更强的法律约束力。

以可持续发展为目的增设投资者义务的内容，是解决投资者与东道国利益失衡问题的重要尝试。考虑到发达国家和发展中国家诉求有别，发展中国家在此方面的实践最终能否在国际投资协定中被广泛接受，仍有待实践考证。但作为经贸协定转型过程中的正当化探索，这一尝试将有助于促成投资者义务观念上的转变，②继而推动投资协定的范式转换。

二、投资争端解决：通过合理选择实现利益平衡

（一）投资仲裁中合理适用比例原则

比例原则是国际投资仲裁中的重要分析框架或解释工具，在投

① See UNCTAD, *Investment Policy Framework for Sustainable Development*, UNCTAD Document: UNCTAD/DIAE/PCB/2015/5.

② See Joost Pauwelyn, *Rational Design or Accidental Evolution? The Emergence of International Investment Law*, in Zachary Douglas, Joost Pauwelyn & Jorge E. Viñuales, The Foundation of International Investment Law: Bringing Theory into Practice, Oxford University Press, 2014, p. 10 – 43.

资仲裁中已经得到一定范围的适用。比例原则在法理学和条约解释规则中已有渊源,这为其适用提供了前提。更重要的问题是其适用是否有助于实现可持续发展型投资以及如何合理适用比例原则。

可持续发展型投资需要平衡投资者个人利益与东道国公共利益,在仲裁实践中,仲裁庭需要判断的问题是政府采取的被诉措施是否在合理范围内,核心的问题是措施带来的公共利益保护效益与投资者遭受损失的价值衡量。这一问题的解决存在两个难点,即公共利益的不确定性和价值判断的模糊性。仲裁实践中,比例原则的适用为仲裁庭提供了更为清晰的分析路径。

比例原则两个层面的适用将有助于警察权的判断:对措施要件的分析以及措施与目的的衡量。前者主要用来判断警察权的目的、行使警察权的目的与措施之间的关系是否合理,后者主要用来比较并判断警察权行使前后投资者收益受损情况,以及公共利益受保护的情况。[①] 比例原则在区别警察权行使与间接征收、公平公正待遇时将发挥重要作用。循此路径进行分析,仲裁庭能够更容易地对公共利益作出判断,不仅解决了公共利益概念模糊的问题,同时能够较为明晰地划清警察权与非补偿性管制措施的界限。

仲裁庭适用比例原则应注意其适用的程度问题。从发挥的功能视角来看,东道国在熟悉本国情况的基础上,天然享有公共事务的裁量权,是一个积极的政策制定者的角色;而仲裁庭是在措施实施后做的事后判断,发挥事后监督者的作用,因此,仲裁庭应秉持克制的态度进行利益权衡。易言之,对比例原则的适用应控制在合理范围内,只要管制措施不是明显的不合比例,就可以认为其符合比例原则的要求。

---

① See Aharon Barak, *Proportionality: Constitutional Rights and their Limitations*, Cambridge University Press, 2012, p. 351.

(二)推动专门性公约与投资协定的协调运作

可持续发展内容中涉及的劳工、人权等问题较为敏感,需谨慎处理。劳工问题是《中欧全面投资协定》的重要内容,欧洲议会在2013年授权欧盟委员会同我国展开双边投资协定谈判时,明确提出了要关注我国的劳工安排。欧盟对于我国劳工议题的关注不容忽视。① 这也是欧美发达国家与发展中国家存在重要分歧的原因之一,发达国家认为发展中国家在劳工方面获得了不平等优势。印度等发展中国家对此持相反态度,在与欧盟的自贸协定谈判中,其坚决反对劳工等议题的纳入,极力主张国际劳工组织处理劳工问题。②

考虑到可持续发展问题的特殊性,可考虑通过专门性公约、国际标准来解决相关争议,与投资协定形成协调机制,共同解决国际投资中涉及可持续发展问题的争议。欧韩劳工分歧处理案的裁决结果证明了这一路径的可行性。

韩国—欧盟自由贸易协定(2011年)开启了欧盟将新一代劳工条款纳入经贸协定的范式,该范式通过在"贸易与可持续发展"章节规定劳工、环境相关内容的方式,将国际劳工标准与贸易挂钩,成功将劳工标准引入了贸易范畴中。国际劳工组织的官方文件是专家组认定结社自由基本权利的重要依据。尽管作为国际劳工组织成员的韩国并未批准国际劳工组织第87和98号公约,但是专家组认为结社自由原则是国际劳工组织的"宪章原则",国际劳工组织针对这一"宪章原则"所作的解释对韩国理应有效。③

此外,专家组也肯定了"为批准公约作出努力"的法律约束力。

---

① 参见张生、马燕飞:《〈中欧全面投资协定〉中的国家间争端解决机制:内容、特点与影响》,载《武大国际法评论》2022年第1期。

② See Archana Jatkar, *Human Rights in the EU – India FTA: Is It a Viable Option?*, Great Insights, Vol. 1:1, p. 9 – 10 (2012).

③ See Panel of Experts Proceeding Constituted under Article 13.15 of the EU – Korea Free Trade Agreement, paras. 107 – 110.

该案中欧盟主张韩国违反了韩国—欧盟自由贸易协定中关于国际公约义务的规定"缔约方将继续作出持续努力,批准劳工组织各项基本公约以及劳工组织列为'最新'的其他公约"。专家组通过《维也纳条约法公约》对"努力"的义务及义务的履行程度进行了充分阐释。第一,协定内容明确了缔约方具有法定义务"继续不断努力"地"批准国际劳工组织核心公约";第二,协定内容在明确缔约方"持续义务"的同时,为缔约方"继续和持续努力"的具体方式留有余地;第三,由于该义务的程度要求是"尽最大努力",衡量的标准介于韩国和欧盟之间,需要高于仅采取最低限度的措施或不采取任何措施,也低于随时采取所有可用措施的要求。①

从欧韩劳工分歧处理案的专家组决定来看,该案肯定了韩国—欧盟自由贸易协定项下的国际公约义务对缔约方具有约束力。《中欧全面投资协定》中存在类似的内容,在涉劳工问题上,该协定列举了劳工公约,并通过专门的分歧解决机制解决可持续发展争议,通过前置磋商程序、专家组程序解决争议。但是,《中欧全面投资协定》区别于韩国—欧盟自由贸易协定的重要一点在于,前者的专家组报告对缔约方不具有强制约束力,出具专家组报告后,双方还需要经过磋商达成合意。在不具有约束力的情况下,其争端解决效果还有待实践检验。

(三)设置东道国反请求权

传统模式下的国际投资争端解决程序中仅赋予了投资者诉东道国的权力,同时仅对投资者设置较少的义务甚至并不施加条约义务。而可持续发展型国际投资法需要达成投资者与东道国权利义务的平衡,赋予东道国反请求权能够有效缓解这一失衡,同时能够与法定的投资者义务相呼应。2015 年《可持续发展投资政策框架》建议增设

---

① See Panel of Experts Proceeding Constituted under Article 13. 15 of the EU – Korea Free Trade Agreement, paras. 269 – 277.

投资者义务条款的同时，还提出了东道国反请求权的建议。

当前规定东道国反请求权的投资条约并不多，反请求权规则的发展处于严重滞后阶段。相关的仲裁实践中，得到支持的裁决比例很少，部分案件被裁定无管辖权，有管辖权的多数案件也被仲裁庭以事实或实体原因驳回。[①] 其不能成功适用主要归因于投资协定的模糊性、仲裁请求与反请求之间缺少关联性。东道国反请求权作为利益纠偏的重要路径，有必要增加、完善其相应规则。

学者通过仲裁实践的考察发现，反请求权的认定主要基于4个要件，因此在条款设计上可从必要条件着手安排具体内容，包括主体要件、同意要件、义务要件和联系要件。[②]《跨太平洋伙伴关系协定》在反请求权上的规定值得借鉴，该协定第9.18条第2款规定了被申请人拥有反诉的权利，反诉内容通常与诉请事实、法律依据相关。该协定的国家反诉只针对"投资协议"和"投资授权"两大事项，而在投资定义部分已经包含了对两大事项主体的规定，保证了主体要件的一致性。《跨太平洋伙伴关系协定》下，投资者的原诉与东道国反诉均以"投资协议"或"投资授权"为基础，且均与投资有关，因此符合联系要件的要求。"投资协议"或"投资授权"是东道国反诉的基础，东道国与投资者之间签订文件的合同义务是投资者义务的来源，通常而言，"投资协议"或"投资授权"必然包含投资者义务的内容。尽管《跨太平洋伙伴关系协定》在东道国反诉的同意要件上规定并不完全明确，但总体而言该协定对于东道国反诉的规定仍具有较高的合

---

① 反请求案中的多数被认定有管辖权，但也有少数被裁定无管辖权，如 Amco Asia Corporation and Others v. Republic of Indonesia, ICSID Case No. ARB/81/1; Gustav F W Hamester GmbH & amp; Co KG v. Republic of Ghana, ICSID Case No. ARB/07/24。仲裁庭虽认定有管辖权但驳回的案件，如 Inmaris Perestroika Sailing Maritime Services GmbH and Others v. Ukraine, ICSID Case No. ARB/08/8。

② 参见陈正健：《投资者与国家争端解决中的国家反诉》，载《法商研究》2017年第1期。

理性,未来可在其基础上加以完善。[①]

本章小结

在全球化程度加深背景下,国际投资活动更加活跃,国际投资治理水平逐步提升,可持续发展理念从外部议题成为投资协定与仲裁实践中的必要考量内容。这一转变既顺应了可持续发展理念跨领域深度发展的总趋势,也是解决国际投资当前困境的必然选择。既往投资仲裁过度保护投资者导致的利益失衡,引发了投资仲裁的合法性危机。国际投资协定新范式以利益平衡为追求目标,强调投资者与东道国利益的平衡性。但是这一过程并非一蹴而就,缔约国家的发展差距导致经贸协定内容参差不齐,国际法碎片化的特点也在一定程度上限制了可持续发展目标的实现。

考察现阶段投资仲裁实践,能够支持平衡性裁决的协定文本并不充分。反思国际投资的发展及规律,本研究提出了协定体系更新与理论工具相结合的综合性方案。这一方案是在综合考虑两条独立路径的特点基础上作出的优化选择,投资协定平衡范式的构建需要经历时间过程,仲裁庭需借助理论工具解决现阶段困境,比例原则和系统整合解释路径具有解决问题的理论和现实可能性。

本研究通过梳理理论基础和仲裁实践分别提出二者的适用路径。"四阶"比例原则为仲裁庭提供了进行利益分析的框架,其适用过程需要仲裁庭对均衡性进行合理判断,可通过成本—收益分析方法将所涉利益进行货币价值转换,均衡性判断公式将实现利益精确化,从而解决仲裁庭在判断标准上不一致的关键问题。

---

① 《全面与进步跨太平洋伙伴关系协定》对《跨太平洋伙伴关系协定》中的投资条款进行了删减,如后者投资部分的第9.18条也在删减范围内,尽管该内容的删减能够短期内降低谈判难度,但被删减内容却是投资仲裁中不可避免的问题,从长远来看,条款的缺失必然带来负面效应。

系统整合解释路径一方面能够构建与可持续发展相关国际法规则的密切联系,另一方面未来还有可能通过补缺解释施加投资者义务。将国际法规则引入仲裁过程需满足一定的前提条件,引入对象应符合“三要素”,包括调整对象的一致性、与条约的关联性、对仲裁庭解释有启发意义等三个方面。在引入其他国际法规则时,应以协定内容为基础,特别是要考虑缔约国合意。

本研究的考察发现,两种理论工具的合理适用可在一定程度上解决仲裁庭当前的困境,但二者均存在弊端。比例原则无法彻底克服仲裁庭裁决过程中的主观性问题,系统整合解释法的适用一定程度上背离了传统的文本主义。

由于比例原则、系统整合解释路径存在的天然弊端,既往实践也证实了仲裁庭很难确保可持续发展原则在个案中的准确适用,因此投资协定的更新迭代依然是解决问题的根本办法。实体条款方面,可通过国家警察权界限的明晰、可持续发展章节的广泛纳入、投资者义务条款的设置来推动该领域可持续发展目标的实现;程序条款方面,通过充分发挥法庭之友的作用、推动专门性公约与投资协定的协调运作、设置东道国反请求权来实现争端解决过程中的利益平衡。

第五章　国际投资中可持续发展原则融入的中国因应

作为世界第二大经济体，我国已经发展成为重要的资本输出国和资本输入国。在新冠疫情冲击全球、世界经济遭受严重打击的大环境下，我国的对外直接投资合作依然平稳发展。① 中国在可持续发展问题上的立场与选择不仅对自身未来发展至关重要，同时也影响着未来国际投资的走向，与人类整体命运息息相关。

第一节　中国关注可持续发展融入的现实背景

当今世界正经历“百年未有之大变局”。其背后的根源是国际力量的变化，新兴市场的崛起对大变局起到了推动作用，而新冠疫情的全球蔓延又加速了这一变局。

一、时代背景：国际力量变化叠加后疫情时代

“二战”后，以美国为代表的西方国家长期处于世界的经济中心地位，是塑造世界经济格局的主要角色。21 世纪以来，世界经济中心开始发生了显著变化，自西向东迁移。在东亚经济板块活跃的背景

---

①　参见商务部：《2021 年我国对外直接投资 9366.9 亿人民币》，载人民网，http://finance.people.com.cn/n1/2022/0120/c1004-32336074.html。

下，中国经济体量迅猛提升，对全球经济的贡献不容小觑。与之相呼应的是全球治理格局的变化，随着中国等新兴国家经济、国际地位的崛起，全球治理的格局从西方治理向共同治理发生转变。① 在国际力量动态变化的背景下，中美之间的博弈是重要聚焦点。自20世纪中叶以来，美国借助其强大国力，在世界范围内输出其价值观模式，引领全球话语体系的建构。而进入21世纪，中国崛起动摇了这一传统格局，并被美国学者定义为具有经济和文化双重意义。② 面对这一新变化，美国采取了一系列办法试图围堵遏制中国的崛起，如美国国防部专门设立"中国战略工作小组"，时任美国总统拜登在第57届慕尼黑安全会议上呼吁各盟友共同合作，做好与中国长期竞争的准备。此类事件释放出的信号表明，中美博弈将长期存在。

高盛前首席经济学家吉姆·奥尼尔在2001年的一份报告中指出，巴西、俄罗斯、印度和中国（特别是中国）在未来10年的世界经济舞台中会更加重要。③ 这一报告首次提出了金砖国家的概念，报告中的四国国名缩写为"BRICs"，被我国学者、媒体音译为"金砖国家"。当前金砖国家成员国是新兴经济体的典型代表，根据世界银行的统计，从2019年GDP总量来看，世界第二大经济体是中国，印度、巴西和俄罗斯则分别居第5位、第9位和第11位。而新兴经济体的地位仍在显著上升，根据经济合作与发展组织的预测，金砖国家的GDP总量占全球经济总量的比例预计到2060年可升至49%。新兴市场国家"物质的成功带来了对文化的伸张；硬权力衍生出软权力"④，为非西方话语建构提供了助推力。

---

① 参见陈曙光：《世界大变局与人类的未来》，载《求索》2021年第6期。

② 参见［美］迈克尔·巴尔：《中国软实力：谁在害怕中国》，石竹芳译，中信出版社2013年版，第34页。

③ See Jim O'Neil, *Building Beter Global Economic BRICs*, Global Economics Paper No:66 (Nov. 30, 2001).

④ ［美］塞缪尔·亨廷顿：《文明的冲突与世界秩序的重建》，周琪等译，新华出版社2002年版，第110页。

新冠疫情为全球化进程带来了巨大冲击和考验,疫情的蔓延极大影响了人们的生活,这种影响甚至覆盖了人们生活的方方面面,为国际经济活动带来了长期、深远的影响。后疫情时代人们不得不面对这样的事实:人类深度、复合相互依赖,彼此命运息息相关。[①] 在全球共同利益面前,每个国家、阶级、个体都无法独善其身。在应对疫情高速扩散、严重危及生命健康的背景下,人类的通力合作、团结协作处于前所未有的关键地位。

从人类整体社会来看,可持续发展议题出现了深度交叉融合。新冠疫情缘起于公共健康议题,却对人类的经济活动带来了极大影响,更加印证了可持续发展各议题之间的紧密联系。

二、中国新发展与世界经济:无法割裂的密切联系

中国发展对全球经济的意义可以从区域经济(东亚经济)和世界经济两个层面来寻求答案。其一,中国是东亚区域的核心国家,在东亚经济发展中扮演重要角色;其二,东亚地区已经成为世界经济增长的重要一极,在讨论世界经济议题时东亚区域经济是无法绕开的内容;其三,全球经济治理从整体上看正加速步入区域性经济治理的改革方向,区域治理对世界经济发展的作用不容忽视。

区域经济贸易合作机制与多边贸易体制的发展并驾齐驱,是第二次世界大战以来经济增长的重要驱动力。东亚区域经济的崛起始于20世纪后半叶,伴随区域内日本、“亚洲四小龙”等国经济的崛起,东亚经济在全球经济中所占比重不断增加,近年来,东亚区域内国家经济的稳健发展是驱动世界经济增长的重要引擎。当2019年末新冠疫情引发经济不确定时,东亚的整体局势仍呈现稳定态势,贸易投资规模扩大、区域价值链紧密、“一带一路”建设框架下合作增强。[②]

---

① 参见“人类命运共同体与国际法”课题组:《人类命运共同体的国际法构建》,载《武大国际法评论》2019年第1期。

② 参见李丹、董琴:《全球经济治理体系改革的东亚方案与中国作用》,载《国际经贸探索》2021年第11期。

中国自加入世界贸易组织以来,通过构建开放制度和开放市场,吸引了大量外资,形成了东亚地区的产业链,这种区域产业分工与价值链带动了东亚周边国家和地区工业化的进一步发展。当前,日本、韩国、东盟国家等地区的经济已经深度融入以中国为中心节点的东亚产业链中。同时,中国还是周边国家的重要贸易伙伴和顺差来源国,日本、韩国、新加坡、东盟国家等都有大量中间品出口到中国。面对美国贸易不平衡的指责,中国依然为周边国家持续带来贸易、就业和经济增长利益。①

我国的发展不仅对东亚经济发挥着重要作用,同时与其他区域的合作也持续加深。2020 年我国同东盟 10 国、日本、韩国、澳大利亚、新西兰正式签署了《区域全面经济伙伴关系协定》,协定于 2022 年 1 月 1 日生效,对区域价值链合作具有重要意义。根据商务部 2020 年统计数据,我国在"一带一路"共建国家的直接投资同比增长了 18.3%,占比达 16.2%。"一带一路"直接投资在促进中国企业创新能力提升的同时,也对共建国家产生了技术溢出效应。申言之,"一带一路"创新与生产共同体为新兴经济体复苏和增长提供了新引擎。②

中国的发展对全球经济至少有两重要义:其一,对各国企业而言,中国是重大的发展机遇。自 2008 年起,我国每年对世界的增长贡献达到了 30%,未来对世界增长的贡献依然会保持甚至超过这一百分比。其二,中国的发展经验能够形成新的理论,从而有效帮助发展中国家追赶发达国家,对于发展中国家来说,这一理论比发达国家的发展经验适应性更强。③

---

① 参见马相东、王跃生:《从加入世界贸易组织到共建"一带一路":世界经济增长的中国贡献》,载《中共中央党校(国家行政学院)学报》2021 年第 5 期。

② 参见马相东、王跃生:《从加入世界贸易组织到共建"一带一路":世界经济增长的中国贡献》,载《中共中央党校(国家行政学院)学报》2021 年第 5 期。

③ 参见林毅夫:《中国经济的世界意义与世界表述》,载《中国经济报告》2021 年第 4 期。

改革开放、开展双边贸易标志着我国走上了国际化道路、融入了全球市场。国内现代化经济体系的建立是我国对外经济交往的基础,对外开放政策取得的成效与国内“有计划的商品经济”形成呼应,[①]我国不仅顺利融入全球贸易产业链,在国际分工体系中也占据了一席之地。对外贸易的快速发展实现了国内大循环与国际大循环的双向促进。综观加入世界贸易组织以来我国在世界经济中的表现,不仅全面履行了入世承诺,还为世界经济注入了活力。中国的入世意味着巨大市场的开放,吸引了大量生产要素的进入,对全球要素实现了有效重组,极大提升了资源配置效率和生产效率。从2001年中国加入世界贸易组织至2007年美国次贷危机爆发这一时间段成为第二次世界大战后世界经济增长最快的时期,充分印证了中国之于世界经济的重要意义。

作为多边主义的支持者,我国为世界贸易组织改革贡献了“中国方案”。2018年中国发布了《中国关于世贸组织改革的立场文件》,次年向世界贸易组织正式提交了《中国关于世贸组织改革的建议文件》,阐述了我国对世界贸易组织改革的基本原则。

根据国际货币基金组织的数据,我国是2020年唯一正增长的重要经济体,已经成为世界经济复苏的重要力量。当前,我国正构建国内大循环为主体、国内国际双循环的新发展格局。“双循环”更加注重国际国内市场的促进和补充作用,内外循环形成优势互补是我国经济未来发展的基本规划。这一未来经济发展框架意味着我国的发展对世界经济意义重大。

---

① 参见丁守海、徐政、左晟吉:《经济高质量发展的历史进程、多元挑战与发展思路——基于双循环视角》,载《西北师大学报(社会科学版)》2022年第1期。

第二节　中国推进国际投资可持续发展融入的现实动因

一、国内发展：可持续发展原则的内化

“实现什么样的发展、怎样发展”是国家领导治国理政的重要课题。不同阶段的经济建设通常具有鲜明的时代色彩，自可持续发展成为国际法重要内容后，我国国内的发展受到了深刻的影响。

在1992年联合国环境与发展会议之后，我国政府起草了《中国21世纪议程——中国21世纪人口、环境与发展白皮书》（以下简称《中国21世纪议程》）。该议程的发布既是对国际承诺的履行，也是对我国发展需求的回应。在《中国21世纪议程》发布后，为推进其顺利实现，1994年我国召开了第一次“中国21世纪议程”国际会议，吸引了多个国家、联合国机构和有国际影响力企业的代表等参会，《中国21世纪议程优先项目计划》公布，由原国家经济贸易委员会牵头的中加清洁生产项目、江西的山江湖项目等都是该议程的优先项目内容。

2030年可持续发展议程在我国得以落地，2016年我国外交部官网发布了《中国落实2030年可持续发展议程国别方案》，提出了将分步骤、分阶段地部署推进2030年可持续发展议程。①同年，国务院印发《中国落实2030年可持续发展议程创新示范区建设方案》。太原市、桂林市、深圳市被确立为首批示范区，示范区既能够辐射带动其他地区，同时还能够向世界展示我国可持续发展方案。

2019年，《中国落实2030年可持续发展议程进展报告（2019）》正式发布，该报告内容翔实，分析了可持续发展指标的落实情况，且

---

① 参见《中方发布〈中国落实2030年可持续发展议程国别方案〉》，载中国政府网，https://www.gov.cn/xinwen/2016-10/13/content_5118514.htm。

就可持续发展目标进一步提出了工作任务和实现路径。报告内容中的几大看点显示了我国可持续发展的有效落地：其一，“五位一体”的总体布局与2030年议程经济社会环境三位一体的设计相契合，而自2030年议程落地伊始，“十三五”作为我国经济社会发展指导性文件就与议程实现了有机结合；其二，报告对我国在精准扶贫、创新发展、生态文明、乡村振兴、共建“一带一路”的经验进行了总结，案例显示在可持续发展落实过程中政府、社会的参与范围非常广泛且参与程度较高。①

前已述及，世界经历着新的变革和调整，我国的发展也处于重要的战略机遇期。我国经济发展呈现的基本特征就是“经济已由高速增长阶段转向高质量发展阶段”②。习近平总书记关于经济发展的“四个更”的重要论述提出了更高质量、更有效率、更加公平和更可持续的发展目标，并反复强调“四个更”对新时代经济发展的重要意义，这意味着“四个更”要求成为新时代国内经济发展的行动指南。考察其科学内涵可以发现与可持续发展目标存在高度契合。

“更高质量”意味着用较少的资源环境代价获取较大的经济利益，实现路径包括科技含量、产品附加值的增加等；“更有效率”意味着粗放型经济增长方式将被摒弃，在资源配置中更好发挥政府作用，优化资源和要素配置；“更加公平”意味着对社会的公平正义的重视，关注人的全面发展和全体人的共同富裕；“更可持续”意味着发展要遵循自然规律和经济规律，将生态文明建设放在重要地位，摒弃以牺牲生态环境换取一时一地经济增长的做法。

全球治理语境下，国际法治和国内法治相互依存，互为支撑。③在可持续发展议题上，我国国内法治与国际法治已经搭建了衔接与

---

① 参见外交部：《中国落实2030年可持续发展议程进展报告(2019)》。

② 郭斐然：《关键是做好自己的事情！习近平这样论述高质量发展》，载求是网，http://www.qstheory.cn/zhuanqu/2019-07/29/c_1124812946.htm。

③ 参见赵骏：《全球治理视野下的国际法治与国内法治》，载《中国社会科学》2014年第10期。

互动。2020 年 8 月 24 日,习近平总书记主持召开经济社会领域专家座谈会并发表重要讲话,习近平总书记指出,要"努力实现更高质量、更有效率、更加公平、更可持续、更为安全的发展"。此"四个更"的论述蕴含了可持续发展的全球发展理念及共商共建共享的全球治理观,同时也是现代化建设过程中的"中国方案"。① 国际和国内两级治理领域的法治进路是全球治理的根本方式。易言之,未来我国的发展定位无法脱离全球治理语境,而人类的可持续发展同样无法脱离各个国家的国内法治独立存在,二者的互动是长期且持续的。

二、契机:中国投资治理话语权的提升

作为重要的资本输入国和输出国,中国在国际投资治理中的话语权与投资地位并不匹配。中国作为经贸转型中的重要大国,提高法律话语权具有深远的影响。一方面,作为重要的发展中国家,我国有责任和实力抵制发达国家话语霸权;另一方面,在经贸协定变革的过程中,可持续发展议题的逐步深入是必然趋势,我国需要顺应趋势并抓住机遇,提高国际投资治理话语权。

国际投资法律秩序自 21 世纪伊始发生重大变革,继而引发国际投资协定的新发展。这一新发展将成为我国提升投资治理话语权的重要机遇。由于国际投资仲裁中"投资者友好"逻辑思维对仲裁庭的深刻影响,导致东道国频频败诉,很多东道国不得不为保护本国公共利益而支付巨额赔偿。利益受损国家中,发达国家率先采取应对措施,着手法律变革。例如,在美国与加拿大、墨西哥的敦促下,《北美自由贸易协议》自由贸易委员会发布了声明,对最低待遇标准、争端解决过程中非争端当事方的参与等问题加以澄清。② 此外美国还将

---

① 参见钟坚、张其富、王启凤:《习近平经济发展"四个更"重要论述及其时代意义》,载《社会主义研究》2020 年第 3 期。

② See NAFTA Free Trade Commission, *Statement of the on Non – Disputing Party Participation*, NAFTA(2004), http://www.naftaclaims.com/Papers/Nondisputing – en.pdf.

相关说明的内容融入了 2004 年美国 BIT 范本中。发展中国家在投资协定变革方面往往采取消极应对的方式,如《华盛顿公约》的退出,或者在条约方面通过减缓缔约速度、撤销生效条约或生效期届满后不再展期。①

这种消极应对的状态并未持续太久,由于投资协定对国际投资不可忽视的作用,更多的国家采取积极态度寻求国际投资法律新秩序的构建。经贸协定转型过程中,可持续发展成为不可回避的内容,2012 年《促进可持续发展的投资政策框架》发布。联合国国际贸易法委员会主持通过的《联合国投资人与国家间基于条约仲裁透明度公约》中对投资仲裁中的一系列重要问题进行了探讨,发展中国家也显示了积极参与的态度。

新阶段的国际投资治理显示出对东道国警察权力保护和国际投资争端解决机制的重视。2016 年《二十国集团全球投资指导原则》体现了新特点,该文件包含了"政府应有权为合法公共政策目的而管制投资""争端解决程序应公开、开放、透明"等内容。

随着我国在国际投资中的重要性不断提升,我国也开始积极参与经贸协定的谈判和缔结,但从现阶段来看,我国仍未具备与大国地位相匹配的话语权。在国际经济造法方面,发达国家和发展中国家之间的话语权争夺仍然存在。② 无论是在中美 BIT 谈判,还是中欧投资协定谈判的过程和结果,都显示了欧美国家在条约谈判中占据优势地位。中美 BIT 谈判是在美式 BIT 范本上展开的,中欧投资协定文本内容同样显示了欧盟在谈判中的主导地位。

就可持续发展议题而言,美国和欧盟都秉持高标准的态度。与之相比,我国现阶段仍无法完全复制他们的内容。但我国应抓住这

---

① See Mahnaz Malik, Recent Developments in Regional and Bilateral Investment Treaties. Second Annual Forum of Developing Country Investment Negotiators (Marrakech, Morocco), November 3 - 4, 2008.

② 参见蔡从燕:《中国与国际投资规则制定中的法律话语权》,载《上海政法学院学报(法治论丛)》2022 年第 1 期。

一转型机遇,积极参与新一代经贸协定的制定。易言之,可持续发展在国际投资法的融入将为提升国际投资治理话语权提供良好契机。对国际投资治理话语权的追求并非意味着扩大在该议题上我国与发达国家的差距、制造冲突,而是应该在维护我国利益的前提下实现缔约目标。

第三节 可持续发展原则融入国际投资的中国因应

晚近我国加速构建可持续发展相关法律体系,由于可持续发展议题的广泛性,因此涉及多部门的立法行动。以2023年相关立法为例,涉及国家发展和改革委员会等9部门出台的《关于统筹节能降碳和回收利用 加快重点领域产品设备更新改造的指导意见》(2023年),最高人民法院出台的《关于完整准确全面贯彻新发展理念 为积极稳妥推进碳达峰碳中和提供司法服务的意见》(2023年),生态环境部办公厅发布的《关于做好2023—2025年部分重点行业企业温室气体排放报告与核查工作的通知》(2023年)等法律法规、司法解释、部门规范性文件。随着可持续发展的深度融入,对未来法律体系构建提出了更高层次需求,我国需根据实际情况有的放矢做好国内法与国际法的衔接。

一、中国可持续发展相关立法历程及现状

针对可持续发展大部分目标,我国现行法律体系已有相应法律配套支撑,涉及环境法、劳动法、人权法等不同法律部门。其中环境法最具代表性,涉及法律内容较多且法律体系较为成熟,此处重点以环境法为例阐释我国可持续发展相关立法特点。

(一)我国环境立法历史变迁

我国环境立法经历数十年历史进程,呈现出不同特点的代际更替。当前阶段被认为是从第二代环境法到第三代环境法的过渡阶段。初代环境法以1989年《环境保护法》为代表,此时期的环境法将环境保护观作为指导思想,将重心放在自然系统,忽视发展、人类等非环境目标。初代环境法的诞生和形成阶段,我国也积极参与到了国际环境法的进程中。1972年在斯德哥尔摩召开的联合国人类环境会议,是我国恢复联合国合法席位后,在国际性重要会议上的重要参与尝试。时任燃料化学工业部副部长唐克作为我国代表团团长在会议上发言,主张各国根据自身条件确定环境标准和环境政策。次年召开的第一次全国环境保护会议标志着我国环境保护事业的开始。随后,环境保护内容被写入1978年《宪法》,成为环境法律体系后续蓬勃发展的重要基础。[①]

初代环境法的发展适逢改革开放、以经济建设为中心政策的重要历史时期,十一届三中全会提出了环境保护法的制定问题,次年《环境保护法(试行)》(已失效)、《森林法(试行)》(已失效)出台。这一时期政府的机构设置也凸显出对环境保护的重视,先是成立了国务院环境保护领导小组,各地方陆续设立环保机构,开展环境保护工作。接着国务院成立了环境保护委员会,国家环境保护局从原有部门剥离,成为国务院直属机构。1992年中国环境与发展国际合作委员会成立,环境领域的国际合作拉开帷幕。该机构为中外环境发展领域高层人士与专家组成的国际性高级咨询机构,一方面平台提供交流、传播国际环境发展领域经验;另一方面通过研究该领域内的重要问题,为我国政府提供政策性建议,是支持我国实现可持续发展战略的重要平台。

---

① 1978年《宪法》第11条第3款规定:"国家保护环境和自然资源,防治污染和其他公害。"

第一代环境法主要关注环境和发展两个维度,形成了以环境污染、自然资源利用、生态保护三大部分内容为主体的法律体系,并出现了传统部门法中环境保护理念的渗透,如《宪法》、《民法通则》(已失效)中对于环境污染损害侵权责任的规定,民诉法中对于环境污染损害赔偿责任的规定等。总体而言,此阶段的我国环境法体系关注内容较为集中,且由于历史时期的特点,国家政策法律制定过程中环境保护始终是置于经济发展之后的考虑内容。该阶段虽已经建立起环境法体系,但体系内部缺少整体性考量,导致体系规定存在缺失。例如,对于《矿产资源法》中缺乏矿产资源开采可能造成的环境污染和生态修复的内容,《野生动物保护法》中缺乏相关生物多样性的内容,这与同一阶段的其他国家环境立法特点基本一致。① 此阶段与可持续发展理念存在较大差异的内容在于:一方面,此阶段的法律制定以发展经济为优先的原则,时至今日,环境法依然被归于经济法名下,在法律内容设置上也远不能满足可持续发展的需求;另一方面,保护方式上以事后救济为主,法律保护效果明显具有被动性②不符合可持续发展原则。

第二代环境法以 2008 年《循环经济促进法》(已被修改)为代表,开始注重发展权,可持续发展观作为立法指导思想,对这一阶段我国环境立法发挥了重要作用,推动环境法"经济—社会—自然"复合系统内一体化治理的进程。此阶段的国内环境立法适逢国际法中可持续发展的迅速发展期。1992 年召开的联合国环境与发展大会明确提出可持续发展原则,同年我国明确提出走可持续发展道路。1994 年《中国 21 世纪议程—中国 21 世纪人口、环境与发展白皮书》的颁布是我国可持续发展战略确立的重要标志。随着 21 世纪我国正式加入世界贸易组织,环境保护与发展在立法中呈现出深度融合,

① 很多国家的环境法立法初期采取了针对水资源、噪声等问题制定单行法,在时机成熟后再制定综合性法律的形式,意大利、比利时等国均采取了这种方式。

② 参见郭武:《论中国第二代环境法的形成和发展趋势》,载《法商研究》2017 年第 1 期。

党的十六届三中全会将“协调、可持续”作为其中的关键内容。国务院印发《关于落实科学发展观加强环境保护的决定》，将环境保护和科学发展观落到实处。2006 年《国民经济和社会发展第十一个五年规划纲要》中强调了环境友好型社会的重要性，在 2011 年国务院召开的第七次全国环保大会上提出了“可持续”环保新道路的探索。

这一阶段的国内环境法中，“可持续发展”原则以不同形式出现在法律体系中，部分法律规范中直接涉及“可持续发展”规则，如《环境影响评价法》（2002 年）（已被修改）、《海洋环境保护法》（1999 年）（已被修改）中对促进经济社会的可持续发展的内容设置；部分法律规范虽形式上不涉及“可持续发展”的规则内容，但却体现出可持续发展思想内容。新德里宣言中提出的可持续发展原则中“经济社会发展、环境保护和尊重人权的一体化”原则，与科学发展观内容具有一致性；《节约能源法》（1997 年）（已被修改）也体现了“可持续发展”思想。同时，这一阶段我国意识到了可持续发展落实的重要性，2003 年国务院颁布的《中国 21 世纪初可持续发展行动纲要》中明确列明可持续发展的立法与实施、指标体系与监测评价。

（二）第三代环境立法特点

第三代环境法在第二代环境法基础上，丰富了考量因素，以“习近平生态文明思想”作为立法指导，具有“经济—政治—社会—文化—环境—资源—生态—灾害”复合性“八位一体”系统性治理的基本特征。① 2012 年联合国召开了可持续发展首脑会议，同年党的十八大召开，生态文明建设被纳入“五位一体”总布局，会上一致同意将“生态文明建设”写入党章。我国积极推进环境保护的国际立法，《生物多样性公约》第十五次缔约方大会在昆明召开，习近平主席发表了主旨讲话。这一阶段我国的生态文明理念引发广泛关注，联合

---

① 参见杨朝霞：《中国环境立法 50 年：从环境法 1.0 到 3.0 的代际进化》，载《北京理工大学学报（社会科学版）》2022 年第 3 期。

国环境规划署第 27 次理事会将生态文明写入了决定案文。生态文明思想与可持续发展同质性与差异化同时存在，以此为立法指导思想，此阶段的环境立法开始呈现出“中国特色”。

与可持续发展的设定目标相比，生态文明的要求更高。前者要解决的是全球范围内的发展“底线”，“脱贫”“永续”是人类未来发展的最低要求；后者“站位更高、意境更远”，①强调“人与自然、环境与经济、人与社会的和谐”②。在生态文明思想指导下，国内开始了以《环境保护法》启动修改为标志的环境立法活动。根据我国经济发展特点及环境现状，形成了系列立法成果。

2016 年《长江经济带发展规划纲要》印发，2020 年全国人大常委会表决通过《长江保护法》。作为我国第一部流域法律，《长江保护法》的立法既有立法技术上的较高要求，还涉及部分技术性规则。由于不存在先例可遵循，该法在立法技术上要考虑协调性，包括上下游不同流域、跨地区跨部门法律之间的协调，发展与保护相协调，如重点水域禁渔期的规定。该法在污染防治措施的内容中涉及了技术性规则，如磷排放量的控制，地下水重点污染源和环境风险隐患的调查评估；以及生态保护红线、自然保护地、水生生物重要栖息地实施航道整治工程时需要经过科学论证。③ 为保证法律实施，该法设置了较为严苛的法律责任，由于磷的危害性，对涉及磷相关产业进行严格规制。磷矿开采加工、磷肥和含磷农药制造等企业违反规定，超过排放标准或者总量控制指标排放含磷水污染物的，不仅要求对违法企业处以罚款，还要追究直接责任主管和其他责任人员的责任，情节严重的责令关闭。④《长江保护法》的内容具有极强的中国特色，在处理

① 沈国舫：《生态文明与国家公园建设》，载《北京林业大学学报（社会科学版）》2019 年第 1 期。

② 李干杰：《以习近平生态文明思想为指导　坚决打好污染防治攻坚战》，载《行政管理改革》2018 年第 11 期。

③ 《长江保护法》第 27 条。

④ 《长江保护法》第 88 条。

发展与环境保护的关系上,完全摒弃了牺牲环境取代经济发展的做法,突出了环境保护修复的重要性。

除《长江保护法》外,2012 年后大量单行法出台,丰富了环境立法体系,如《湿地保护法》《噪声污染防治法》《反食品浪费法》《土壤污染防治法》《生物安全法》等,其中《土壤污染防治法》体现了可持续发展原则的“风险预防原则”,《核安全法》体现了“风险预防”和“公众参与”原则。有学者将《环境保护税法》《核安全法》《土壤污染防治法》《反食品浪费法》归为第二代环境法范畴,概因这 4 部法律主要体现了可持续发展的理念,生态文明的独特性未见。[①] 考虑到本研究主题,划定不同代际环境法体系的目的是考察不同历史时期可持续发展的国内立法情况,以时间为基准划分代际更加符合研究目的,故将它们归入第三代环境法体系中。

尽管环境法典的编纂已经成为当前立法规划中的重要内容,但在正式法典出台前,环境立法体系性不足是不得不面对的问题。在此环境下,地方立法力量对于立法体系具有重要意义。这其中,地方出台的综合性法律有《上海市环境保护条例》(2022 年修正)、《贵州省生态环境保护条例》(2019 年)、《河北省生态环境保护条例》(2020 年)、《深圳经济特区生态环境保护条例》(2021 年)、《江苏省生态环境保护条例》(2024 年)等;单行性地方立法有《上海市船舶污染防治条例》(2022 年)、《天津市碳达峰碳中和促进条例》(2021 年)、《丽水市生物多样性保护管理办法》(2022 年)、《苏州市太湖生态岛条例》(2021 年)、《云南省西双版纳傣族自治州森林资源保护条例》(2024 年修订)、《黑龙江省黑土地保护利用条例》(2024 年修订)、《深圳经济特区生态环境公益诉讼规定》(2020 年)等。

第三代环境法体系对法律实施效果较之前更为重视,不仅在该法律体系内进行规则设置,同时出现了与其他法律部门的融合。例

① 杨朝霞在《中国环境立法 50 年:从环境法 1.0 到 3.0 的代际进化》一文中将这三部法律归为第二代环境法范畴。

如,《民法典》对环境污染和生态破坏侵权制度的规则设置。同时在该法律体系中环境司法机制得到重视,环境污染责任得以落实。例如,对于环境公益诉讼的规则设置,在民诉法、行政诉讼法中都有体现;2020 年生态环境损害赔偿被《民法典》所确认,《刑法修正案(十一)》加重了对环境资源污染行为的处罚力度,特殊情形的污染环境罪对应法定刑为 7 年以上有期徒刑,并处罚金;2022 年生态环境部联合最高人民法院、最高人民检察院和科学技术部、公安部等 14 个单位印发了《生态环境损害赔偿管理规定》。此外,还出台了一大批司法解释,如最高人民法院、最高人民检察院《关于办理环境污染刑事案件适用法律若干问题的解释》(2023 年)、《关于生态环境侵权民事诉讼证据的若干规定》(2023 年)、《关于审理生态环境侵权责任纠纷案件适用法律若干问题的解释》(2023 年)、最高人民法院《关于审理生态环境侵权纠纷案件适用惩罚性赔偿的解释》(2022 年)、《关于办理非法采矿、破坏性采矿刑事案件适用法律若干问题的解释》(2016 年)、《关于办理破坏野生动物资源刑事案件适用法律若干问题的解释》(2022 年)等。

从环境法的代际更迭来看,我国的环境立法在探索国内立法路径过程中,应加快跟进国际立法。在与国际气候治理同步上,我国应加快气候立法进程,通过多层次、多领域的立法活动,助力“双碳”目标的实现。《能源法(征求意见稿)》(2020 年)出台后,能源安全成为国家安全战略之一。针对现行法律规范中的陈旧内容,中共中央、国务院《关于完整准确全面贯彻新发展理念做好碳达峰碳中和工作的意见》(2021 年)进行了更新。与碳中和目标相匹配的法律也陆续出台,如《碳排放权交易管理暂行条例》(2024 年)、《温室气体自愿减排交易管理办法(试行)》(2023 年)等。

(三)作为环境法典逻辑主线的可持续发展原则

纵观我国环境立法数十年,从初代环境法至当代环境法的法典化,各代际特点不尽相同,但以时间线索来看,可持续发展从无到有,逐步深入影响着我国环境立法。从第一代所倡导的“环境保护观”、第二代的“可持续发展观”到第三代的“生态文明观”指导思想,尽管由于不同时期的经济发展、生态环境特点导致了立法指导思想的差异,但均未远离可持续发展的内核。

近年来我国提出的“双碳”目标、“新发展理念”、“绿色高质量发展”、“人类命运共同体”等一系列新理念、新目标也都与可持续发展存在密切联系。习近平主席在2020年9月召开的第七十五届联合国大会一般性辩论上发表讲话,表示我国将采取更加有力的政策和措施,二氧化碳排放力争在2030年前达到峰值,在2060年前努力实现碳中和目标。① “双碳”目标的提出既反映了我国对于世界环境保护的大国责任担当,也是体现了我国实现可持续发展的积极践行。2015年10月,习近平总书记在党的第十八届五中全会提出了“创新、协调、绿色、开放、共享”的新发展理念,并写入了《中共中央关于制定国民经济和社会发展第十三个五年规划的建议》中。新发展理念是创新、协调、绿色、开放、共享的发展理念,其中“协调、绿色”也是可持续发展原则的核心内在要求,而创新、开放、共享又是当代实现可持续发展的必备要素。党的二十大强调将高质量发展作为社会主义现代化国家建设的首要任务。

以新发展理念为指导,绿色高质量发展强调人与自然和谐共生的现代化,是未来发展的底色,是我国经济社会全面绿色转型的必由之路。绿色经济、循环经济和低碳经济都是实现绿色发展的基本手段,同时高质量绿色发展强调了经济、自然和社会的“系统性、整体性和协调性”,与可持续发展的原则性内容不同,绿色高质量发展的提出“有力弥合了理念与行动间的鸿沟”。② 绿色发展理念在法治进程中渗透力逐渐增强,甚至成为某些部门法的重要指向,如行政法生态

---

① 参见习近平:《在第七十五届联合国大会一般性辩论上的讲话》,载《中华人民共和国国务院公报》2020年第28期。

② 参见刘耀彬:《绿色高质量发展的逻辑、框架与路径——基于人与自然和谐共生现代化的视角》,载《兰州大学学报(社会科学版)》2023年第2期。

化。“构建人类命运共同体”是习近平外交思想的核心理念,也是就未来人类发展提出的“中国方略”。习近平主席在2024年新年贺词中指出,“中国人民深知和平的珍贵,我们愿同国际社会一道,以人类前途为怀、以人民福祉为念,推动构建人类命运共同体,建设更加美好的世界”。《携手构建人类命运共同体:中国的倡议与行动》白皮书中指出“中国提出全球发展倡议、全球安全倡议、全球文明倡议,从发展、安全、文明三个维度指明人类社会前进方向,彼此呼应、相得益彰,成为推动构建人类命运共同体的重要依托,是解答事关人类和平与发展重大问题的中国方案”。其中,全球发展倡议与联合国2030年可持续发展议程具有极高契合度,尤其反映了广大发展中国家的利益。①

可持续发展不仅对我国环境法有着重要的塑造力,也是多个国家环境法典编纂的重要参照甚至是精神内核。世界范围内的环境基本法以推动可持续发展战略为重要契机完成了迭代升级,“可持续发展社会”的基本理念被明确规定在日本《环境基本法》中,也标志着日本环境法由末端控制型立法向可持续发展型立法转向②;除日本外,很多国家也选择将可持续发展作为环境立法的贯穿线索,瑞典、法国、德国、爱沙尼亚、柬埔寨等多国将可持续发展作为法典编纂的立法目的或逻辑主线,即便部分国家中暂不存在环境法法典,但仍将可持续发展视为环境立法的价值目标。③ 从我国环境法的历史变迁来看,可持续发展作为精神内核在环境法体系成熟过程中发挥至关重要的作用。特别是在我国环境法典化过程中,可持续发展具有重要意义。

---

① 参见王义桅:《人类命运共同体的文明逻辑》,载《湖南日报》2024年1月4日,第7版。

② 参见杜群:《日本环境基本法的发展及我国对其的借鉴》,载《比较法研究》2002年第4期。

③ 参见吕忠梅、田时雨:《环境法典编纂何以能——基于比较法的背景观察》,载《苏州大学学报(法学版)》2021年第4期。

环境法学者已经认识到环境立法中可持续发展原则的重要意义,并围绕这一问题展开了不同视角的讨论。中国法学会环境资源法学研究会会长吕忠梅教授将可持续发展价值目标及其实现视为环境法典编纂的重要方法论,不仅是因为可持续发展已成为当今世界范围内的最大共识,更在于可持续发展“神形兼备”的独特性,使其可以成为法典构建的方法指引。法典化的首要任务便是与可持续发展相契合的生态环境基石概念的确认,在此基础上运用法律关系理论进行具体法律规范体系的构建。最终实现环境法典的“概念融贯、价值融贯、体系融贯”①。在可持续发展的价值引领下,张忠民教授提出将绿色低碳发展编纳入环境法典,解决当前低碳发展领域法律效力不足的问题。这一设置与可持续发展的内核高度一致,也是环境法体系构成、价值功能和运作机理等理论嬗变的必然结果。②

可持续发展理念还能够作为解决气候变化的“突破点”,构建环境法典和气候治理的关键连接。于文轩建议在“低碳发展编”中设置气候法治制度内容,在“一般规定”中重申应对气候变化目标,并进一步在该编分则内容中作出细节化的制度安排,同时要注意制度安排的整体协调性。③ 可持续发展除了作为方法论存在,还可以在单行法中融入及表达,《循环经济促进法》发挥了重要的提高资源利用和推动经济绿色发展的作用,被认为具有“绿色可持续发展促进法”的地位。④

学者的讨论至少说明以下问题:其一,当前环境立法对可持续发展原则的重要性并无异议,可持续发展原则在环境法法典化过程中

① 吕忠梅:《环境法典编纂方法论:可持续发展价值目标及其实现》,载《政法论坛》2022 年第 2 期。

② 参见张忠民:《环境法典绿色低碳发展编对可持续发展理念的体系回应与制度落实》,载《法律科学(西北政法大学学报)》2022 年第 1 期。

③ 参见于文轩、孙昭宇:《环境法律体系化视角下的气候法治进路》,载《西北大学学报(哲学社会科学版)》2023 年第 4 期。

④ 参见张忠民、侯志强:《环境法典中绿色发展理念的融入与表达——以〈循环经济促进法〉修订为视角》,载《东南大学学报(哲学社会科学版)》2022 年第 5 期。

将作为逻辑主线、方法论、价值引领等不同形式存在;其二,可持续发展在环境立法中的融入并非一蹴而就,需要根据我国实际情况确立基石概念、构建法律规范体系,最终实现体系化、法典化;其三,可持续发展的融入存在多种路径及形式,既可以是未来环境法典(总系统)中的内容,也可以单行法(子系统)的内容存在;其四,可持续发展原则不断发展的特点,需要立法内容进行适时调整、修正,如气候变化议题的深化、"低碳发展编"的设置。

二、中国参与可持续发展国际立法现状

我国参与可持续发展国际法治主要通过三个基本路径:一是通过参与以联合国为核心的多边体系;二是通过参与双边、区域协定的制定;三是通过自主化路径如提出国际倡议的形式。总体来看,随着国力的增强,我国在三条路径的参与程度、影响力均呈现加强的态势。

(一)中国参与以联合国为核心的多边体系

联合国作为多边合作体系的重要平台,也是可持续发展的主导力量来源,联合国环境大会是解决全球环境问题的顶端决策机制,包括《联合国2030年可持续发展议程》《巴黎协定》《生物多样性公约》在内的一系列可持续发展重要文件的推动平台,是推动世界可持续发展的重要国际法依托。我国参与以联合国为核心的多边体系既可能是成为国际公约的缔约国,通过公约的谈判和履约来实现,也可能以促成国际公约的形成来实现。

早在20世纪80年代,我国就开始了加入国际公约的行动。1989年我国加入了《保护臭氧层维也纳公约》,1991年加入了《关于消耗臭氧层物质的蒙特利尔议定书》,2003年加入了《哥本哈根修正案》,2010年批准接受了《蒙特利尔修正案》和《北京修正案》。为实现公约目的,我国展开了一系列行动,建立了履约协调机制——国家保护臭氧层领导小组,并申请获得了多边基金捐赠,发挥了重要作用。作为《控制危险废料越境转移及其处置巴塞尔公约》的最早缔约

方,我国通过参加公约的系列活动,有力地促进了公约的发展。

《〈生物多样性公约〉卡塔赫纳生物安全议定书》是针对现代生物技术产生的改性活生物体可能对生物多样性保护和可持续利用带来不利影响而出台的国际公约,公约以《里约环境与发展宣言》相关规定和原则为蓝本,我国代表团参与了议定书谈判的全过程,并于2000年8月签署了议定书。2022年,作为联合国《生物多样性公约》第十五次缔约方大会的主席国,我国发挥了引领作用,推动国际社会达成了"昆明—蒙特利尔全球生物多样性框架"("昆蒙框架"),并促成了与之一同审议通过的一揽子文件,如《"昆蒙框架"的监测框架》《规划、监测、报告和审查机制》《能力建设与发展和科技合作》《资源调动》《遗传资源数字序列信息》等5项成果。

2015年第七十届联合国大会上,习近平主席发表了《携手构建合作共赢新伙伴　同心打造人类命运共同体》,讲话指出要"构筑尊崇自然、绿色发展的生态体系"①。2021年"领导人气候峰会"上,习近平主席重申了"坚持共同但有区别的责任原则",指出该原则是"全球气候治理的基石"。② 2021年《生物多样性公约》第十五次缔约方大会领导人峰会上,习近平主席强调了"以国际法为基础,维护公平合理的国际治理体系"的重要性。③ 总体来看,我国参与可持续发展的多边体系建设涉及范围较为广泛,不同主题参与程度存在差异。

(二)中国参与双边、区域协定路径

以1972年人类环境会议为标志,中国一直努力通过参与双边和区域合作的路径参与可持续发展国际法治。截至2020年年底,与我

---

① 《习近平在第七十届联合国大会一般性辩论时的讲话(全文)》,载中国政府网,https://www.gov.cn/xinwen/2015-09/29/content_2940088.htm。

② 参见《习近平在"领导人气候峰会"上的讲话(全文)》,载中国政府网,https://www.moj.gov.cn/pub/sfbgw/gwxw/ttxg/202104/t20210423_357406.html。

③ 参见《习近平在〈生物多样性公约〉第十五次缔约方大会领导人峰会上的主旨讲话(全文)》,载中国政府网,https://www.gov.cn/xinwen/2021-10/12/content_5642048.htm。

国展开环境合作与交流的国家已达 100 多个,还与 60 多个国家、组织深入合作,形成了 150 项生态环境保护合作文件。① 截至 2023 年 11 月,中国已与 39 个共建国家签署了 48 份气候变化南南合作文件。②

2019 年,中国与柬埔寨环境部门签署《中华人民共和国生态环境部与柬埔寨王国环境部关于合作建设低碳示范区的谅解备忘录》,以柬埔寨西哈努克港为依托,建设低碳示范区。2020 年 7 月,老挝自然资源与环境部和中国生态环境部签署《关于合作建设万象赛色塔低碳示范区的谅解备忘录》,向老挝方赠送太阳能 LED 路灯、新能源客车、环境监测设备等低碳环保物资的方式,助力老挝实现 2030 年温室气体净零排放目标。同年 11 月,中国与博茨瓦纳签署《中华人民共和国生态环境部与博茨瓦纳环境、自然资源保护与旅游部关于应对气候变化南南合作物资赠送的谅解备忘录》,向博方提供多星一体化气象卫星数据移动接收处理应用系统,在气象、减灾、农业、环保等方面造福当地社会。2020 年 11 月底,中非环境合作中心正式启动,重点围绕"中非绿色使者计划""中非绿色创新计划"等旗舰项目开展合作,加强生态环保能力建设。

总体来看,近年来与我国展开双边、区域生态环境合作的国家主要为南方国家,以"一带一路"为契机,我国开展了应对气候变化南南合作。2015 年,习近平主席在气候变化巴黎大会上提出了南南合作"十百千"倡议,提出了在发展中国家开展 10 个低碳示范区、100 个减缓和适应气候变化项目及 1000 个应对气候变化培训名额的合作项目。同年,我国出资 200 亿元设立了"中国气候变化南南合作基金",为发展中国家应对气候变化、增强使用绿色气候基金的能力提供资金支持。近年来,围绕该合作项目我国采取了一系列举措帮助发展中国家应对气候变化。

---

① 参见环资司:《共谋全球生态文明建设(2020 · 年终专稿)》,载政府网,https://www.ndrc.gov.cn/fggz/hjyzy/stwmjs/202012/t20201231_1261609.html。

② 参见推进"一带一路"建设工作领导小组办公室、生态环境部:《绿色丝绸之路发展报告(2023)》,中国环境出版集团 2023 年版,第 22 页。

2012年,中国相继与尼日利亚、格林纳达、埃塞俄比亚、马达加斯加、贝宁相关部门签署了关于应对气候变化的物资赠送谅解备忘录。2022年度和2023年度《中国应对气候变化的政策与行动报告》数据显示,截至2022年7月,中国已累计安排超12亿元人民币用于开展气候变化南南合作;截至2023年6月底,中国已与39个发展中国家签署46份气候变化南南合作文件。2021年,中非双方结合中国"2035年远景目标"、《联合国2030年可持续发展议程》、非盟《2063年议程》以及非洲各国发展战略,制定了《中非合作2035年愿景》,确立了中长期合作方向和目标。2022年4月中国—太平洋岛国应对气候变化合作中心正式启用,我国通过提供物资援助、人才培训的方式,帮助提升太平洋岛国气候变化应对能力,推进应对气候变化南南合作,推动《联合国2030年可持续发展议程》和"蓝色太平洋2050战略"的实现。①

尽管现有区域合作已形成了一定成果,但局限性明显,无论是南南合作"十百千"倡议的相关谅解备忘录,还是"一带一路"应对气候变化南南合作计划的具体举措,多以我国提供援助为主要内容。而现阶段我国与主要经济体的区域层面治理合作较少。考虑到我国经济发展的现实,仍要对主要经济体的区域协定做好对接。以欧盟《欧洲绿色协议》(European Green Deal)为例,欧盟委员会2019年提出《欧洲绿色协议》以应对气候变化,在此基础上2023年《欧洲气候法》(European Climate Law)通过。"绿色新政"出台5年内,相关政策体系不断丰富,陆续推出净零工业法案、关键原材料法案、供应链法案、新电池法案等系列新政,欧盟国家和企业对绿色产业信心得以提振。

与此同时,"绿色新政"带来的负面效应开始显现。欧盟委员会在《外国补贴条例》框架内,启动了一系列针对中国的调查程序,涉及了光伏、风电、电动汽车等多项绿色产业,引发"保护主义政策"倾向

---

① 参见屈彩云:《中国推进应对气候变化南南合作的措施及多重效应》,载中国发展观察网2024年6月19日,https://cdo.develpress.com/?p=15985。

的质疑。由于“绿色新政”涉及的法案对以“新三样”的中企影响全面且深远,需要我国积极做好“绿色新政”的对接,应对可能产生的风险。

(三)自主化路径:国际倡议的提出

通过提出国际倡议的路径实现可持续发展国际治理是最为“自主化”的路径,但对一国国力、话语权都有较高要求。2023 年,我国外交部发布了《关于全球治理变革和建设的中国方案》,内容涉及我国在发展、人权、社会等全球治理领域及多边机构改革的立场主张,近年来,我国参与全球治理的积极性、主动性增加,为推动全球治理体系的建设与改革贡献了中国力量。其中,我国陆续提出的 6 大倡议是从全面参与到主动引领全球治理的重要体现,同时也显示了我国在可持续发展国际治理上重要的角色转变。

2013 年 3 月,习近平主席在莫斯科国际关系学院的演讲中,第一次在外交场合提出“构建人类命运共同体”重要理念。2013 年 9 月和 10 月,习近平主席在出访中亚和东南亚期间,先后提出共建“丝绸之路经济带”和“21 世纪海上丝绸之路”的倡议,后被简称为“一带一路”倡议,2021 年 9 月、2022 年 4 月、2023 年 3 月,习近平主席分别提出“全球发展倡议”、“全球安全倡议”和“全球文明倡议”,至 2023 年 10 月我国已经提出了促进人类社会共同和平与发展的“六大全球倡议”。其中,“人类命运共同体倡议”是所有倡议的核心。同时这些倡议在推进的过程中形成了其他形式的国际法成果,如签订双边协定、被写入联大决议等。在这些倡议中,已经取得可持续发展实效的倡议包括“人类命运共同体”“一带一路”“全球发展倡议”。

从内容上来看,可持续发展观本身就是人类命运共同体的理念内涵之一,与国际权力观、共同利益观和全球治理观共同助力《联合国 2030 年可持续发展议程》的实现。能够对可持续发展产生最强有力的效果的路径无疑是形成具有国际法律效力的成果。从推动可持续发展的效果来看,“人类命运共同体”在 2017 年首次被写入联合国决议。同年的 11 月 2 日,联合国大会第一委员会将其写入了“防止外空军备竞赛进一步切实措施”和“不首先在外空放置武器”两份安全的决议。2018 年,联合国人权理事会在日内瓦通过了中国提出的“在人权领域促进合作共赢”的决议,而这个决议里也提到了“构建人类命运共同体”。该倡议已经产生了具有法律效力的成果。尽管学界对联合国大会决议的法律效力存在争论,但毋庸置疑成为联大决议内容代表的“人类命运共同体”已经具有国际法意义,我国早期提出的和平共处五项原则,被公认为国际法基本原则,发展权也被认可为基本人权。假以时日,“人类命运共同体”将对国际法发生更加深刻和广泛的影响。

“一带一路”倡议提出后,我国在推动能源转型和绿色发展方面取得的成就值得关注。除了我国在积极推进倡议进程方面付出的国内法、国际法层面的努力外,倡议的效果还极大程度上取决于其他国家、国际组织包括联合国大会的参与程度。一方面,“一带一路”倡议吸引了许多国家的参与并达成合作;另一方面,在推动可持续发展过程中,国际组织的加入提供了助力。2021 年 12 月,《中华人民共和国生态环境部与联合国世界粮食计划署关于在应对气候变化南南合作领域开展合作的谅解备忘录》签署,这是我国生态环境部与联合国机构在应对气候变化南南合作领域签署的第一份合作谅解备忘录。

为推动绿色发展的实现,我国生态环境部与中外合作伙伴发起成立“一带一路”绿色发展国际联盟,落实 2030 年可持续发展议程和推动实现《巴黎协定》目标,将可持续发展融入“一带一路”倡议。

2021 年,中非合作论坛上通过了《中非应对气候变化合作宣言》,该宣言在中非关系的整体框架下构筑以绿色发展为中心线索,系统串起非洲全面发展的新脉络,实质上是以“气候适应 + 共建‘一带一路’”的模式全面对接“气候适应 + 发展”模式支撑下的非盟《2063 年议程》。[①] 2023 年 12 月,《中国气象局和南非气象局气象科

① 参见邓延庭:《应对气候变化:非洲的探索与中非合作的意义》,载《中国社会科学院大学学报》2022 年第 10 期。

技合作谅解备忘录》签署。中国与包括尼日利亚、埃塞俄比亚、贝宁等在内的非洲国家签署了多份应对气候变化南南合作文件。除非洲之外,我国广泛与发展中国家开展了气候变化上的合作,《中华人民共和国生态环境部与巴基斯坦伊斯兰共和国计划发展和特别倡议部关于应对气候变化南南合作物资援助的谅解备忘录》于 2023 年签署。这些由"一带一路"倡议产生的区域合作成果有力推动了可持续发展进程。

三、可持续发展原则的中国方案

考虑到我国缔约的现实背景,我国应把握经贸协定转型机遇,通过推动可持续发展在国际投资协定中的融入,提升法律话语权。

中国与不同区域和国家之间的投资情况差异明显,因此需要合理区分并选择匹配的投资缔约策略。一方面,对接《中欧全面投资协定》《全面与进步跨太平洋伙伴关系协定》等高标准可持续发展要求,积极推动可持续发展原则在国际投资实体条款、程序条款中的融入,构建国内可持续发展法律框架;另一方面,将国内投资可持续发展治理的经验转化为投资协定的具体内容,通过"一带一路"合作平台提升我国法律话语权,推动可持续发展型国际投资法治进程。

(一)开放包容:欧美投资范式的应对

近年来的缔约实践中我国对高水平投资协定持积极接受的态度,特别是《中欧全面投资协定》体现了欧盟一直以来秉持的高水平公共利益保护。我国已正式申请加入《全面与进步跨太平洋伙伴关系协定》,显示出我国对高水平经贸保护的追求。《全面与进步跨太平洋伙伴关系协定》中的高水平自由化规则涵盖了环境标准、劳工标准等内容,《中欧全面投资协定》也将国际劳工组织公约写入协定文本中。可以预见,无论是《中欧全面投资协定》的正式生效,还是《全面与进步跨太平洋伙伴关系协定》的加入都将为我国带来多重挑战。对此,我国应持开放态度,利用现有优势,迎接挑战。

（二）根据我国现实需求科学确立缔约内容

经贸协定的缔结应在对现实情况客观评判的基础上确立，我国主张开放发展、和平发展，作为负责任大国，在维护自身发展和利益基础上，促成全球人民全面、持续、有效地发展。① 欧美国家一贯主张的高水平公共利益保护内容在全球范围被推广，其中的部分条款容易为我国带来风险，我国应对其充分认识，在缔约过程中谨慎选择。

如《全面与进步跨太平洋伙伴关系协定》中的劳工规则与我国工会体制差距巨大，《全面与进步跨太平洋伙伴关系协定》规则允许劳工自建代表性组织和集体谈判，我国的工会是在中华全国总工会领导下运行的各地方总工会和产业工会，这一体系短期内不可能发生改变。加之劳工问题涉及的政治敏感性，不可能全盘接受《全面与进步跨太平洋伙伴关系协定》中的劳工规则。因此，我国可通过例外条款的规定来解决此冲突。此外，《全面与进步跨太平洋伙伴关系协定》中对于环境问题也做出了较为详尽的安排，而我国签订的自贸协定中，以原则性承诺为主的环境条款约束力较弱。缔约谈判中应注意此差距可能为我国带来的风险。

（三）为高水平经贸协定做好对接

随着我国近年来的发展，我国国际投资中可持续发展议题的治理能力不断提升，已经具备了适应更高标准的能力。《中欧全面投资协定》中首次作出了严格具体的国企监管纪律承诺、法制化的公平竞争环境的构建以及可持续发展义务承诺。该协定中规定的劳工与环境保护标准内容，对于缓解我国与西方国家的焦点矛盾具有重要意义。② 由于《中欧全面投资协定》的保护水平较高，国内法层面与部

---

① 参见何志鹏：《开放发展与国际法：风险及应对》，载《政法论坛》2017 年第 3 期。

② 参见石静霞、陈晓霞：《〈中欧全面投资协定〉我国商签经贸条约的新范式》，载《国际法研究》2021 年第 5 期。

分规定内容尚无法有效衔接,国际公约义务履行方面也存在着明显短板,我国宜早做打算弥补法律缺失,建立可持续发展规则的有效衔接。

《中欧全面投资协定》第 4.2.2 条第 1 款对缔约国提出了法律政策方面高水平环境保护的要求,该协定第 4.3.2 条第 1 款规定了缔约国在劳动保护水平上的类似义务。因此,我国国内法应在环境、劳工保护的相关立法上格外关注,考虑保护水平的渐进性要求,满足协定的"努力继续改进"要求。

欧韩劳工分歧处理案中,韩国的国际公约义务是专家组审查内容之一,这对我国具有重要启示。《中欧全面投资协定》中列举了劳工组织的 8 个基本公约,其中包含了我国尚未批准的公约。一方面,我国需尽快加入这些国际公约;另一方面,韩国劳工分歧处理案中确立的履行义务标准为我国相关义务的履行提供了参照。在国际公约要求方面,《中欧全面投资协定》还有着较为长远的规划,如提出缔约方要考虑国际劳工组织列为"现代化"的劳工公约。我国现阶段仅批准了这些"现代化"公约的 1/4,需要在其余公约的批准上逐步推进,为协定生效早做准备。

(四)积极引领:"一带一路"缔约范式的构建

基础设施建设是"一带一路"建设的重要内容,由于此类项目与国计民生息息相关,东道国肩负重要的监管职能,且此类项目通常具有投资大、回收期长的特点,因此需要国际法特别投资协定明确双方权利义务关系,保护投资者和缔约国的利益。2021 年发布的《中国落实 2030 年可持续发展议程进展报告》对抗击新冠疫情、构建人类卫生健康共同体、"一带一路"建设中的国际合作等内容进行了案例说明,我国将《联合国 2030 年可持续发展议程》融入了高质量"一带一路"建设中。从我国与"一带一路"共建国家签订的投资协定现状来看,仍然存在可持续发展功能缺位的问题。部分早期 BIT 序言中只强调了保护和促进投资的内容,缺乏可持续发展相关安排。例如,中国早期与马来西亚、泰国、亚美尼亚所签订的条约中只强调了经济方面的促进作用。

自"一带一路"倡议提出以来，我国为"一带一路"共建国家带来了投资机会，创造了就业机会，并提高了远期劳动生产率。① 从远期来看，该倡议的范围将会不断扩大，合作深度逐步加深，因此有必要正视现有问题，构建我国与"一带一路"共建国家的缔约新范式。

1. 可持续发展规则的纳入

由于"一带一路"涉及大量发展中国家，在可持续发展具体条款的安排上，可以考虑"序言 + 例外"或"序言 + 单独条款"的模式。序言是协定宗旨的体现，将可持续发展目标纳入序言，能够突出缔约双方对于经济、社会、环境协调发展的合意。具体的内容安排上，除了宣言式的规定外，还可视情况强调投资应当关注的可持续发展子目标，如环境保护、劳工权益等目标。

具体条款的设计上，可借鉴现有条款中的例外或单独条款模式。中国—加拿大 BIT(2012 年)包含了一般例外条款，该协定第 33 条第 2 款规定不能阻止缔约方采取保护人类、动物或植物生命或健康所必需的措施。中国—坦桑尼亚 BIT(2013 年)采取了单独条款的模式，该协定第 10 条规定了缔约国不得贬损国内的健康、安全或环境来鼓励投资。

考虑到我国当前所处的发展阶段，以及"一带一路"共建国家的情况，不宜采取欧式协定中的可持续发展章节的形式。"序言 + 例外"或"序言 + 独立条款"的模式更加符合缔约实际。

序言中的可持续发展内容较易接受，同时序言内容在体系解释中具有重要作用，可广泛采纳。我国近年来所签订的协定中部分在序言中明确提及国家为公共目的所享有的管制权，如中国与澳大利亚签订的自由贸易协定的序言中的规定。还有部分协定采取的是不

① 参见盛斌、靳晨鑫：《"一带一路"倡议：引领全球包容性增长的新模式》，载《南开学报(哲学社会科学版)》2019 年第 6 期。

降低标准促进和保护投资的措辞。从对东道国管制权的保护来看，后一种规定方式不够明确，我国可借鉴《全面与进步跨太平洋伙伴关系协定》《加拿大与欧盟之间的自由贸易协定》在序言中的规定，对东道国管制权的保护作出明确的规定。

例外条款和单独条款的形式则需要视缔约情况来确定。我国缔结的协定中仅有为数不多的协定包含例外条款，这与晚近该条款的总体实践特点并不相符。例外条款将对东道国利益起到安全阀的作用，我国应顺应发展趋势，完善相关规则。将可持续发展议题积极纳入例外条款中，同时，我国可采用其他国家对例外规则的限制办法，将《关税与贸易总协定》第 20 条调整后适用，避免规则滥用。

独立的可持续发展规则对缔约方提出了更高的要求，较为全面的规则常见于欧美范式的协定中。我国近年来已显示出对欧美范式的开放接纳态度，面对可持续发展水平较高的缔约方时，我国也可选择纳入独立的可持续发展规则。

2. 为投资者设置条约责任

可持续发展型国际投资的根本要义在于投资者与东道国利益的平衡，传统投资协定被诟病的重要原因在于对投资者权利的过度保护，而根据“权利义务对等”，外国投资者被赋予权利的同时也可以被科以相应义务。[①] 投资者责任的施加是有效纠正协定利益失衡的重要手段，有学者提出了具体的形式和内容，主要包括宣示性范式、强制范式、禁止范式和劝导范式。我国可依据缔约对象的实际情况加以选择。

第一，宣示性范式通常以序言内容的形式出现，要求投资者对东道国可持续发展或经济的繁荣作出贡献，此种形式强制性较弱，法律约束力不强。第二，投资协定还可以强制性方式施加义务，将遵守东道国法律法规，特别是东道国国内环境法、劳动法方面的要求通过协

---

① 参见曾华群：《共同发展：中国与“一带一路”国家间投资条约实践的创新》，载《国际经济法学刊》2019 年第 1 期。

定文本升级为条约责任，此种强制范式的实施效果对东道国国内法环境有一定依赖性。第三，禁止范式通过负面列举来实现施加投资者义务的目的。例如，投资协定中规定外国投资者不得进行任何形式的贿赂。第四，劝导性方式的强制性较弱，该范式规定的内容往往是非"必须"或非"禁止"性的内容。例如，协定要求外国投资者在进行实质性研究活动时，充分利用本地资源和员工。

投资者义务条款作为平衡投资者自身权利和责任的重要路径，在 1982 年《联合国跨国公司行动守则》（草案）和 2011 年《经济合作与发展组织跨国企业准则》中已有体现，两份文件中包含了对该条款的原则性规定，强调了外国投资者应该遵守东道国法律以及企业社会责任标准的一般义务与责任。中国在"一带一路"倡议中对该条款的实践展开将具有重要的现实意义。

我国对投资者条约义务的设置可采取序言加逐一列举结合的范式。在与国内可持续发展水平较低的国家缔结协定时，较宜采取序言的形式。面对可持续发展水平较高的国家，可采取逐一列举的方式。通过形式上的区分实现差异性的缔约目的。序言的形式对缔约方提出的是较为笼统、基础的要求，逐一列举的形式能够更准确地设置投资者法律责任。同时，后者还便于规定相应的法律责任，以及是否适用投资争端解决机制。

3. 母国责任条款

2012 年联合国贸易和发展会议发布的"协定要素"包含了 BIT 模式的创新性发展，母国措施条款是其中的一项重要内容。传统的投资协定及实践仅赋予了投资者母国"代位权"等权利，无须承担责任。母国通常基于本国利益考量为投资者的海外投资提供法律，必然导致投资者母国对东道国利益的漠视。

"可持续的投资"离不开多主体的参与，包括投资者母国和东道国政府、母国和东道国私人、环境组织及公民等主体的参与。发达国家较早意识到这一问题，已有部分实践。而"协定要素"强调了投资者母国与东道国之间的"国际合作"义务，是重要的创新。我国在

“一带一路”共建国家的投资本身蕴涵着合作共赢的要义,可考虑采纳此类协定内容。

国际可持续发展研究所在2006年出台了促进可持续发展的条约范本,其中对“母国责任”(host state obligations)进行了规定,包括程序公正,维持环境和其他标准,对环境、劳工和人权保护的最低标准的要求,反腐败,信息公开等。考虑到“一带一路”共建国家的发展特点,我国可从反腐败,环境、劳工和人权保护最低标准入手,设置相应的母国责任。

母国责任条款同样存在着不同法律拘束力的规则形式。在缔结条约时,我国应视情况进行合理选择。明确设置投资者母国责任的条款并不多,在明确规制责任的条款中相应的程序规则也并不健全,导致实际效果并不理想。我国在进行规则设置时可以通过加强缔约方之间的协作来提升其实际效果。“一带一路”共建国家之间的合作意愿通常较为强烈,协作较易达成,能够达到硬性规则较难达成的效果。在规则内容的具体设置上,不宜采取过于严格的规定,需与缔约方友好协商,综合考量缔约国的发展阶段。

4. 软法的补充

软法是可持续发展议题得以发展的重要因素之一。“一带一路”建设中存在软法形式的可持续发展相关规则,这些规则尽管不具备形式上强制性的法律拘束力,却有着实际的法律效果。特别是“一带一路”是以合作形式展开的,共建国家主观意愿较强,有利于软法实际效果的发挥。

“一带一路”倡议涉及的可持续发展相关规则制定主体多样,涉及政府部门、金融机构、国际组织等,既有单个主体颁布的软法,也有多个主体联合发起制定的规则。对于一些高标准的要求,软法的形式更容易被接受,企业在有条件的情况下能够自愿履行这些规则。如《“一带一路”生态环境保护合作规划》(2017年)提及了多边环境协定、履约技术交流的内容,《关于推进共建“一带一路”绿色发展的意见》(2022年)中提及了《联合国气候变化框架公约》《巴黎协定》

的履行。

与协定的签署相比,软法更容易达成,这一形式能够有效排除政治掣肘,一些非共建国家也可以通过软法的形式参与。例如,英国虽然不是共建国家,却能够通过《"一带一路"融资指导原则》与我国开展合作。绿色"一带一路"的建设已有了部分软法规则,如国际金融企业参与制定的《"一带一路"绿色投资原则》,针对共建国家投资所面临的能源投资问题,《关于推进共建"一带一路"绿色发展的意见》(2022 年)提出了煤炭清洁利用。此类规则将为其他国家在共建国家的投资提供指引,引导国际投资的"绿色"流向。

在"一带一路"可持续发展规则的构建中,软法能够起到补充协定内容、引领高标准可持续发展水平的作用。可持续发展目标的实现需要一个程度上存在差异、满足不同主权国家不同阶段需求的法律框架。软法与硬法在拘束力程度上存在差异、内容上互补,能够形成一种兼容互济的结构,满足可持续发展规则构建的基本需求。

四、合理尺度:负面效应的规避

百年未有之大变局下,中美之间的博弈无疑是国际舞台的重要内容,同时,欧盟也在这场百年变局中发挥着关键作用。Thomas Friedman 就指出新时期与欧盟的关系意义重大,无论是中国还是美国,在技术标准、贸易规则以及科技竞争领域中将欧盟争取到己方,则意味着掌握了全球数字商业制定规则的主动权。[①] 鉴于此,需格外注意欧盟对我国近期的外交转变。

欧盟采取了与美国对华政策相似的"负责任共存"新框架,学者认为尽管新框架蕴含着"经贸武器化"的意图,但依然为双方经济合作保留了一定空间。而应对的关键是通过扩大利益包容性来化解

---

① See Thomas Loren Friedman, *To Deal with China*, *Trump Should Learn German*, New York Times (Aug. 25, 2020), https://www.nytimes.com/2020/08/25/opinion/trump-china-germany.html.

“经贸武器化”的对抗性。需要通过开放合作路径来实现双方利益的深度融合。易言之,中欧合作依然是化解欧盟战略对抗的有效路径。中欧全面投资协定是双方共同利益的重要制度性安排,中欧双方对其继续推进都有着内在的迫切需求,2022 年 2 月,欧洲理事会主席夏尔 · 米歇尔(Charles Michel)在第 58 届慕尼黑安全会议上表达了对当前协定停滞不前的“沮丧”,[①]德国总理奥拉夫 · 朔尔茨(Olaf Scholz)也表达了希望中欧全面投资协定尽快生效的意愿。[②] 我国显示出了积极推动中欧全面投资协定进程的法律安排。

在未来的合作领域上,与可持续发展相关的领域我国应重点关注。欧盟已在相关领域走在了前列,并于 2019 年公布了应对气候变化、推动可持续发展的“绿色协议”。此外,欧盟还提出了 2050 年实现碳中和的目标。我国视国情已将绿色发展作为发展新理念,提出了 2060 年前实现碳中和的目标。绿色发展、可持续发展无疑是双方共同认可的未来发展方向,这一场巨大的经济变革中,一方面蕴含着双方巨大的合作机遇,另一方面也应避免可持续发展成为欧美打压我国的武器。

由于可持续发展概念本身的复杂性,我国在面对新合作机遇时应视国情应对,而非一味以欧美的高标准来规制国际投资活动。2021 年,欧盟委员会审议通过了《欧盟强制性人权、环境和可持续治理尽职调查指令》。根据该指令,全部在欧注册企业及受欧盟法律管辖的域外法律实体都需要进行人权和环境方面的审查。而欧盟内德国、荷兰、意大利和法国等已经出台了可持续公司治理方面的法律,

---

① See Kurt Zindulka, *EU Council President Shills for Trade Deal with Communist China Because Climate Change*, Conservative News Daily (Feb. 21, 2022), https://www.breitbart.com/europe/2022/02/21/eu-council-president-shills-for-trade-deal-with-communist-china/.

② See Hans von der Burchard, *Scholz Tells Xi He Wants to "Deepen" Economic Ties with China*, Politico (Dec. 12, 2021), https://www.politico.eu/article/olaf-scholz-xi-jinping-deepen-economic-ties-germany-china-human-rights/.

这意味着未来在欧企业将面临双层监管机制。学者质疑该机制极易成为欧盟操纵“人权”和“环保”来对我国施压的武器，可能为我国投资者在欧洲的经济活动带来负面效应。[①]

我国在深化中欧、中美友好合作的过程中，应通过法律工具的合理运用维护好我国国内及海外投资者权益。当前我国保护海外投资主要依靠《反外国制裁法》《不可靠实体清单规定》《阻断外国法律与措施不当域外适用办法》三部法律构成的基本框架。这一基本框架下，三部法律各司其职。

《反外国制裁法》主要针对他国采取的“歧视性限制措施”，与美国式的攻击对抗性质不同，我国对此法律的运用持温和的防御态度。我国针对美国借新疆“人权问题”的发难实施的反制就是例证。作为“对等”反制的有效工具，我国应对其充分有效地运用。特别是对反制措施的列举中，其规定了中国政府认可的“其他必要措施”。这一条款为我国未来反制措施的实施提供了空间，我国可根据利益被侵害的程度适当选择，彰显我国保护海外利益的坚决态度。

《不可靠实体清单规定》在《反外国制裁法》、《阻断外国法律与措施不当域外适用办法》与《国家安全法》、《对外贸易法》、《反垄断法》、《数据安全法》、《外商投资安全审查办法》、《出口管制法》之间搭建桥梁，为国家利用经贸工具进行反制提供了法律依据。该部法律依然秉持了较为温和的态度，如规定了只有逾期不改的外国实体才会被采取措施。我国对其使用也非常谨慎，如并未预设时间表和企业名单，且表明了不会任意扩大不可靠实体清单的范围。此法律彰显了一定的“威慑力”，美中贸易全国委员会发表的声明中，提醒我国政府“克制使用”(significant restraint)这一法律工具。

《阻断外国法律与措施不当域外适用办法》是应对美国“长臂管辖”的重要工具。该法律主要针对违反国际法和国际关系基本准则

---

① 参见胡子南：《欧盟强化对华经贸防御工具的动因、举措、影响及中国应对》，载《太平洋学报》2022 年第 3 期。

的外国法律与措施的域外适用,我国公民、法人或机构如遇到此类情形,应在30日内向国务院商务主管部门如实报告有关情况。有学者认为,该法律更像是一种"警告",主要针对盲从美国的特定国家和公司。[①] 该法律条款中也包含着一定的模糊性表述,由于尚无相关实践,其实效如何仍取决于未来的司法实践。

为避免可持续发展相关议题成为欧盟、美国打压我国的工具,我国应做好国际法治建设,既要保证充分利用工具箱里现有工具,同时也要继续完善相关法律法规。对现有工具的运用可以借鉴美国的经验,保留现有法律中的操作空间,为未来的实践提供操作空间。前述三部法律中均不乏"采取'必要的'反制措施""其他应当考虑的因素"等表述,这些表述将有利于我国适时作出合理的法律解释。除此之外,还可以通过严格外商投资审查的方式作为对欧盟、美国的回应,扩大审查范围,通过对监管机关的充分赋权确保法律效果的充分实现。

除此之外,对于当前法律框架下存在的部分难以解决的问题,仍需通过法律规则的补充、完善来实现。例如,三部法律中的适用对象存在差异,《不可靠实体清单规定》的适用范围仅包括"外国企业、其他组织或个人",而《阻断外国法律与措施不当域外适用办法》的适用对象则是"中国公民、法人或者其他组织",因此可能会导致法律实施中的"断层"现象,如触犯《阻断外国法律与措施不当域外适用办法》的主体因为主体不适格而无法被列入不可靠实体清单。因此,需要明确三部法律之间适用的关联性。此外,还可通过细化规则的方式来实现我国投资者利益保护,如规定主权国家无权要求我国投资者提供涉及安全和机密的信息。同时,我国投资者在赴海外投资的过程中,也应做好积极应对,强化风险意识。

---

① 参见胡子南、李梓元:《中国构建和完善海外权益保护机制的基础条件、挑战及对策》,载《国际贸易》2022年第6期。

本章小结

我国近年对外投资规模不断增加,国际投资在国内经济中的地位不断攀升。作为重要经济体,我国在国际投资领域呈现出深度融入的特点,规则上开始与先进水平投资协定构建密切联系,如《中欧全面投资协定》的谈判、《全面与进步跨太平洋伙伴关系协定》的签订;涉及我国投资者和政府的仲裁投资案件尽管在全球案件中所占的比例并不大,但近几年案件数量呈极速上升态势。

面对国际投资的可持续发展转型,我国是积极的践行者而非旁观者。投资输入国和输出国的双重身份是我国方案的首要前提,本研究针对我国国际投资的特点提出了综合性方案。一方面是对欧美先进范式的开放与坚守,另一方面是对"一带一路"共建国家的引领与创新。

与部分发达经济体相比,我国有着独特的投资特点和需求。例如,我国海外投资起步晚、发展快,海外投资集中在发达地区。面对可持续型国际投资,我国应依据缔约对象对协议内容全方面考量,同时做好与协议配套的国内立法工作。尽管我国已经开始对接高水平经贸协定,但相关法律工作仍有待完善,特别是涉及劳工等问题的处理。我国还存在大量以发展中国家为签订对象的经贸协定,对于这部分协定的处理要区别于前者。当前较为理想的路径是通过与"一带一路"共建国家投资协议的签署推行有利于我国的协定内容。

"一带一路"倡议是我国贯彻可持续发展理念的重要实践,《推动共建丝绸之路经济带和21世纪海上丝绸之路的愿景与行动》强调了"生态环境"、"生物多样性"以及"气候变化合作"等内容,绿色"一带一路"倡导投资过程中要保持环境友好。我国国内的生态文明建设与可持续发展相呼应,人类命运共同体理念与可持续发展在内涵上存在着同一性,二者都要求国家承担发展过程中的责任和担当。

“一带一路”缔约范式的建构中,可从设置、完善实体规则与软法作补充两个方面着手。对于国际投资的活动参与主体通过规则设置来进行规制,包括投资者责任、母国责任;同时通过软法的补充在共建国家推行与实际发展水平相适应的相关规则。考虑到可持续发展概念意涵的丰富,我国在把握新机遇的同时也应做好风险防范。

结　　语

《我们共同的未来》正式提出“可持续发展”后，多次会议和相关文件加速了这一概念的演进，现阶段可持续发展已经成为跨多领域的重要议题，是国际习惯法的重要内容之一。经济、社会和环境是当前公认的可持续发展三大支柱，具有互相支持、密不可分的关系。经济、社会和环境的均衡发展是可持续发展理念的内在要求。

国际投资对可持续发展理念的吸收和发展，一方面顺应了可持续发展在世界范围内被广泛接纳的趋势，另一方面利益平衡转向是解决当前国际投资所处困境的必然选择。2012 年联合国贸易发展会议公布的投资报告指出，“国际投资条约处在平衡投资者与东道国利益、保证国际投资条款实现可持续发展目标的转折阶段。”以联合国贸易发展会议制定的《可持续发展的投资政策框架》为标志，可持续发展成为国际投资的重要内部议题。

各主权国家在缔约过程中、仲裁庭的条约实践中都表现出对这一问题积极的态度，包括实体条款和程序条款的新规定，以及投资仲裁的新实践。本研究对可持续发展相关规则及仲裁实践的考察发现，可持续发展在国际投资领域的融入并非一帆风顺，甚至存在与预期相悖的仲裁实践。

间接征收条款和公平公正条款都存在与合法管制之间边界模糊的问题，需通过仲裁庭合理解释加以厘清，二者在甄别路径上有所区别。例外条款承担着“安全阀”的作用，为国家警察权的行使保留空间，但仲裁实践显示该条款实际效果仍不理想，如程序性要求对该条款的适用问题，以及东道国是否要为警察权的行使进行补偿等仍存争议。

实体条款内容在可持续发展上的乏力在公共利益条款和企业社会责任条款中尤为突出。单独设置高水平公共利益条款的协定并不多,相关实践也显示了实现劳工保护目标面临不确定性,体现在协定文本上为涉劳工问题时的措辞通常使用“努力保证”“持续不间断努力”等。企业社会责任是施加投资者义务的理想路径,仅有少部分国际投资协定中设置了相关规则,对于投资者义务的施加仍不具备普遍性。

近年来,新签订的部分经贸协定显示出对高透明度的追求,如《全面与进步跨太平洋伙伴关系协定》和《美墨加三国协议》均表达了公众参与的较高要求;但从透明度规则的现状来看,区域性差异明显,特别是发达国家与发展中国家之间仍存在透明度上的不平衡。我国主导的经贸协定中,以发达国家为协议对象的协定内容与其他国家签订的协定相比存在明显差异。低水平的透明度仅对信息公开作了规定,而高水平的透明度在规定范围、规定的严格程度、规则的细节上都有较为详细、具体的说明。

尽管近年来透明度规则的发展呈现出整体范围扩大、要求提高的趋势,但仍存在区域差异化的发展特点,仲裁实践中暴露出的问题仍亟待解决,如仲裁庭在处理当事人意志上存在的分歧,以及法庭之友未能在保护公共利益上发挥理想效果等。另外,旧一代投资协定排除一般性争端解决机制对可持续发展条款的适用,新一代投资协定中的磋商程序、专家组审查程序仅为小部分国家的缔约实践,这意味着仅有小部分缔约国、投资者在面临可持续发展问题时能够寻求国际投资争端解决。

反思国际投资的发展及规律,本研究提出了协定体系更新与理论工具相结合的综合性方案。这一方案是在综合考虑两个独立路径的特点基础上提出的优化方案,可持续发展在国际投资协定的全面覆盖和深度融入需要经历一定的时间过程。在推进协定新范式的构建过程中,仲裁实践需要及时有效的法律工具,如比例原则和系统整合解释。

“四阶”比例原则是仲裁庭进行利益分析的理想框架，本研究在前半部分对仲裁实践的考察中发现，这一原则的适用已有一定的实践基础。该原则适用的关键是对均衡性的合理判断，为解决利益判断模糊的问题，可通过成本—收益分析方法将所涉利益进行货币价值转换，均衡性判断公式能够实现利益精确化，从而解决仲裁庭在判断标准上不一致的关键问题。

系统整合解释路径是构建与可持续发展相关国际法规则密切联系的重要路径，同时未来还有可能通过该原则进行补缺解释施加投资者义务。该原则的适用也需遵循特定规则，其他国际法规则的引入需满足一定的前提条件，引入对象应符合“三要素”，包括调整对象的一致性、与条约的关联性、对仲裁庭解释有启发意义三个限定要件。仲裁庭进行释义时应以协定内容为基础，特别是要考虑缔约国合意。

尽管理论工具能够为仲裁庭提供解决办法，但适用时的弊端不应被忽视。比例原则无法彻底克服仲裁庭裁决过程中的主观性问题，系统整合解释法的适用一定程度上背离了传统的文本主义。比例原则、系统整合解释路径存在天然弊端，加之仲裁庭的主观性无法被彻底克服，因此投资协定的更新迭代依然是解决问题的根本办法。二者结合的方案能够有效规避二者的缺点，满足及时性与根本性解决问题的双重要求。

协定实体条款方面，可通过国家警察权界限的明晰、可持续发展章节的广泛纳入、投资者义务条款的设置来推动该领域可持续发展目标的实现；程序条款方面，通过充分发挥法庭之友的作用、专门性公约与投资协定的协调运作、设置东道国反请求权实现争端解决过程中的利益平衡。

面对国际投资治理的转型，我国应视实际情况选择合理方案。近年来，部分企业海外投资活跃，国内吸引外资有力，东道国和投资国的双重身份成为我国缔约考量的立脚点。此外，我国对于投资争端解决也摆脱了过去的谨慎观望,呈现全面接受的开放态度。从经济发展现状和在国际投资中的地位来看,我国已经具备了深度参与国际投资治理的基础,近年来我国发起的“一带一路”倡议为中国参与投资治理提供了契机。

中国应依据缔约对象对协定内容进行全方面考量,同时做好与协定配套的国内法律工作。尽管我国已经开始对接高水平经贸协定,但相关法律工作仍有待完善,特别是涉及劳工等问题的处理。我国还存在大量以发展中国家为签订对象的经贸协定,对于这部分协定的处理要区别于前者。当前较为理想的路径是通过与“一带一路”共建国家缔结投资协议推行与我国发展水平相适应的可持续发展相关规则。

可持续发展原则在国际投资中的融入将是一个长期的过程,本研究在以往研究基础上,对该问题的现状和演进过程进行了体系性研究。从提出问题、分析问题、解决问题的逻辑进路来看,本研究议题是可持续发展在国际投资法中的融入所面临的问题,议题的时代特点与背后变迁是重点关注内容。在分析问题的过程中,本研究以实质性联系、时代性特征为标准选取研究材料,紧紧把握经典与当代两个核心要素,既抓取协定体系整体特点与经典仲裁裁决,同时兼顾新规则、新实践。本研究最终给出了一个解决问题及时性与根本性兼具的方案,并提出了中国在可持续发展融入中的基本方案。笔者期望该方案的提出有助于议题的实质性推进。

附录　文中涉及的案件及可持续发展原则相关处理结果及裁判要点

序号	案件名称	涉及可持续发展的具体内容	涉及可持续发展内容的处理结果及裁判要点
1	盖巴契科夫—拉基马洛水坝案(1997年)	环境保护—可持续发展的司法确认	针对匈牙利和捷克斯洛伐克在共享的多瑙河上修建拦河坝引发的争议,法院认定匈牙利无权以环境保护为由终止合作项目;捷克斯洛伐克有权寻求替代解决方案;在未取得争议另一方匈牙利的同意前,捷克斯洛伐克无权实施替代解决方案;1977 年条约仍具有法律效力,匈牙利无权终止。针对条约未来的遵守,法院建议维持现状,双方以真诚合作为前提重新评估拦河坝项目的环境影响,在未来多瑙河水资源利用问题上也应以可持续发展为指导原则。特别是该案法官援引了可持续发展概念阐述其观点。判决中指出过去人们并未意识到自身给自然环境带来的干扰和危害;随着科学发展及环境意识的增强,人们开始意识到环境所面临的危害。新的法律规范、文件得以出台,各国

续表

序号	案件名称	涉及可持续发展的具体内容	涉及可持续发展内容的处理结果及裁判要点
			不得不考虑和重视这些新规范和标准,“可持续发展概念充分表达了协调经济发展与环境保护的必要性”
2	莱茵铁路案	环境与发展的关系	仲裁庭强调了国际环境法对案件的适用,指出了国际环境法领域内正义存在的客观现实,尽管在规则、原则和软法具体范围上存在争议,但这些争议的存在无法否定环境条约或原则对习惯国际法发展所起的促进作用。仲裁庭关注到环境措施在国际法和欧盟法中不断融入的趋势,以《里约环境与发展宣言》原则4为例证明了此论断。仲裁庭指出该问题的重要性,并点明了环境与发展的关系“不是相互替代”,而是“互相促进、无法分割”,责任主体有“减损”环境损害的义务,这种义务“已经是一项国际法原则”
3	Metalclad公司诉墨西哥案	环境管制措施是否构成间接征收	仲裁庭采取纯粹的效果主义认定墨西哥政府对瓜打卡扎市政府行为的默许构成了《北美自由贸易协议》第1110条“相当于征收”的措施;在间接征收的认定上,仲裁庭并未考虑政府采取措施的动机和环境法令的目的。尽管裁决中提出了政府采取环境管制的补偿要求,但重新开放垃圾填埋场被排除在外

续表

序号	案件名称	涉及可持续发展的具体内容	涉及可持续发展内容的处理结果及裁判要点
4	ADC 诉匈牙利案	国家为公共利益行使规制权、国家规制权和补偿性征收的区分	仲裁庭依据塞浦路斯—匈牙利 BIT 第 4 条“公共利益、正当法律程序、非歧视和公平补偿”确定征收的合法性。仲裁庭认为,匈牙利未能证明其颁布法令是符合公共利益的,诉讼也不符合正当法律程序的要求,且行为具有歧视性,未能向索赔人提供公正赔偿。尽管仲裁庭肯定了国家规制权的合法性,但同时也指出了权利的行使需要受到条约法等法律的约束,而不能因为国家规制权新观点的影响而忽视条约内容
5	S. D. Myers 诉加拿大案	国家采取的环境保护措施是否构成间接征收	针对加拿大环境部长 Sheila Copps 签署禁止向美国出口氯化联苯的临时紧急禁令,仲裁庭认为其构成了《北美自由贸易协议》第 1102 条国民待遇和第 1105 条最低待遇标准的违反,但并未支持申请人间接征收的诉求。仲裁庭在认定间接征收的问题上,认为加拿大政府出台的是临时性禁令,并未达到剥夺所有权人经济权利的程度,而程度的差异是区分征收和监管的关键
6	Eco Oro 诉哥伦比亚案	国家为保护公共利益采取的保护行动、规制权与征收的区分和认定	针对哥伦比亚撤销加拿大矿业公司 Eco Oro 环境许可的行为,通过审查争议措施的效果、禁令是否构成附件 811(2)规定的规制权的行使、预防原则的考量之后,仲裁庭多数仲裁员拒绝了间接征收的主张。同时也指出了哥伦比亚政府采取的争议措施

续表

序号	案件名称	涉及可持续发展的具体内容	涉及可持续发展内容的处理结果及裁判要点
			并不完美,如没有在实地考察的基础上进行划界、缺少公众咨询意见等,但这些瑕疵并不至于构成缺乏诚信的"罕见情形"。最终仲裁庭认定争议措施为规制权的合法行使不构成征收
7	Biwater Gauff 诉坦桑尼亚案	国家宣布终止合同的行为、驱逐 Biwater Gauff 公司管理人员的行为是否构成了征收	仲裁庭采取了相对较低的征收认定标准,认为征收认定的关键是:(1)国家行使主权权力而非仅仅是合同方权利;(2)不合理剥夺投资者权利。该案中,仲裁庭认为坦桑尼亚通过一系列行为实施了征收,包括新闻发布会和向 Biwater Gauff 工作人员宣布终止合同的行为、政府接管公司、驱逐公司管理人员等行为。该案仲裁庭认为政府采取剥夺申请人合同终止权的行为构成了征收
8	Tecmed 诉墨西哥案	政府不更新许可证的行为是否违反了公平公正待遇条款	仲裁庭认为,尽管各方达成的协议未形成严格法律文件,但 INE(墨西哥国家生态机构危险品、废物管理部门)、Cystar(负责经营 Tecmed 工业危险废物处理站一方)、州政府、市政府各方就 Cystar 迁址一事已经达成了一致,且州及市政府作出了承诺负责新厂址的确定、迁址以及相关调研和经营许可事宜。在 Cystar 筹备工厂迁址事宜期间,收到了拒绝许可证更新的通知,仲裁庭认为墨西哥政府的行为构成了一致性原则的违反,政府决定不

续表

序号	案件名称	涉及可持续发展的具体内容	涉及可持续发展内容的处理结果及裁判要点
			更新许可证且未留给 Cystar 合理时间的行为违反了公平公正待遇标准。仲裁庭同时指出,INE 的行为可以推断为非善意的,且违反了透明度原则
9	Clayton group 诉加拿大案	加拿大政府环境执法是否构成国民待遇和公平公正待遇的违反	投资者援引《北美自由贸易协议》第 1105 条“最低待遇标准”中包含的“公平公正待遇”相关内容。在第 1105 条中,除了公平公正待遇内容外,还包含了“充分保护与安全”。根据协议内容,东道国怠于行使二者之一,就可能构成最低待遇标准的违反。该案仲裁庭认为投资者依赖的是东道国所作出的承诺,加拿大 Nova Scotia 对该投资项目表现出的积极态度,以及投资计划设立的采石场和海运码头项目的合法性。加拿大政府审查环境评价并适用“社区核心价值”标准时,破坏了投资者的合理期待,构成了对公平公正待遇的违反
10	Novenergia Energy & Environment 诉西班牙案	西班牙政府可再生能源立法是否构成公平公正待遇条款的违反	仲裁庭将稳定性和透明度视为公平公正待遇条款的一部分而不是作为一项单独的义务来讨论。该案中,西班牙政府的行为已经为投资者带来了合理预期,即不会对 RD661/2007 中的特殊制度作巨大或根本性的改变。而西班牙政府在 2013 年和 2014 年废除了强制性上网电价补贴,且该制度具有追溯性。因此,仲裁庭认为西班牙政府的行为违反了公平公正待遇条款

续表

序号	案件名称	涉及可持续发展的具体内容	涉及可持续发展内容的处理结果及裁判要点
11	美国诉危地马拉案	劳工权益保护	该案主要争议焦点为两点：其一，危地马拉是否未能按照《中美洲自由贸易协定》在国内实施劳动法；其二，危地马拉未能实施劳动法的行为是否对贸易带来了影响。尽管美国成功证明了危地马拉政府在很多情况下未能有效实施劳动法，但未能证明这些行为影响了两国之间的贸易
12	Piero Foresti 等诉南非案	劳工保护的国际义务问题，南非“本土化立法”行为是否违反了公平公正待遇和国民待遇	仲裁庭并未考虑东道国应该承担劳工保护的国际义务，认定东道国构成了公平公正待遇的违反。南非政府在审查签订的 BIT 后，认为 BIT 损害了公共利益、破坏了社会和经济发展的优先政策，BIT 对投资者的过度保护与南非宪法保护南非人利益的理念相违背，因此终止了其与欧盟国家和阿根廷签订的多份 BIT
13	欧韩劳工分歧处理案	韩国对韩国—欧盟自由贸易协定中劳工保护内容的实际履行争议	专家组肯定了韩国—欧盟自由贸易协定中“承诺”的约束力，缔约方应该承担该条款中提出的“尊重、促进和实现”基本权利的法律义务。专家组还针对该条款项下结社自由权利的内涵进行了说明。专家组认为结社自由是国际劳工组织的“宪章原则”，这一原则理应得到成员国的遵守，无须考虑成员国是否批准了基本公约。尽管韩国并未批准第 87、98 号公约，专家组认为其仍然要遵守宪章义务。专家组还肯定了韩国—欧洲自由

续表

序号	案件名称	涉及可持续发展的具体内容	涉及可持续发展内容的处理结果及裁判要点
			贸易协定第13.4.3条中“为批准国际劳工组织的基本公约以及被国际劳工组织列为‘最新’的其他公约作出持续、不断努力”的内容是一项具有法律约束力的义务
14	PM诉乌拉圭案	乌拉圭政府出台措施是否构成对BIT项下义务的违反	仲裁庭援引《维也纳条约法公约》第31.3(C)条的内容解释BIT第5.1条，并将习惯国际法等调整当事方的所有国际法规则都纳入考量范围内，包括演进中的习惯国际法。公共健康保护作为国家规制权的核心职能已经得到了承认，BIT第2.1条也规定了缔约国以保护公共健康的目的不批准投资的内容。该案仲裁庭认为被诉的两项措施完全符合国家规制权行使的要求：保护公共利益的真实意图、非歧视和比例原则。在公平公正待遇问题的判断上，仲裁庭也表现出了对东道国保护公共健康举措的绝对尊重，认为乌拉圭政府并未违反BIT第3条第2款合理期待和法律稳定性的要求
15	Methanex诉美国案	非政府组织能否作为法庭之友提交书面意见	仲裁庭依据联合国国际贸易法委员会仲裁规则第15(1)条的规定，认为该规则赋予了仲裁庭自由裁量权，因此仲裁庭能够在接受法庭之友意见的程序问题上行使自由裁量权，同时仲裁庭也提到了接受法庭之友意见并不意味着赋予第三方实质性权利。仲裁庭借鉴了世界贸易组织上

续表

序号	案件名称	涉及可持续发展的具体内容	涉及可持续发展内容的处理结果及裁判要点
			诉机构在法庭之友方面的实践并注意到该案涉及的公共利益问题,最终决定接受法庭之友提交的书面意见,但拒绝了法庭之友听审和获取当事方相关资料的申请
16	SA 诉玻利维亚案	私人、非政府组织能否参与庭审、提交法庭之友书面意见	仲裁庭援引《国际投资争端仲裁规则》第 32 条,未经争端双方同意,法庭之友当事方及其代表、顾问、证人和工作人员可以参与庭审。该案仲裁庭认为,未经争端双方同意,仲裁庭无权允许第三方参与庭审或公开相关材料。仲裁庭还以当前阶段不需要第三方书面意见为由,拒绝了法庭之友提交书面意见的请求
17	Suez/Vivendi 诉阿根廷案	法庭之友意见能否被仲裁庭接受	该案仲裁庭首次支持了提交法庭之友书面意见的申请,并为法庭之友意见的接受设置了条件。仲裁庭主张法庭之友书面意见的申请需要满足《国际投资争端解决中心公约》第 44 条的规定,该案件涉及公共利益,有必要接受法庭之友意见
18	Suez/Inter Aguas 诉阿根廷案	法庭之友意见能否被仲裁庭接受	仲裁庭指出,《国际投资争端解决中心公约》及仲裁规则均不存在对法庭之友书面意见的专门授权或禁止条款,2005 年 5 月 19 日前仲裁实践中也没有接受法庭之友书面意见的先例。仲裁庭将法庭之友意见的接受问题

续表

序号	案件名称	涉及可持续发展的具体内容	涉及可持续发展内容的处理结果及裁判要点
			归于程序问题,采用了 Suez/Vivendi 诉阿根廷案的“三标准”决定是否接受法庭之友意见。该标准具体包括:(1)案件主题内容是否合适;(2)第三方在案件过程中提交书面意见是否合适;(3)法庭之友书面意见的程序应满足要求。仲裁庭认为该案第三方提交的书面意见无法满足“三标准”的要求,因此拒绝了法庭之友的书面意见,同时仲裁庭以同样的理由拒绝了第三方提出的参与庭审和公开案件材料的请求
19	Ekran Berhad 诉中国案	信息公开	该案缘于东道国政府认为 Ekran Berhad 未按照当地法律规定开发土地,因而撤销了申请人对租赁土地的开发引发的争议。该案可查询到的信息包括:援引的条约即中国—马来西亚 BIT(1988 年)和中国—以色列 BIT(1995 年),争议双方的基本信息、代理人,争议处理的关键时间节点。而关于案情的信息双方均未选择公开披露,案件最终调解结案,公开信息甚少
20	安城公司诉中国案	信息公开	我国与安城公司就仲裁裁决、决定或命令的公开达成一致,包括仲裁裁决在内的关键信息均可被查看。该案援引了中国—韩国 BIT(2007 年),专家组做出裁决:驳回申请人“安城公司”的诉讼请求,并判处原告支付近 14 万

续表

序号	案件名称	涉及可持续发展的具体内容	涉及可持续发展内容的处理结果及裁判要点
			美元的仲裁费。但双方并未同意公开程序中提交的答辩状、庭审记录及其他文件
21	Hela Schwarze GmbH 诉中国案	信息公开	该案信息公开程度较高,国际投资争端解决中心官网公开了该案的基本信息,包括仲裁庭信息、仲裁程序、仲裁程序令等内容。该案援引中国—德国 BIT(2003 年),仲裁庭组成人员包括首席仲裁员 Bethlehem, D. ,申请方指定仲裁员 Ziadé, N. ,以及被申请方指定仲裁员 McLachlan, C. A. 。不同阶段的程序令均可在官网查询

后　记

晚近,“可持续发展”在不同领域呈现快速发展、深度融入态势,国际投资领域的可持续发展转型早已有迹可循,《世界投资报告2012》便明确提出“可持续发展的投资政策框架”。国内亦有不少学者耕耘于此,已有成果为本书提供了诸多学习借鉴之处。可持续发展作为一项颇有意义的研究内容,仍不断有新成果持续产出,也期待本书能为后来研究提供些许内容参考。

本书从程序条款、实体条款两方面入手,力求通过不同时期案例内容、具体裁决的分析呈现可持续发展在国际投资领域融入的过程性特点,以期对我国未来的投资政策有所助益。同时,在气候变化议题、投资便利化出现新进展后,本书也及时进行了更新。现在呈现在您面前的内容,是在我的博士毕业论文基础上补充、修正后的成果。感谢法律出版社的编辑老师们在这一过程中倾注的大量精力,他们提出的精准修改意见,让本书内容更加准确和完整。

从内容上,本书是我博士期间思考的凝练。从感情上,此书见证了我在月轮山的时光。多年前,我有幸通过浙大博士生入学考试,开启了在光华法学院的博士研究生生活。对于而立之年的我,开启一个并不熟悉领域的学习并非易事,以至于每每想起毕业前的时光,最先涌现的永远是惶恐二字。感谢导师在我论文瓶颈时给予的点拨,让我能够顺利完成此书内容。更要感谢光华法学院遇到的良师益友们,帮助我不断成长。

人生天地间,长路有险夷。感谢一路走来一直陪伴在身边的家人、朋友。